데이터 드리븐 분석비법

태블로로 배우는 데이터 문해력 수업

Master KT 지음 | **최가인** 옮김

BJPUBLIC

DATA DRIVEN NO GOKUI - Tableau Bootcamp de manabu data wo yomu kataru chikara

By Master KT

Copyright © 2021 Kaori Tanaka
All rights reserved.
Original Japanese edition published by Gijutsu-Hyoron Co., Ltd., Tokyo
This Korean language edition published by arrangement with Gijutsu-Hyoron Co., Ltd., Tokyo in care of Tuttle-Mori Agency, Inc., Tokyo, through Danny Hong Agency, Seoul.

이 책의 한국어판 저작권은 대니홍 에이전시를 통한 저작권사와의 독점 계약으로 비제이퍼블릭에 있습니다. 저작권법에 의해 한국 내에서 보호를 받는 저작물이므로 무단전재와 복제를 금합니다.

책값은 뒤표지에 있습니다.

면책

이 책에 기재된 내용은 정보 제공을 목적으로 하므로 독자의 책임과 판단에 따라 이 책의 내용을 참고해주시기 바랍니다. 정보의 참고 결과에 기술평론사 및 저자는 어떠한 책임도 지지 않습니다.

본서에 기재된 정보는 2021년 6월 기준으로, 추후 변경될 수도 있습니다.

또한 소프트웨어 버전은 업그레이드될 수도 있으며, 책에 기재된 내용 및 화면 이미지가 달라질 수도 있습니다. 이 책을 구입하기 전에 버전을 확인해주시기 바랍니다.

이상의 주의사항을 확인하신 후 이 책을 참고하시기 바랍니다. 주의사항에 관한 문의에는 기술평론사와 저자가 답변하기 어렵습니다. 미리 양해 부탁드립니다.

상표, 등록 상표에 대해

본문에 쓰인 제품의 명칭은 일반적으로 각 관계사의 상표 또는 등록 상표입니다. 본문 내에서 ™, ® 등과 같은 마크는 생략합니다.

서문

이 책은 모든 사람이 갖춰야 할 기초적인 데이터 문해력에 대해 다룹니다.

데이터는 오래전부터 중요하게 여겨졌습니다. 하지만 우리는 어떻게 데이터를 자원이라고 부르게 됐을까요? 데이터의 양이 늘었기 때문일까요? 데이터의 종류가 많아졌기 때문일까요? 이는 결과일 뿐입니다.

오늘날 우리는 기술의 혜택 속에서 살고 있습니다. 다시 말해 기술과 삶을 분리해서 살 수 없습니다. 스마트폰으로 정보를 수집하는 대신에 온라인에서의 활동 이력이 남고, 거리를 걸으면 감시 카메라에 기록됩니다. 우리는 살아 있기만 해도 데이터를 남기는 것입니다.

비즈니스에서도 고객을 물리적으로 직접 마주하는 일이 놀라울 정도로 줄어들었습니다. 웹 회의, 이커머스 사이트의 고객, IoT의 데이터처럼 눈앞에서 대상을 상대하는 경우가 줄었습니다. 게다가 지금은 코로나라는 전대미문의 사태로 인해, 본인과 상대방이 있는 장소가 다른 경우가 더욱 많아졌습니다.

데이터는 만질 수 없지만 석유처럼 하나의 자원으로서 압도적인 힘을 갖게 됐습니다. 사람들의 모든 행동이 데이터화되면서, 데이터를 이해하면 이 세상에서 어떤 일이 일어나는지 이해하기가 쉬워졌기 때문입니다.

우리가 무엇인가를 판단하여 반응할 때는 눈앞에서 일어나는 일에 맞춰서 행동합니다. 서류를 건네주면 받고, 눈앞에 공이 날아오면 피하고, 마주보고 있는 고객의 기분이 좋아 보이면 계약을 따낼 수 있습니다. 무언가를 판단해야 한다면 막연히 상상하는 것이 아니라 어떤 일이 일어나는지를 사실로부터 판단하는 편이 합리적이며 더 좋은 결과를 가져옵니다.

그렇다면 우리가 판단해야 할 대상이 눈앞에 없는 경우에는 도대체 무엇을 바탕으로 판단해야 할까요? 바로 데이터입니다. 데이터는 과거부터 현재까지의 다양한 기록입니다. 자신과 멀리 떨어진 곳에 대한 것도 기록돼 있죠. 데이터를 보고 시공간을 초월하여 판단해야 할 대상의 상태를 바로 이해할 수 있습니다.

사용할 수 있으면 사용하는 것이 사람의 본성입니다. 여러분이 의도한 바와 관계없이 모든 사람은 살아 있기만 해도 데이터를 생성하고, 생성된 데이터는 많은 조직에서 수집됩니다. 그리고 이미 데이터를 통해 세계를 이해하고 다음에 취할 행동을 도출하고 있습니다.

그렇습니다. 이미 데이터를 사용할 수 있는 사람들은 데이터를 쓰고 있습니다.

다만 유감스럽게도 모든 사람이 그런 건 아닙니다. 이대로 아무것도 하지 않으면 데이터를 잘 다룰 수 있는 극히 일부 사람들에게 모든 의사 결정을 맡기는 형태의 사회 양극화가 도래할 것입니다. 하지만 이는 너무 가슴 아픈 일입니다. 따라서 저는 모든 사람이 데이터의 혜택을 받고 다양성이 넘치는 협업을 통해 발전하는 세계로 발전하고자 이 책을 집필했습니다.

사람은 지식을 많이 쌓을 수 있지만, 지식을 모르면 자신의 의지를 갖지 못한 채 지식이 있는 사람들이 하라는 대로 무조건 떠밀리게 됩니다. 데이터가 세계의 복사본이 되기 시작한 현재, 여러분 각자가 데이터와 마주보는 방법을 터득해서 타인에게 휘둘리지 않고 자신의 의사와 판단력을 가질 수 있을 만큼의 지식, 즉 데이터 문해력을 몸에 익혀야 합니다.

데이터 문해력이란 단어를 듣고 'SQL을 쓸 수 있어야 하는 건가?' '어려운 시스템 이야기가 나올까?' 걱정하실 수도 있습니다. 하지만 이 책에서는 기술적인 내용보다는 데이터 활용의 본질을 이해하고 어디까지나 모든 사람이 데이터를 잘 다룰 수 있게 하는 관점에서 다양한 역할을 하는 독자에게 지금 필요한 데이터 관련 지식을 정리했습니다.

기초 데이터 문해력을 기본적으로 갖춘 사람들이 만드는 세계는 어떨까요? 누구나 데이터를 바탕으로 최적의 의사 결정을 내리는, 이른바 '데이터 드리븐 문화'입니다.

기업 내의 시스템에 대량의 데이터가 모인 지 오래됐지만 과거에는 이런 데이터를 어디에 저장할지, 어떤 시스템에서 보여줄지 등을 고민하느라 시간을 빼앗겼습니다. 하지만 '모처럼 축적한 데이터를 어떻게 써야 할지 모르겠다', '아무도 쓰지 않아서 시스템 개발에 투자한 게 허사가 됐다'는 이야기는 여전히 끊임없이 들립니다. 이런 가운데 '시스템만 도입해서는 의미가 없다', '데이터를 사용하는 문화를 만들지 않으면 의미가 없다', '사람을 키워야 한다'는 생각이 팽배해졌습니다. 사람의 행동을 바꾸려면 사상이나 지식을 전해야 합니다. 그저 시스템의 도입이 아닌, 사람들이 스스로 데이터를 활용할 수 있어야 비로소 데이터 드리븐 문화가 도래합니다.

최근 몇 년 사이에 기술이 진화하여 많은 시스템을 도입하거나 사용하기 쉬워졌습니다. 덕분에 드디어 우리는 활용 방법에 주력할 수 있게 되었습니다.

본디 뭔가를 배우는 데는 시간이 오래 걸립니다. 지구의 모든 생물은 긴 세월에 걸쳐 체득한 것을 유전자라는 형태로 이어받아 생명을 존속하는 것처럼 말입니다.

하지만 인간은 지식의 계승이라는 의미에서 다른 동물과 결정적으로 다른 방법을 씁니다. 한 번도 직접 체험하지 못하더라도 '언어'의 힘을 바탕으로 체험을 상상하며 지식을 얻을 수 있습니다. 사람은 언어의 힘으로 실제로 만난 적 없는 사람의 경험을 자신의 것으로 흡수할 수 있습니다. 즉, 인간은 누군가가 이미 시도하고 만들어낸 지식 위에 자신의 체험을 쌓아 올릴 수 있는 유일한 존재입니다. 그러므로 오랜 시간에 걸쳐 축적하고 진화하는 유전자보다 더 빠르게 새로운 기술을 습득할 수 있습니다.

이 책에서 말하는 데이터 문해력이란 바로 언어를 읽고 쓰는 능력입니다. 즉, 데이터를 통해 세계를 이해하는 새로운 언어의 사용법입니다.

데이터를 활용하려면 언어를 새로 배워야 합니다. 마치 외국인과 대화하기 위해 외국어를 배우는 것과 같습니다. 언어를 배운다는 건 문화 그 자체를 배우는 것입니다. 많은 사람이 영어를 배우면서, 영어가 Yes와 No가 분명하며 애매한 것을 싫어하는 언어임을 알게 되고, 영어권 나라에 가면 언어가 문화를 구현한다는 사실을 알게 됩니다. 따라서 문화를 만들고 싶다면 문화를 구현하는 언어를 배워야 합니다.

아직까지는 세계 대부분이 데이터를 당연한 듯이 사용할 수 있는 환경은 아닙니다. 모든 사람에게 데이터를 활용하기 위한 새로운 언어가 알려져 있지 않기 때문입니다. 모든 사람이 데이터를 통해 세계를 이해하는 언어를 터득하고 최적의 판단을 내릴 때 비로소 '데이터 드리븐 문화가 도래했다'고 할 수 있죠. 데이터 문해력을 널리 퍼뜨리면 데이터 드리븐 문화를 조성할 수 있습니다.

저는 지금까지 제가 접한 태블로나 스노우플레이크라는 프로덕트(product), 그리고 관련 커뮤니티에서 8년 가까이 만난 사람들로부터 얻은 지식을 이 책에 기술했습니다. 저도 누군가의 경험을 제 것으로 축적함으로써 8년 이상의 지식을 계승해왔습니다. 한편 데이터의 중요성이 빠르게 증가하는 가운데, 지금부터 데이터를 공부하고 싶은 사람에게 8년이라는 시간은 너무 깁니다. 그래서 모든 사람이 알아야 할 데이터 문해력에 대해 제가 8년간 쌓아온 내용을 압축해서 정리했습니다.

이 책을 통해 많은 사람들이 최대한 쉽고 빠르게 데이터 문해력을 터득해서 데이터가 넘치는 이 세상에서 의지를 갖고 살아갈 수 있게 되리라 기대합니다.

이 책은 일찍이 제게 가르침을 준 스승님과의 대화나 제가 스승으로서 사랑하는 제자들에게 전했던 내용을 바탕으로 집필했습니다. 그렇기에 지금까지 만난 모든 분들께 경의를 표하며 '제자(Apprentice)'와 '스승(Master)'의 대화 형식으로 진행합니다.

모든 독자분들이 부디 한 명도 제자가 되어 데이터 문해력을 배우는 여행을 떠나시기 바랍니다. 그 여행은 험난하고 긴 듯하면서도 동시에 최고로 즐겁고 순식간에 지나가는 나날이 될 것입니다.

바라건대, 이 책이 데이터의 바다에 빠져 헤매는 사람들의 이정표가 되길 바랍니다.

데이터의 바다로, 긴 항해를 떠나면서

Portrayer of the D♡TA Universe
KT

저자 소개

Master KT(다나카 가오리)

스노우플레이크(Snowflake) 프로덕트 마케팅 매니저. 미쓰비시 그룹 계열 SIer IT 프런티어로 RIFTL 등 정보 시스템의 프로젝트 매니저나 프로덕트 트레이너 등을 역임했다. 2015년부터 시각화 분석 툴 태블로에서 프리 세일즈 컨설턴트로서 연간 300명이 넘는 고객에게 제안 지원 및 시연을 했다. 2020년 6월부터 스노우플레이크에서 세일즈 엔지니어로 활동한 뒤 2021년 4월부터 현직으로 활동 중이다. 스노우플레이크, 태블로 모두 공식 상급 기술자 인증 자격을 보유하고 있다.

프로덕트의 콘셉트나 메시지를 사람들에게 전하는 에반젤리스트로 활동하면서 프로덕트를 사랑하는 사람들의 모임인 유저 커뮤니티를 만들고 육성한 이력이 있다. 데이터 드리븐 문화 조성을 목표로 하는 사람들을 위한 데이터 세이버(DATA Saver) 인증 제도의 창설자로, 400명이 넘는 졸업생을 배출했다. 본인의 유튜브 'KTChannel'에서 데이터 활용에 대한 본연의 자세나 기술을 전달하고 있다.

참고로 KT의 T는 다나카의 T가 아니라 태블로의 T다.

- Twitter   @DATA_Saber
- YouTube   https://www.youtube.com/c/DATASaber/
- DATA Saber 인증 제도   https://datasaber.world

역자의 말

현대인은 집에서 인터넷 사이트에 접속해서 장을 보거나 음식을 주문하고 웹툰, 웹소설과 같은 콘텐츠를 보는 등 편리한 생활을 영위합니다. 그리고 사람들의 이러한 활동들은 결국 대량의 데이터로 남습니다.

웹툰을 보는 사용자에게 유사한 작품을 즐기는 사람들의 활동 내역을 기반으로 아직 보지 않은 웹툰이지만 취향에 맞을 가능성이 높은 후보군을 추천할 수 있습니다. 추천을 통해 사용자는 즐거움의 폭이 확대되고 소비하는 콘텐츠가 더욱 늘어납니다. 이처럼 많은 서비스에서 데이터를 적극적으로 분석하여 활용하는 형태로 자리잡고 있습니다.

최근에는 대다수의 회사에서 서비스 및 상품을 출시하거나 운영할 때 데이터를 분석하고 예측합니다. 이런 추세는 점점 더 가속화 및 고도화되고 있습니다.

오랫동안 데이터가 쌓였지만 파편화되거나 추출하기 어려울 수도 있고 데이터를 충분히 확보하지 못한 상황일 수도 있습니다. 그러나 결국 데이터를 기반으로 분석하고 예측하며 의사결정하는 데이터 드리븐 문화의 도래는 불가피하다는 점을 받아들일 수밖에 없습니다.

이 책은 데이터에 대해 전혀 모르는 사람이 스승과 함께 대화를 하며 배우고 성장하는 형식으로 구성되었습니다. 그저 재밌게 보일지도 모르겠지만 데이터 드리븐을 처음 접하는 분들이 읽으시면 데이터 드리븐 문화를 어떤 식으로 도입할지, 어떤 개념이 중요한지 등을 쉽고 흥미롭게 익히실 수 있으리라 생각합니다. 또한 이 책에서 최근 데이터 분석툴로 각광받고 있는 태블로를 활용하는 방법을 상세하게 다루지는 않지만 어떤 식으로 활용할 수 있을지 살펴보는 기회가 될 것입니다.

책 내용 중에 일본 지명, 인명뿐만 아니라 일본 특유의 용어들이 간혹 나옵니다. 가능한 한 쉽게 이해하실 수 있도록 번역하는 데 중점을 뒀습니다. 계약상 일본어 고유명사는 한국어로 대체할 수 없어서 유지한 점 양해 부탁드립니다.

이 책을 읽고 데이터 드리븐에 관심을 갖고 흥미를 느끼실 수 있길 기대합니다.

역자 소개

최가인

 다양한 국내 및 글로벌 프로젝트를 거쳐서 지금은 네이버 웹툰에 둥지를 틀고 여전히 개발과 번역을 하며 지내고 있다. 개발 자체가 가장 재미있지만 이해관계자들과의 협업을 통해 이뤄지는 업무 대부분을 즐기며, 효과적으로 일할 수 있게 도와주는 요소들에도 관심이 많다. 흥미로운 기술 원서들을 이해하기 쉽게 번역하는 데서 매력을 느낀다. 역서로는 『애자일 UX 디자인』(에이콘출판사, 2013), 『시스템 설계의 수수께끼를 풀다』(비제이퍼블릭, 2014), 『그림으로 배우는 네트워크 구조』(비제이퍼블릭, 2017) 등이 있다.

목차

서문	04
저자 소개	08
역자의 말	09
역자 소개	10

DAY 0　데이터 드리븐 문화의 시작

0-1　프롤로그 ─ 20
　데이터를 다루기 위해 IT 전문가일 필요는 없다 ─ 22
　한 달 만에 데이터 문해력(data literacy)을 배우다 ─ 24

0-2　왜 데이터 문해력을 지향하는가? ─ 26
　데이터의 본질을 생각하다 ─ 27
　데이터를 보면 세계를 이해하게 된다 ─ 29
　야채 가게 주인의 데이터 활용 사례 ─ 29
　데이터를 사용하여 대중 마케팅에서 벗어나다 ─ 30
　데이터 드리븐과 공존하는 "경험과 직감 2.0" ─ 32
　데이터로 경험을 확장하다 ─ 34

0-3　누구나 갖춰야 하는 '데이터 문해력' ─ 37
　읽고 쓰는 능력과 문화의 관계 ─ 37
　데이터를 '읽고 쓰는' 능력이 필요해지다 ─ 39
　데이터 문해력의 필수 요건 네 가지 ─ 41
　데이터 문해력을 배우고 확장하다 ─ 43

데이터 스토리텔링

1-1 왜 스토리가 필요한가? ─ 50

스토리를 통해 충분히 이해하다 ─ 51
스토리의 힘을 체감하다 ─ 52
스토리를 활용하는 의의 두 가지 ─ 53
사고의 플로우를 진행하기 위한 계기를 만들다 ─ 54

1-2 연쇄적인 인풋(input)과 아웃풋(output)의 형태로 사고하다 ─ 56

인풋과 아웃풋을 동시에 진행하다 ─ 56
아웃풋을 단순하게 만들다 ─ 57
데이터를 다루는 도구 ─ 57
좋은 도구는 '신체의 일부'가 된다 ─ 58

1-3 스토리로 데이터를 분석하다 ─ 61

샘플용 데이터로 사고의 흐름을 배우다 ─ 61
e커머스의 매출 데이터 분석 샘플용 데이터 ─ 62
필요한 내용 외에는 덜어내기 ─ 73
샘플용 데이터로는 조작 방법에 대해 설명하지 않는다 ─ 75
샘플용 데이터를 보여줄 때 의식해야 할 사항 네 가지 ─ 77
보는 사람을 질리지 않게끔 하는 아이디어 세 가지 ─ 78

1-4 스토리텔링의 구조를 이해하다 — 80

정형 데이터와 스프레드시트 — 80
두 가지 다른 값으로 분석하다 - 측정값(measure)과 차원(dimension) — 84
차원의 속성 네 가지 — 87
차원의 계층을 확인하다 — 88
데이터 분석의 두 가지 방향성 — 89
차원이 불충분한 데이터의 문제점 — 90
분석할 데이터의 신뢰성 — 94
존재하지 않는 데이터를 고려하다 — 96
5W1H의 '4W'로 스토리를 만들다 — 97
낯선 전문 용어를 배우는 의의 — 99

1-5 다른 사람의 행동을 이끌어내는 강력한 스토리를 만든다 — 101

데이터 스토리텔링의 목표 — 102
멋진 그래프만으로는 행동을 불러일으킬 수 없다 — 102
기승전결로 스토리를 강화한다 — 103
내 것으로 만들다 — 106

DAY 2 시각화 분석

2-1 시각화로 데이터를 이해하다 — 110

그래프는 정말 '애매한' 데이터일까? — 110
시각적인 표현을 구사해서 데이터를 이해한다 — 113
'보기 쉬운 것'의 본질을 생각한다 — 114
시각화를 올바르게 사용할 필요성 — 117
모든 사람이 이해할 수 있는 표현을 선택한다 — 118

데이터를 활용해 시각 효과를 주는 의의 ——————————— 119

2-2 시각화 분석 사이클을 이해하다 ——————————— 121

데이터 분석으로 무엇을 해결할지 정의한다(Task) ——————— 122
태스크를 따라 사이클을 빠르게 돌린다 ——————————— 123
태스크를 결정하는 행동을 항상 의식한다(Act/Share) ————— 125
태스크가 예상을 빗나가는 경우도 있다 —————————— 126

2-3 사고의 플로우를 만들어내는 뇌의 구조를 파악하다 ———— 129

기억을 구성하는 세 가지 요소 ——————————————— 129
아웃풋된 데이터를 시각화하다 ——————————————— 131
감각 기억 능력을 최대한 활용한다 ————————————— 134
감각 기억을 움직이는 10가지 전주의적 속성(Preattentive Attribute) —— 135
전주의적 처리의 강도 차이 ———————————————— 136
노출 방법의 차이 - ① 색 vs 형상 ————————————— 140
노출 방법의 차이 - ② 크기 vs 길이 ———————————— 143
노출 방법의 차이 - ③ 위치 vs 색 ————————————— 145
가장 적절한 시각 속성은 내용과 상황에 따라 항상 다르다 ——— 146
기본적인 지식으로 시각화에 대해 이해하다 ————————— 153

2-4 데이터에 맞춰 시각 속성을 능숙하게 활용하다 —————— 154

데이터의 세 가지 유형 —————————————————— 154
전주의적 속성과 데이터 유형의 상성 ———————————— 155
컨텍스트를 이용하여 시각 속성을 더하다 —————————— 160
데이터 수가 많다면 시각 효과를 선택할 때 주의한다 ————— 164
시각 속성의 패턴 증가를 주의한다 ————————————— 174
컨텍스트를 얻을 수 없는 기호적인 시각 속성을 주의한다 ——— 176
무의미한 색 분류를 주의한다 ——————————————— 177
색을 의미있게 사용한다 ————————————————— 181

배경색과 시각 효과의 상성을 고려한다 ——————— 184
시각 속성으로 배경색을 활용한다 ————————— 186
색을 식별하는 감각의 다양성을 배려하다 ——————— 190
장소는 반드시 지도로 표시하지 않아도 된다 —————— 192
비교를 통해 전하고자 하는 바를 강조한다 ——————— 195

2-5 시각화 구성을 정리하다 ——————————— 197
시각화의 유형이 '탐색형'인지 '설명형'인지 파악한다 ————— 197
타이틀과 색의 포인트 ————————————— 202
상대가 '원하는 바'가 아닌 '내가 하고 싶은 것'을 바탕으로 한다 —— 203
시각화의 표현 방법은 무한하다 ——————————— 205

분석 플랫폼

3-1 데이터를 사용할 수 있는 환경을 공유하다 ————— 208
데이터 드리븐 문화에 필요한 세 가지 요소 ——————— 209
분석 후 데이터 공유하기 ————————————— 210
모든 데이터와 사람은 같은 토대 위에 있어야 한다 ————— 214
데이터베이스와 분석 플랫폼은 별개다 ————————— 215
이상적인 분석 플랫폼 —————————————— 216
데이터 카탈로그를 준비한다 ———————————— 218
분석 플랫폼의 접근 권한을 명확하게 정한다 ——————— 219
분석 플랫폼에 필요한 요건을 갖춘다 ————————— 220
분석 플랫폼을 활용한다 ————————————— 221

3-2 데이터의 자유도와 보호 사이의 균형 —————— 224

예전 플랫폼과 비교하여 현재 플랫폼의 변화 —————— 224
데이터를 보호하는 것만으로는 오히려 위험해진다 —————— 225
데이터를 보호하면서도 개방한다 —————— 227
분석 플랫폼은 폭포수 방법론보다 애자일 방법론을 따른다 —————— 230
문화 조성 초기 단계에 진행할 파일럿 영역을 정한다 —————— 230
데이터 드리븐 문화를 회사 전체로 넓힌다 —————— 231
문화 조성은 끝이 없는 여정 —————— 233

3-3 데이터를 개방하여 사람들을 움직이는 활용 사례 —————— 234

목표를 달성하기 위해 체험 세미나를 개선한 사례 —————— 234
주위를 설득할 수 있는 데이터를 분석 플랫폼에 포함시킨다 —————— 236
데이터는 사람을 움직인다 —————— 239
수작업이 많이 필요한 데이터는 활용할 수 없다 —————— 239
데이터가 아름다워진다 —————— 241
도구와 같이 진화하는 분석 플랫폼 —————— 242
분석 플랫폼이 지원하는 세 가지 역할 —————— 244

3-4 데이터를 보기만 하는 사람은 없다 —————— 247

세 가지 역할을 분석 플랫폼에 반영하다 —————— 248
세 가지 역할이 담당하는 시각화 분석 분야 —————— 249
데이터 원시 시대에서 데이터 문명 시대로 진화하다 —————— 251

데이터란 무엇인가

4-1 데이터 어원과 역사를 되돌아보다 ─ 254

- 데이터(data)의 어원에서 의미를 이해하다 ─ 255
- '데이터'와 '정보'를 구별하다 ─ 257
- 주어진 것을 '기록'하면 데이터가 된다 ─ 257
- 인류의 가장 오래된 데이터는? ─ 258
- 종이 매체에 기록된 데이터의 네 가지 문제점 ─ 259
- 컴퓨터와 데이터의 진화 ─ 260
- 현대 사회는 데이터 포화 상태 ─ 262

4-2 데이터를 관리하고 활용하는 시스템 구조 ─ 264

- 정확하고 빠르게 입력하기 위한 데이터 ─ 264
- 정규화를 통해 입력 데이터 양을 최대한 줄이다 ─ 266
- 운영 시스템과 데이터 활용 ─ 269
- 데이터를 정보로 만들기 위한 정보 시스템 ─ 270
- 정보 시스템 필수 요소 ─ 271
- 방대해지는 데이터를 보관하기 위한 데이터 웨어하우스(DWH) ─ 273
- 방대한 데이터를 집계하고 시각화하는 BI툴 ─ 276
- 운영 시스템에서 데이터를 변환 및 저장하는 ETL ─ 276
- ETL/DWH/BI 툴은 명확하게 구분할 수 없다 ─ 278
- 데이터 입력값을 제어하다 ─ 280
- DWH의 성능을 올리는 데이터 마트와 큐브 ─ 281
- 데이터 마트와 큐브의 처리 한계 ─ 283
- 대량 데이터를 직접 처리하기 위한 인메모리 데이터베이스 ─ 284
- 열 지향과 행 지향 ─ 284
- 카디널리티 ─ 285

| 4-3 | 현대 정보 시스템의 진화 | 288 |

데이터를 보관하고 변환하는 방법의 변화 —————— 288
계속 늘어나는 다양한 데이터의 종류에 대응하다 —————— 290
데이터 이용 목적에 따라 관리 장소가 달라진다 —————— 292
모든 데이터를 동시에 처리하려는 시도 —————— 294
최적의 데이터 분석 시스템을 선택하다 —————— 296

| 4-4 | 눈앞의 데이터에 대해 올바른 지식을 익히다 | 298 |

데이터의 가치를 측정하는 세 가지 지표 —————— 298
분석하기 쉬운 데이터의 형태 —————— 299
있을 수 있는 값과 누락된 값에 대해 예측하다 —————— 302
데이터의 분포를 보고 상세 레벨을 조정한다 —————— 303

DAY 5 데이터 드리븐 문화를 더욱 넓히기 위해

| 5-1 | 계속 진화하는 기술과 데이터를 꾸준하게 배우다 | 314 |

| 5-2 | 데이터 드리븐 동료를 만들다 | 317 |

조직에 따라 필요한 지식이 다르다 —————— 317
진정한 '데이터 드리븐'이란 —————— 318
많은 사람에게 기본 지식을 전해서 '학습 계기'를 만들다 —————— 319
최소한의 데이터 문해력은 어디까지인가 —————— 320
사람의 마음을 흔드는 '강한 말'에서 도망치지 않는다 —————— 321

끝맺는 말 —————— 324

DAY 0

데이터 드리븐 문화의 시작

0-1 프롤로그

현재 내가 재직 중인 회사는 지금까지 사장의 경험과 직감으로 모든 것을 결정하여 안정적인 실적을 올리고 있었지만, 최근 들어 매년 경영 상황이 악화되었다. 사장은 본인 스스로 자신의 경험과 직감을 강하게 신뢰하는데, 실제로도 직감을 이용해서 미래를 예리하게 예측하는 사람이 있을 수 있다고 생각한다. 하지만 최근 실적이 부진한데, 여러 이유 중 한 가지를 꼽자면 사장이 엄청난 '아날로그 지지자'이기 때문일 것이다. 원래부터 직감적인 감각을 믿는 사람이지만, 과거에 디지털 투자를 한 번 크게 했다가 실패한 이후로는 별다른 이유 없이 극도로 싫어하게 되었다. 그 결과, 우리 회사는 아직까지 디지털화가 크게 뒤처져 있고, 매일 비효율적인 수작업 때문에 일에 쫓기고 있다.

그러나 사장도 드디어 'CDO(Chief Data Officer: 최고 데이터 책임자)'를 회사 경영에 새로운 구성원으로 투입했다. 사장은 '디지털'을 싫어하기 때문에 주위의 경영진들이 '데이터'라는 단어로 간신히 디지털이 아닌 것처럼 속인 것이다.

디지털이 무엇인지도 잘 모르는데 데이터라는 것은 더욱 수수께끼다. 그러나 선진 사례를 발표하는 다수의 기업이 '데이터 활용'을 기반으로 성공하는 요즘 시대에, 우리 회사도 잘만 활용하면 현 상황을 타파할 수 있는 것은 아닐까 기대하며 '데이터'라는 인기 키워드에 집중하게 되었다.

나는 영업기획부에서 일하는 일개 평사원이었지만, 갑작스런 신임 CDO의 지시로 CDO 직속의 '데이터 문화 추진 특설 팀'에 겸임 발령되었다. 하지만 나는 내가 발탁된 이유를 전혀 짐작할 수 없었다.

CDO의 팀은 데이터 활용을 추진하는 부서다. 나는 IT 지식이 전혀 없어서 데이터라고 해도 전혀 감이 오지 않았다. 나보다 더 어울리는 사람이 있지 않을까 하는 생각이 들 정도로 도저히 마음이 내키지 않았다. 경영진 직속 특설 팀이라 하면 듣기에는 좋지만 영업기획부와 겸직을 해야 한다. 영업기획부의 일도 바쁜데 거기에 CDO로부터 지시 받은 새로운 업무도 하려니 시간을 어느 정도 할애해야 하는지 상상하는 것만으로도 골머리를 앓았다.

데이터란 IT겠거니 생각한 나의 안이한 사고방식과는 반대로, CDO가 편성한 특설 팀에는 IT 분야의 팀원이 딱 한 사람밖에 없었다. 영업, 마케팅, IT, 인사 등 주요 부서에서 일반 사원 한 사람씩 차출되었기에 IT 부문에서 온 한 명을 제외하면 모두 IT에 대해 잘 모르는 사람들이었다. 이런 팀으로 도대체 어떻게 데이터를 활용하려는 걸까.

나는 오히려 사장의 경험과 직감은 신뢰할 수 있다고 생각했다. 악화된 경영 상황이 신경 쓰이기는 하지만 다양한 경험이 뒷받침하는 사장의 판단에는 충분히 납득할 수 있으며 납득한 바를 행동으로 옮겼다가 실패한다고 해도 받아들일 수 있다.

그러나 숫자의 나열일 뿐인 데이터는 매정하게 느껴진다. 데이터를 기반으로 쫓아가도 실제로 해야 할 행동까지는 이어지지 않는다고 느꼈다. 나는 경영 현장의 최전선에 있었기 때문에 사실상 인정이나 열의 같은 것이 사람의 마음을 움직이게 한다는 사실을 잘 알고 있다.

그런 와중에 최근에 CDO로부터 받은 지시는 프로젝트의 상위 기획 입안이 아니었다.

"스승님이 계신 곳에 가서 잠깐 공부하고 오겠나?"

그가 스승님이라고 부르는 사람은 일찍이 데이터 분야의 인재를 많이 배출하고 각지에서 활약하여, 사람들로부터 스승으로 칭송 받는 사람이라고 한다.

특설 팀의 최초 업무가 연수라니? 게다가 '스승님'이라고?

의문점이 점점 더 많아졌으나 나는 그저 시키는 대로 할 수밖에 없었다. 나는 CDO가 알려준 스승님의 거처로 향했다.

데이터를 다루기 위해 IT 전문가일 필요는 없다

제자 (Apprentice) 안녕하세요. 혹시 스승님이신가요?

스승 (Master) 네, 그렇습니다. 당신에 대해선 그분께 말씀 많이 들었습니다. 그분께 중요한 동료시면 저한테도 동료나 마찬가지죠. 이곳을 집이라고 생각하고 편하게 계세요.

그래서 저한테 어떻게 오게 되신 건가요?

들던 대로 도착은 했으나 데이터 드리븐 문화를 추진하기 위해서는 데이터를 다룰 수 있어야 하지 않을까? 맨바닥부터 시작해서 데이터 엔지니어와 동일한 지식을 쌓으려면 도대체 얼마나 시간이 걸릴까? 스승이라는 분이 나를 보시며 질문을 던진 순간 막연하게 갖고 있던 불안이 갑자기 구체화되었다. 하라는 대로 오기 했지만 이분은 CDO의 스승이었다고 한다. 그렇다면 이분께 부탁드리면 나를 그 팀에서 빼내 줄지도 모른다.

A 저기... 저를 팀에서 내보내라고 CDO한테 말씀해주실 수 있으신가요?

M 흠... 그건 제가 그분께 들은 요청과는 무척 다른 내용이네요. 혹시 팀에서 빠지고 싶으신 건가요?

A 네. 데이터 드리븐 문화를 만든다고는 하지만, 저는 IT에 대해서는 전혀 몰라서 팀에 걸리적거리기만 할 거예요.

M 그분께 이번 팀 멤버 구성에 대해 들었을 때 저는 더할 나위없이 완벽하게 이뤄진 팀이라고 손뼉을 치며 칭찬했답니다.

A 그냥 적당한 사람들을 뽑아서 만든 팀이 아닌가요?

M   그럴 리가요. 기업 내의 문화를 만들기 위해 이보다 좋을 수 없을 정도로 멋지게 구성된 팀입니다.

A   하지만 전 지금까지의 경력을 버리고 엔지니어로 전향할 수는 없어요.

M   뭔가 오해를 하시는 것 같군요. A씨는 지금까지의 경력을 버릴 필요가 없답니다. 현재 어떤 일을 하고 계신가요?

A   저는 영업기획부에 소속되어 있습니다.

M   영업 정보를 기반으로 새로운 기획이나 전략을 세우는 멋진 부서네요. 안심하세요. A씨가 지금까지의 경력을 버리고 엔지니어로 전향할 필요는 전혀 없으니까요. 오히려 A씨처럼 지금까지 데이터를 의식하지 않던 사람도 데이터를 활용할 수 있게끔 하는 것이 진정한 '데이터 드리븐 문화의 도래'라 말할 수 있겠죠.

> 데이터를 사용하는데도 데이터를 다뤄봤던 경험이 필요 없다니, 나로서는 점점 혼란스러워졌다. 이 사람은 도대체 뭘 알고 있다는 걸까? 애초에 나와 관계 있을 리 없는 '데이터'가 갑자기 들이닥쳐서 내 인생을 휘저었다. 나는 새로운 팀에서 무엇을 해내야 할지 전혀 자신이 없는 데다, 당장 내일조차도 어떻게 될지 알 수 없어서 초조해졌다. 원인은 유행처럼 많이 쓰이지만 실제로는 공허하게 들리는 '데이터 드리븐 문화'란 단어에 있었다.

A   CDO한테서 연락을 받으셨다면 저희 회사의 상황에 대해서도 잘 아실 거라 생각됩니다. 저희 회사는 장기간 위기에 처해 있어서 더는 물러설 데가 없습니다. 그런 와중에 '데이터 드리븐'이라는 막연한 내용에 시간을 들이는 게 정말 우리 회사를 위한 일일까요?

M   당장에는 성과가 보이지 않을 수 있겠지만, 저는 A씨의 회사가 데이터 드리븐 문화로 전환함으로써 실적을 재건할 수 있다고 생각합니다.
A씨는 여기서 데이터 드리븐 문화를 배울지 말지 선택할 수 있어요.

만약 배우신 후에 데이터 드리븐 문화가 A씨의 회사에 도움이 된다고 느끼신다면 바로 적용하면 됩니다. 반면 도움이 안 된다고 생각하시면 다른 방법을 찾아야 하지만, 제가 알려드릴 방법 외의 다른 방법을 찾으면 되니 A씨가 선택하셔야 할 길은 이전보다 더 명확해지겠죠.

만약 배우지 않으시겠다면 데이터에 대한 학습 시간을 쓰지 않게 되는 거고요. 하지만 그렇게 남는 시간에 어떤 대책을 강구하게 될까요?

A 데이터 드리븐이 아닌 방법으로 어떻게 회사를 재건할지 고민해야겠지요.
M 만약 명확한 방법이 있다면 제가 나설 자리는 없겠군요.

하고 싶지 않은 이유야 있었지만 대신 남는 시간에 뭘 해야 할지 전혀 생각나지 않았다. 아니, 나는 변하지 않기를 바라고 있다. 무언가 큰 문제가 있다는 걸 알면서도 변화를 두려워했기 때문에 지금까지와 동일한 방식을 답습해왔다.

그러나 회사의 상황은 매일 악화되고 있고, 이는 단순히 일시적인 현상이 아닐 것이다. 변하지 않으면 이러한 하락 추세도 변하지 않는다는 사실은 분명했다.

✅ 한 달 만에 데이터 문해력(data literacy)을 배우다

M 바로 답할 수 있는 대안이 없다면 우선 A씨의 시간을 한 달만 빌려도 될까요? 저는 일찍이 데이터 드리븐 문화를 조성하는 데 필요한 지식과 배운 기술을 현실에 적용하는 법, 그 사상을 주위 사람에게 널리 퍼지게 하는 방법을 석 달 동안 특별 훈련으로 가르치고 있어요. 지식을 아는 것뿐 아니라 실제로 체험하고 터득하는 데 적어도 석 달은 걸리기 때문입니다.

그러나 A씨는 정말 데이터가 회사에 도움이 될지에 대해서부터 회의적이시죠. 그래서 처음부터 석 달이라는 기간을 제시하는 건 A씨에게 리스크가 너무 높다고 판단했어요. 이번에는 1개월간 데이터 드리븐 문화를 조성하는 열쇠인 기초적인 '데이터 문해력'을 완전히 터득하는 걸 목표로 해봅시다.

A 정말 저 같은 사람도 데이터를 활용할 수 있을까요?

M 네. 약속합니다. 지금까지 제가 가르쳐 온, 엔지니어링 백그라운드를 갖고 있지 않았던 수많은 분들이 이미 활약하고 있답니다. 한편으로는 근래 데이터의 중요성이 급속도로 늘어나는 와중에, 석 달이라는 기간 동안 데이터 문해력을 이해할 수 없다면 모든 사람이 데이터를 활용할 수 있는 세상은 오지 않을 거라는 생각도 얼핏 드네요.

저도 데이터 업계나 커뮤니티를 이끌 전문가가 아니더라도 누구나 지니고 있어야 할 기초적인 데이터 문해력을 슬슬 가르쳐야겠다고 생각하던 참이라서 이번 기회에 한번 해보려고 합니다.

앞으로 주 1회씩 해서, 한 달에 네 번 저를 찾아 오세요. 강의가 끝날 때마다 '숙제'를 드려서 배운 걸 직접 실천해보거나 이해를 위한 자기학습을 진행하겠습니다. 빡빡한 일정이지만 듣고 말하기만 해서는 몸에 익지 않다 보니 꼭 필요한 절차라고 생각해주세요.

A 숙제를 그다지 좋아하지는 않지만... 주 1회 정도라면 실제 업무량과도 어떻게든 조율해볼 수 있을 듯해요.

M 저는 지금까지 오랫동안 데이터를 접했고 기술을 배워 문화를 전파해왔답니다. 그리고 A씨는 데이터와 처음으로 마주하게 되었지요. 이처럼 완전히 다른 백그라운드를 가진 A씨와 제가 대화를 나누면서 '모든 사람을 위한 데이터 활용 능력'을 깊이 생각할 수 있게 되겠죠. 함께 해보시겠어요?

A 알겠습니다. 아직은 어떤 걸 배울 수 있을지 모르겠지만, 온 세상이 '데이터 활용'으로 이렇게나 떠들썩한 이유를 알고 싶어요. 그리고 저는 엔지니어가 아니지만 데이터를 활용할 수 있는 방법에 단순히 흥미도 생겼습니다.

0-2 왜 데이터 문해력을 지향하는가?

스승 (Master) 그럼 어떤 것부터 시작해볼까요?

제자 (Apprentice) 먼저 가르쳐주시지 않나요?

M 설명을 듣기만 해서는 아주 일부분만 배우게 돼요. 가능한 한 스스로 생각할 수 있는 시간을 만들어가며 저와 대화를 나누도록 하죠. 물론 답을 떠올릴 수 있도록 힌트도 드리겠습니다.

우선 A씨의 생각을 들려주세요. 회사의 지시라고는 하지만 뭔가 생각하시는 바가 있으시겠죠?

A 맞습니다. 데이터를 사용하지 않고 경영을 계속해온 탓에 실적이 나빠지고 있는 것 같습니다.

M 그 말을 뒤집어 보면 '데이터를 사용해서 경영을 할 수 있다면 실적이 올라간다'는 의미일까요?

A 그렇죠. 전 세계의 성공한 기업 중 대부분이 데이터를 활용한다고 들었습니다.

M 그럼 왜 데이터를 활용한 기업이 성공한 걸까요?

A 그건 데이터를 활용해서 올바르게 의사를 결정할 수 있기 때문이지 않을까요?

M 흠... 우선 스스로 데이터 문해력을 지향하는 이유에 대해 곰곰이 생각해보는 편이 좋겠군요.

'데이터 드리븐 문화 조성'은 상당히 쉽게 흔히 사용하는 말이지만, 주위 사람들의 마음을 움직여 행동 기준을 변화시키는 건 힘든 일입니다. 여기서 선도하는 역할을 맡은 분이 애매하게 이해하거나 어설프게 결심한다면 주위에도 그 의미가 불완전하게 전달됩니다. 그렇게 이야기해서는 다른 사람을 움직일 수 있을 리 없겠죠.

우선 A씨가 하는 말이 설득력 있고 명확해질 수 있도록 연습합시다. 자신을 포함해서 누구든 이해시킬 수 있을 때까지 깊이 파고들어가면 결국 신념이 되어 사람들을 움직일 수 있습니다.

A 데이터 드리븐 문화에 대해 배우는 거죠?

M 그렇습니다. A씨는 지금부터 새로운 '문화'를 들여오려는 거예요. 문화는 그 범위 내에서 살아가는 사람의 판단·행동 기준의 근거가 되어 창조적인 사고의 토대가 됩니다. 새로운 문화를 들이면 경우에 따라 사람의 사고방식을 바닥부터 뒤집는 결과를 초래하는 상황도 생깁니다. 그런 변화를 일으킨다면 때로는 반발을 살 수도 있습니다. 그렇기에 굳건하게 스스로 서 있을 수 있는 힘을 익혀 두어야만 합니다.

A 제가 생각한 것 이상으로 큰 역할을 맡고 있는 걸까요? 갑자기 불안해지기 시작했어요.

M 위협할 생각은 없지만 큰 일에 도전하고 있다는 사실은 틀림없답니다. 다만 즐기며 배워 봐요. 배운다는 건 즐거운 일이고, 즐기는 사람의 주위에는 사람이 모이는 법이니까요.

A 하지만 왜 목표로 하는지 이야기하기에 앞서, 도대체 '데이터 드리븐 문화'라는 게 어떤 문화인지 전혀 모르겠어요.

M 그런가요? 그럼 우선 데이터 드리븐 문화란 어떤 것인지 같이 생각해보죠.

✓ 데이터의 본질을 생각하다

M 먼저 데이터란 뭘까요?

A 글쎄요... 음, 스프레드시트 내의 경영 실적을 나타내는 숫자요.

M 그 외에는 어떤 게 있을까요?

A   음, 달리... 아, 고객 명단도 데이터네요!

M   또 다른 건요?

A   음... 웹사이트의 조회수도 데이터겠죠? 애초에 그런 의미의 질문이 아닌가요? 0과 1의 집합체? 스승님의 질문이 너무 추상적이어서 어려워요.

M   전부 정답이지만 우선 데이터 드리븐의 핵심이 되는 '데이터'의 의미를 먼저 생각해보죠.

그럼 질문을 바꿀게요. 데이터란 언제부터 존재해왔다고 생각하나요?

A   그건 컴퓨터가 만들어진 때부터죠!

M   틀렸어요. 데이터는 까마득한 옛날부터 존재했답니다.

예를 들어 에도 시대[1]에도 데이터가 있었어요. 당시에는 목조 가옥이 많았기 때문에 화재가 많이 발생했지요. 화재가 일어나면 장사를 하던 상인들은 돈이 아닌, 타게 되면 흔적조차 없어지는 장부를 안고 도망가곤 했어요. 종이로 만들어진 장부에는 거래 기록이나 고객 정보를 손글씨로 기재해뒀죠. 그것도 훌륭한 데이터예요.

그렇게 생각하면 인간이 존재한 이래 기록을 남겨두기 시작한 순간부터 데이터가 존재해왔다고 말할 수 있어요.

A   그렇군요. 데이터는 컴퓨터와 함께 생겼다고 생각하고 있었어요.

M   물론 컴퓨터가 만들어진 덕분에 손으로 쓰던 종이 기록의 한계를 넘어 데이터의 양과 종류가 급속도로 늘어난 건 사실이에요.

최초로 디지털화가 된 긴 바로 거래 정보와 같은 판매 데이디예요. 수피마켓이나 편의점의 포스(POS) 데이터가 가장 이해하기 쉬운 예죠. 판매 데이터에는 기본적으로 판매할 물건이 등록되어 있고, 거래가 성립된 시점에 기록되면 가장 좋기 때문에 컴퓨터에 잘 정리되어 왔어요. 그러나 현재는 거래, 구매와 같은 데이터 외에도 기술의 진화와 함께 다양한 정보가 보관돼 왔습니다. 예를 들어 다음과 같은 정보들이에요.

---

1. 1603~1867년의 일본 봉건 시대를 가리킴

> 웹사이트 조회 등, 최종적으로 구입하기 전의 사용자 행동 흐름을 해석할 수 있는 이력

> 사람의 생각을 투영하는 자유로운 문장이나 영상이 끊임없이 업로드되는 SNS

> 사람이 걸어간 자취나 온도와 같이 센서나 카메라에서 취득할 수 있는 정보

A 소위 IoT(Internet of Things)도 한 예군요.

M 마음만 먹으면 생활 속에서 일어나는 인류의 활동 중 거의 대부분을 의사결정을 할 때 필요한 데이터로 만들 수 있는 세상이 도래한 거죠. 즉, '데이터 = 세계'에 가까워지고 있답니다.

✅ 데이터를 보면 세계를 이해하게 된다

M 물론 항상 데이터가 전부인 건 아니에요. '기록된 데이터는 어떤 세계를 묘사한 것인가', '누락된 부분은 무엇인가' 등, 데이터를 활용할 때 의식해야 할 사항이 몇 가지 있습니다. 이에 관한 심층 분석은 DAY 4에서 다룰 거예요. 차근차근 알려드리겠습니다.

A 어쩐지 생각보다 훨씬 어마어마해지네요. 매일 영업 실적 숫자를 보긴 해도 데이터에서 세계를 느끼진 못했어요. 하지만 세상에는 정말 여러 종류의 데이터가 있네요.

✅ 야채 가게 주인의 데이터 활용 사례

M 이제부터는 데이터를 어떻게 활용할지 생각해보죠. 우선 상가에 있는 야채 가게를 떠올려 보세요.

A 야채 가게요?

M 지역 밀착형의 야채 가게예요. 그 상가를 지나가는 이들은 기본적으로 동네 주민이고요. 야채 가게 주인은 지나가는 사람의 얼굴을 기억하고 있어요. 주 1회 수요일 오후 2시에 여성 A씨가 지나가면 야채 가게 주인은 A씨에게 말을 걸죠. "사모님, 오늘도 아름다우시네요!" "오, 정말요? 아, 무도 같이 살게요"라는 식으로 판매합니다. 주 3회 오후 4시경에는 여성 B씨가 유치원에서 자녀를 데리고 옵니다. 이번에는 여성 B씨의 아이에게 말을 겁니다. "오늘은 옥수수가 맛있단다." 그러면 아이는 "옥수수 먹고 싶어!"라고 하고, 아이의 어머니 B씨는 "그러니?"라며 옥수수를 살 겁니다.

실은 B씨에게도 "사모님, 정말 아름다우시네요"라고 말한 적이 있었는데 "그런 입에 발린 소리 듣기 싫어요"라며 돌아가버린 적이 있었습니다. 그래서 그 후에는 아이가 좋아하는 야채 종류를 활용해 왔던 겁니다.

이것이 바로 훌륭한 '데이터 분석'과 '행동'입니다.

A 그런가요? 뭘 어떻게 분석한 걸까요?

M 야채 가게 주인은 자신의 기억에 있는 고객 정보를 이용해서 A씨와 B씨 각자에게 맞는 대화로 판매를 촉진시켰어요. 결국 '개인화된 마케팅'을 실천한 거죠. 고객마다 마음을 끄는 말이 다르기 때문에 판매할 때는 각자에게 맞는 접근 방법을 사용해야 합니다.

✓ 데이터를 사용하여 대중 마케팅에서 벗어나다

M 야채 가게 주인의 예를 생각하면 당연하게 느껴지겠죠. 직접 고객을 대면해왔기 때문입니다. 예전의 비즈니스는 전부 그렇게 성립되어 왔어요. 얼굴을 볼 수 없는 상대와 비즈니스하는 일은 거의 없었기 때문이죠.

그러나 기술의 발전에 따라 대상 고객의 범위가 동네에서 세계로 넓어졌어요. 인구 수 많고 사는 장소도 다양해져서 더 이상 한 사람씩 얼굴을 보며 비즈니스를 할 수 없게 되어 버렸지요. 따라서 최대한 효율성만 추구하면 모든 사람에게 동일한 접근 방법을 취한다는, 냉정하게 생각하면 말도 안 되는 사태가 일어날 수밖에 없습니다. 야채 가게 주인을 예로 들면 누가 지나가든 "사모님 오늘도 아름다우시네요"라고 계속 똑같은 말을 건네니, 결국 대부분의 사람이 사지 않거나 화를 내는 결과를 맞게 되겠죠.

좀 더 현실적인 예를 들어볼게요. 상품을 딱 한 번 구입했던 전자상거래 사이트에서 전혀 흥미가 없는 상품 광고 메일이 계속 오는 바람에 회원을 탈퇴한 경험이 있지 않나요?

A 있죠. 소비자로서 개인적인 경험도 있고 저희 회사에서도 소비자들이 그렇게 반응하도록 운영했을 듯하네요.

M 맨 처음에는 새로우니까 효과가 있었을지도 모르죠. 그러나 분명히 자신과 관계 없고 흥미도 없는 내용을 대량으로 반복해서 받으면 귀찮아져요. 이러한 고객의 이탈을 피하기 위하기 위해선 대중 마케팅에서 벗어나야 한다는 사실을 깨닫게 되는 거죠.

이탈에 대한 힌트는 야채 가게 주인의 행동에서 찾을 수 있어요. 야채 가게 주인은 무엇을 기초로 해서 각 고객의 기호를 분석한 걸까요?

A 야채 가게 주인이 기억하는 고객 정보겠죠.

M 맞습니다. 야채 가게 주인의 고객 목록에는 기억할 수 있는 범위 내의 정보가 들어 있겠죠. 게다가 대면해서 만날 수 있는 사람들로 한정되어 있어요. 그러나 우리가 비즈니스를 확대하고자 하면 직접 만날 수 없을 정도로 멀리 살고 있는 사람들도 상품이 매력적이라고 느끼고 구입하도록 해야 합니다. 그러나 만난 적도 없는 사람의 표정을 상상할 수는 없어요. 지금 우리는 '아직 만난 적도 없는 사람을 상상하여 그 사람이 원하는 바를 창조한다'라는, 모순적으로 보이는 행동이 필요한 상황이에요. 양립할 수 없어 보이는 요구사항인 '다수의 다양한 사람들'에게 '개인화된 대응'을 실현해 주는 것이 바로 데이터의 힘입니다.

데이터 드리븐과 공존하는 "경험과 직감 2.0"

A 그런데 야채 가게 주인이 기억하는 고객 정보란 건 혹시 경험과 직감인가요?

M 그렇지요. 잘 알아차리셨군요.

A '경험과 직감'이 데이터 드리븐 문화의 대척점에 있다고 생각하시나요?

M '경험과 직감에서 탈피해서 데이터 드리븐으로 간다'는 말을 자주 듣게 되죠. 그러나 저는 그렇게 생각하지 않아요. '경험과 직감'은 데이터 드리븐 문화와 공존해야 한다고 생각합니다.

사람들은 사고의 프로세스 내에서 여러 가지 정보를 취득해서 이해하지만, '이걸로 하자' 하고 뭔가를 결정할 때의 마지막 수단은 결국 직감입니다. 직감은 그 사람의 성격이나 순간적인 판단에 의존하게 되지만 지금까지 얻어온 경험으로 키워지고 잘 다듬어서 진화해온 거예요.

비즈니스 실패의 원인이 '경험과 직감으로 판단했기 때문'이라며 공격 대상으로 자주 거론되는 경우가 많지만 중요한 건 경험의 범위입니다. 한 사람이 쓸 수 있는 시간은 극히 짧고 이 세상에서 일어나는 모든 현상을 직접 경험하기란 도저히 불가능해요. 그래서 자신이 지금까지 경험한 범위의 협소한 세계만으로 판단하여 내린 결단이 좋은 방향으로 진행되지 않는 거예요.

더구나 역사를 돌아보면 컴퓨터를 쓰기 전부터 성공한 사람들은 정보를 많이 가진 이들이었습니다. 옛날에는 데이터화되어 있는 자료나 통신수단이 적었기 때문에 지금과 비교하면 훨씬 소량의 데이터지만 그래도 데이터를 가진 사람이 전쟁에서 항상 승리했어요.

어느 시대나 적을 쓰러뜨릴 수 있을 정도로 데이터를 많이 가진 자가 다양한 아이디어를 낼 수 있다는 사실은 변함이 없습니다.

오늘날 데이터 생성, 통신 환경의 정비, 데이터 공유 기반 확대 등으로 인해 사용할 수 있는 데이터는 계속 늘어나고 있어요.

이를 아는 사람들은 여전히 데이터를 추구하고 있지요. 따라서 데이터를 사용할 수 없는 상태에서 그대로 돌진해 봤자 격차만 더 커지게 되므로 주의해야 합니다.

특히 현재는 가속하는 기술의 진화에 따라 시시각각 상황이 변화하는 시대예요. 자신의 눈앞에서 일어나지 않은 일도 경험으로 삼아야만 세상의 변화를 따라갈 수 있어요.

인간은 이야기의 힘을 활용해서 직접 경험하지 않은 일도 경험한 듯이 축적하는 능력이 있습니다. 즉, 자신의 '경험의 폭'을 확장시켜 나갈 수 있죠. 쉬운 예로는 독서나 영화 등이 있어요.

그런데 사실 데이터도 우리의 직감력을 기르는 경험의 폭을 크게 확장시키는 역할을 합니다.

A 설마 '경험과 직감'이 데이터와 연결되어 있다고는 생각도 못했어요. 그리고 스승님이 생각하는 데이터 드리븐 문화란 제가 생각해오던 이미지와 전혀 다른 듯해요.
데이터 활용이란 무미건조한 숫자가 나열된 세계로 생각했는데, 스승님은 인간적인 측면을 몹시 중요하게 여기는군요.

M 당연하죠. 저는 인간이 창조적인 생물이라 믿고 있어요. 어느 시대든 어떤 문명이 진화하고 있든 인간의 미래를 결정하는 건 인간입니다. 기술이 의사 결정을 해주는 건 아니에요. 데이터도 똑같아요. 앞으로 데이터가 얼마나 늘어나든, AI가 자동으로 데이터를 계산하여 답을 제시하는 혁신을 이루든 늘 인간이 결단을 내리고 행동해야 하죠.

그러나 우리는 고도의 기술에 압도되어 스스로를 의심하고 시험하는 일이 앞으로 자주 있을 거예요. 데이터 드리븐 문화란 데이터가 가져올 확장된 경험을 자신의 것으로 만들고 직감력을 갈고닦아서 의사 결정을 내리는 사람들로 이루어진, 극히 인간 중심의 문화라 생각합니다.

✅ 데이터로 경험을 확장하다

M 데이터의 힘으로 경험의 폭이 넓어진 예를 한 가지 생각해봅시다. 구글 맵(Google Map)을 사용해본 적이 있나요?

A 물론입니다. 구글 맵이 없으면 아무 데도 갈 수 없을 정도로 많이 사용하죠.

M 구글 맵 교통 정보 데이터의 실시간성은 혀를 내두르게 하죠. 한번은 외출했다가 귀가할 때 교통이 정체된 적이 있어요. 그때 내비게이션을 따라가고 있었는데 친구가 정체되어 있는 큰길을 피하자고 제안하는 거예요. 내비게이션에서는 이번 신호만 지나면 정체가 풀린다고 표시되어 있었기 때문에 저는 '이대로 직진하자'고 말했고요.

그러나 실제로 해당 신호에 도착했더니 그 앞쪽도 끝없이 차가 밀려 있었어요. 내비게이션의 데이터의 갱신이 지연됐던 거죠.

저는 틀린 데이터로 잘못된 판단을 내렸어요. 친구가 '구글 맵으로 검색해보자'고 해서 허둥거리며 검색했답니다. 그러자 구글 맵에는 정체를 나타내는 붉은 선이 길게 표시되어 있었어요. 그대로 기다린다면 몇 시간이 걸릴지 알 수 없을 정도로 엄청나게 교통이 정체돼 있었죠.

그래서 저희는 내비게이션을 중지시키고 구글 맵으로 다시 목적지를 설정하고 사용했어요. 곧바로 정체를 피할 수 있는 경로가 표시됐고 저희는 구글 맵의 안내를 따라 전진했죠.

붉은 선이 표시된 정체 도로는 전부 피해서 쾌적하게 왔시만 경로 내에는 푸른 선과 노란 선이 있었어요. 노란 선은 차가 약간 막혀 있다는 표시죠. 노란색으로 표시된 도로에 도착하니 거기엔 신호 대기 중인 차가 다섯 대 정도 서 있었는데, 그때 놀라운 일이 일어났어요. 신호가 바뀌고 차가 달리기 시작한 순간 구글 맵상의 도로가 단숨에 파랗게 변한 거예요. 즉, 구글 맵은 도로 교통 정보를 거의 실시간으로 감지해서 '지도'라는 가시화된 데이터로 표시한 거죠. 그리고 저희는 이걸 활용해서 쾌적하게 드라이브를 할 수 있었지요.

한 가지 사례를 더 말씀드릴게요. 이번에는 차 한 대가 겨우 지나갈 수 있는 골목을 지나가고 있었어요. 조심스럽게 차를 몰면서 지나가는 도중에, 운전하던 친구가 '여긴 택시 기사도 모를 길이네'라고 중얼거렸어요.

무심하게 꺼낸 한마디였지만 저는 벼락을 맞은 듯한 충격을 받았습니다. '택시 기사'란 이 지역을 오랫동안 다녀서 도로 정보를 꿰뚫고 있고 뒷골목도 속속들이 아는 분들이죠. 반면 저희는 그 지역을 전혀 모르는 초심자였어요. 그러나 저희는 구글 맵을 써서 '택시 기사도 모를 법한 길'을 지나서 정체된 도로에 걸리지 않고 쾌적하게 이동할 수 있었답니다. 즉 직접 경험하지 않은 걸 데이터의 힘으로 해결한 거죠.

A   데이터로 인해 경험이 깊어지는 거군요.

M   개인의 생활에만 도움이 되는 건 아니에요. 경험의 확장은 이 세상의 서비스나 일도 변화시킵니다.

예를 들어 '우버(Uber)'를 이용한 적 있나요?

A   미국에서 이용했어요. 거기는 일반 택시보다 우버가 주류니까요.

M   우버의 운전자는 대부분 일반 운전자예요. 전업 주부나 퇴직한 이들이 자투리 시간을 활용하여 참여하고 있어요. 그들은 승객이 승차하는 위치부터 목적지까지 구글 맵을 이용하여 길 안내를 받아요. 택시 기사로서 도로의 지식을 얻기 위해 여러 해 동안 길러온 경험이 필요 없어진 거죠.

또한 우버는 운전자에게 전담 교육을 하는 것도 아니기 때문에, 미국의 경우 일반 택시보다 저렴해지고 있어요. 게다가 운전자에 대한 신뢰도는 '승객의 평가'라는 데이터에 따라 판단되기 때문에 최대한 좋은 서비스를 제공하려는 운전자들이 많죠.

데이터를 사용해서 경험을 확장시키고 비용을 낮춰서 좋은 서비스를 제공하는 겁니다. 싸고 좋은 서비스가 있으면 소비자는 반드시 그걸 선택하지요. 이건 누구도 막을 수 없어요.

실제로 많은 택시 회사가 우버에 반발합니다. 그러나 이런 서비스가 구현되어 드러난 이상 멈출 수 없어요. 데이터를 효율적으로 활용하는 운전자의 시대가 된 거예요. 게다가 앞으로 자동 운전이 표준화되면 택시 기사라는 직업 자체가 어떻게 될지 알 수 없어요.
물론 택시 기사에 한정된 이야기가 아닙니다.
이제는 가게 계산대가 완전히 무인화되는 때가 먼 미래의 이야기가 아니게 됐어요. 이대로 가면 세상의 많은 사람들이 종사하던 직업이 하나씩 없어질 겁니다.
지금까지 직접 체험한 경험에만 의지하던 시간은 한정되어 있었어요. 누구나 새로 등장한 것에 대해 호기심을 갖고 적극적으로 받아들이는 마인드와, 이를 활용해서 무엇을 할지 구상하는 상상력을 가져야 하는 시대가 도래하고 있습니다.

0-3 누구나 갖춰야 하는 '데이터 문해력'

제자 (Apprentice) 데이터 드리븐 문화를 배우는 데 이렇게까지 상상력이 중요하다고는 생각해본 적 없어요. 구체적으로 뭘 해야 데이터를 보고 상상력을 키울 수 있을까요? 매일 스프레드시트의 영업 실적표를 아무리 봐도 어떻게 창조적인 일을 할 수 있을지 모르겠어요.

스승 (Master) 우선 데이터 드리븐 문화를 도입하고자 한다면 그걸 구현하기 위한 '언어'를 배워야 해요. 데이터만 있다면 의미가 없죠. 데이터를 보는 사람들이 '데이터 문해력'을 갖고 있어야 한다는 점이 핵심이에요.

✓ 읽고 쓰는 능력과 문화의 관계

A 데이터 문해력요?

M '문해력'이라는 용어를 알고 있나요?

A 네. '글을 읽고 이해한다'는 의미예요.

M 그렇습니다. 문자를 읽고 쓸 수 있는 능력이에요. 현대인 중 문맹이 있다고는 생각하지 않죠. 우리 주변에는 다양한 내용이 문자로 표시되어 있으며, 우리는 이를 통해 정보를 교환합니다.

A 물론 그렇지요.

M 당연하다고 생각할 수도 있지만 이건 역사적으로 보면 특별한 일이라고 인식해야 합니다.

중세 유럽에서는 대부분의 사람이 글을 읽고 쓸 줄 몰랐어요. 따라서 이들 대신 작성된 문서를 '읽을 줄 아는' 사람이 필요했습니다.

당시에는 라틴어로 쓰인 성서를 읽을 수 있는 성직자가 그 역할을 담당했어요. 읽고 쓸 수 있는 사람이란 높은 교양을 지닌 지식인으로 한정되어 있었죠.

서민들은 성서의 내용이나 자신들의 행동 규범 전부를 성직자가 들려주는 음성으로 이해했어요. 그 시대에는 대다수가 극히 일부의 해석에 의지해서 살아갔습니다.

물론 뜻을 가진 소수의 사람들이 주위의 사람들에게 자신의 해석을 전하는 게 나쁜 일만은 아닙니다. 하지만 일에는 여러 측면이 있어 다양한 시점과 사고를 통해 검토해야 하죠. 그렇기 때문에 현대인들은 서로 사고한 다음 토론 등으로 자신과 상대방의 생각을 비교해서 보강하거나 궤도를 수정하지요.

그러나 애초에 읽고 쓸 수 있는 능력이 극히 일부 사람에게 제한되는 데에는 기술적인 이슈가 있었어요.

A 문자를 인쇄할 수 없었기 때문이군요.

M 맞습니다. 당시에는 기본적으로 책을 손으로 써서 베껴야 했기 때문에 본래 책이나 문자로 접할 수 있는 사람이 적었어요. 그 때문에 누군가가 이따금 문장을 대신 읽어준다 해도 살아가는 데에는 그다지 큰 문제가 되지 않았겠죠.

A 문자를 읽을 수 없는 상태로 살아가는데도 불안하지 않았다는 사실이 믿기 힘드네요.

M 현대 사회에서도 유사한 상황이 있습니다. 예를 들어 어떤 분쟁으로 소송을 해야 할 때 변호사와 상담하면서 들은 법률에 대한 내용을 일부러 법전을 직접 읽고 해석하려고 할까요?

A 하는 사람도 있을지 모르지만 저는 안 해요.

M 소송같이 일상적으로 흔하게 일어나지 않는 전문적인 일을 전문가에게 맡기는 건 그다지 문제가 되지 않죠. 중세 유럽인도 그런 상황이었을 거라고 생각해요.

그러나 그 후 활판 인쇄 기술이 등장해서 책을 간단하게 복제할 수 있게 되면서, 많은 사람이 문자를 접할 수 있는 기회가 늘어났죠. 여기서 문자를 읽고 쓰는 능력이 전문성이 높은 분야에서 일반 교육으로 옮겨졌어요.

쓸 수 있는 사람이 늘어난다는 건 동시에 책을 읽는 사람이 늘어난다는 말입니다. 많은 사람이 자신의 생각이나 결과를 기록해서 남기게 되었어요. 기록의 변주가 늘면서 인간의 아이디어가 다양해지고 문화도 크게 발전했고요.

오늘날에는 SNS가 발전함에 따라 모든 사람이 자신의 의견을 기록해서 대중에게 남길 수 있는 시대가 되었어요. 따라서 문화의 다양성이 더욱 늘어나고 풍부해지고 있다고 말할 수 있죠.

✓ 데이터를 '읽고 쓰는' 능력이 필요해지다

M 문해력과 문화가 밀접하게 관련되어 있다는 점을 알고 계신가요?

A 네. 하지만 데이터 드리븐 문화와 문해력이 어떤 관계가 있나요?

M '전에는 문자를 읽을 수 있는 사람이 한정되어 있었기에 그 사람의 해석을 들을 수밖에 없었고, 애초에 문자를 접할 일이 적었다'는 이야기와 뭔가 비슷하지 않나요?

A 데이터를 사용할 수 있는 사람은 극히 제한되어 있지만 본래 데이터가 적었다는 점과 비슷하네요.

M 네. 오랫동안 데이터는 데이터베이스 관리자나 데이터 분석가가 다루는 것이라 여겨져 왔어요. 왜냐하면 원래 데이터가 극히 일부의 사상(事象)을 표시하는 데 지나지 않아서 많지 않았기 때문이에요. 많은 사람들이 데이터만 봐서는 최종적인 판단을 내릴 수 없기 때문에 데이터에서 얻은 통찰을 제시하는 데이터 분석가와 경험과 직감을 제시하는 그 외의 구성원이 함께 논의해서 의사 결정을 내리는 거죠.

데이터에 관한 해석이나 의미는 데이터 분석가에게 맡기고 우리는 데이터에 없는 부분을 각자의 경험을 통해서 해석하는 방식이에요.

그러나 일찍이 활판 인쇄가 등장한 것처럼, 직관적으로 사용할 수 있는 툴이나 클라우드 컴퓨팅 등이 나오면서 누구나 어디서든 데이터를 접할 수 있는 기회를 가질 수 있게 되었어요. 그렇게 되면 '우리 주변에 이리저리 퍼져 있는 데이터를 읽고 싶다'고 생각하는 사람도 생기기 마련입니다. '데이터를 다른 사람의 해석 없이 스스로 읽고 분석하고 싶다'고 생각하는 사람이 늘어나면서 데이터 문해력을 전문성이 높은 지식에서 일반 교양으로 전환하는 시기가 도래했어요.

지금까지는 데이터 분야를 주도하던 데이터 분석가와 경험을 쌓아왔던 사람들이 합의를 하는 형식이었습니다. 그러나 데이터의 종류와 양이 현저히 늘어나면서 데이터 해석을 전문가로부터 듣고 이해하려니 속도가 더욱 더뎌졌어요. 지금은 데이터 기초 내용은 어느 정도 직접 읽은 다음 해당 데이터에 알맞은 비즈니스 도메인 지식을 덧붙인 해석을 가해서 논의해야만 깊은 통찰에 도달할 수 있습니다.

계산 결과 수준의 데이터는 의미가 없답니다.

> **실무 담당**: 과거 데이터의 패턴을 보고 실제 현장에서 발생한 상황을 상기한다.
> **데이터 분석가**: 모델이 나타내는 법칙이나 이후의 예측에 대한 해석을 제시한다.
> **경영진**: 이후 발생 가능성이 높은 미래의 상황을 예상한다.

M 이처럼 데이터 문해력이 있어야 서로 해석이 어긋나거나 빠진 부분이 없는지 대등하게 논의할 수 있고, 데이터 드리븐 의사 결정을 할 수 있습니다.

> ✅ **데이터 문해력의 필수 요건 네 가지**

A 회의 참가자들 전부가 데이터를 이해하고 보다 깊이 있는 통찰에 도달하는 걸 목표로 삼고 싶습니다. 그러나 실무진과 경영진에게 데이터 엔지니어링에 대해 학습하도록 하는 건 비현실적으로 보여요. 데이터 문해력이 데이터 드리븐 문화를 넓히는 데 중요한 기술이라는 점은 이해했는데 구체적으로 어떤 기술인 걸까요?

M 데이터 문해력이란 '데이터를 읽고 쓸 수 있는 능력'입니다. 좀 더 알기 쉽게 이야기하면 '데이터가 어떤 걸 말하고 있는지 이해한다'는 의미지요.

A 데이터가 뭔가를 말한다구요? 데이터가 이야기를 한다는 건가요?

M 그래요. 데이터 문해력이 몸에 배면 데이터와 대화를 나누는 듯한 기분이 드는 순간이 있어요. 실제로는 데이터 건너편에 있는 사람이나 대상과 대화를 하는 거겠지만요.

A 데이터는 0과 1의 집합체라고 생각했는데 그걸 사람이 읽거나 쓸 수 있나요?

M 0과 1의 집합체 형태를 띤 건 컴퓨터에 등록할 때 편의를 위한 거예요. 물론 컴퓨터 엔지니어에게는 그런 관점이 중요하겠지요.
그러나 우리는 어디까지나 데이터 드리븐 문화를 추진하는 역할인 만큼 데이터가 가지는 의미, 즉 데이터가 생성되었을 때의 상황을 얼마나 정확하게 이해할 수 있는지에 초점을 맞춰야 해요.
데이터를 읽고 쓰는 능력은 다음과 같습니다.

> › **읽는 능력**: 데이터가 묘사하는 상황을 읽고 해석하는 능력
> › **쓰는 능력**: 읽고 해석할 수 있도록 아웃풋(output)을 만드는 능력

A 아, 알겠어요. 혹시 SQL 같은 건가요? '데이터 질의어'란 단어를 들은 적이

있어요. 지금부터 SQL 전문가가 돼야 한다면 어렵겠네요.

M　SQL이 데이터를 관리하는 데 매우 근사한 언어라는 점은 인정해요. 그러나 데이터 문해력이란 반드시 SQL로 읽고 써야 하는 건 아니에요. 누구나 최소한 갖고 있어야만 하는 데이터 문해력의 필수 요건이라 생각하는 것은 다음 네 가지 요소랍니다.

> 　**데이터 스토리텔링(data storytelling)**: 데이터의 배경인 스토리를 이끌어가는 능력
> 　**데이터 시각화(data visualization)**: 데이터의 내용을 식별하고, 시각적으로 선명하게 표현하는 능력
> 　**데이터 기초 프로파일(data basic profile)**: 데이터가 어떤 행동의 결과인지 세밀하게 파악할 수 있는 능력
> 　**분석 플랫폼**: 데이터를 공유 가능한 공간에 보유하여 안전하게 최신 데이터·분석 결과·의견을 함께 나누는 문화가 조성되게끔 함

M　반드시 엔지니어링 측면으로 정통할 필요는 없을 뿐만 아니라 이들을 개념적으로 파악하고 있다면 문제가 되지 않아요. 물론 각각의 상세한 구조를 깊이 있게 이해하는 것도 중요한 일이지만 우선 '모든 사람이 알고 있다면 대등하게 대화를 나눌 수 있는 최소한의 수준'을 정해 둬야 해요.
지금부터 1개월간 네 가지 요소를 하나하나 풀어가며 A씨가 자신감을 갖고 주변 사람들에게 전달하는 걸 목표로 삼읍시다.

A　데이터 드리븐 문화가 아직 완전히 이해가 가지 않아요. 다만 그 지식이 세계를 바꾸며, 스승님이 그걸 전달하는 데에 자부심과 신념을 갖고 있다는 점은 알겠습니다. 그 신념의 토대를 이루는 것에 대해 조만간 느낄 수 있지 않을까 기대하고 있어요.

M　좋습니다. 문화란 하루 아침에 이뤄지지 않아요. 아마도 우리가 공부하기로 한 기간은 문화를 체감하기에는 다소 짧은 시간이겠지만, 전속력으로

헤쳐 나가면 문화의 극히 작은 일부분 정도는 볼 수 있을 거예요. 이미 세상은 데이터 드리븐 문화를 향해 돌이킬 수 없을 만큼 크게 움직이기 시작했어요. 준비 기간은 되도록 짧을수록 좋습니다.

✓ 데이터 문해력을 배우고 확장하다

M 자, 지금부터 A씨에게 두 가지 부탁이 있어요.

A 뭔가요?

M 저의 강의는 오늘을 포함해서 전부 6회 진행될 거예요. 강의가 끝날 때마다 숙제를 내드릴 거니까 반드시 소화한 후 다음 강의에 참여해주세요. 문화를 체득하는 데는 너무나도 짧은 최소한의 시간이라서 숙제를 하면서 시간을 들여야만 해요. 숙제를 제출하지 못하는 경우에는 강의를 더 이상 진행하지 않겠습니다.

A 숙제를 열심히 해야겠네요!

M 숙제를 열심히 해 오시면 서로에게 더욱 뜻깊은 시간이 될 거예요.

A 알겠습니다. 꼬박꼬박 숙제를 해오는 것이 물론 어렵겠지만 열심히 노력하겠습니다. 나머지 한 가지는 뭔가요?

M A씨는 회사 업무로 데이터 드리븐 문화를 추진하게 되었다고 하셨죠. 그렇다면 이제부터 사내의 데이터 드리븐 문화를 추진하는 데 전력을 다하게 되겠죠?
내부 활동도 아주 중요하긴 하지만 동시에 회사 밖으로 눈을 돌려서 외부적으로도 데이터 드리븐 문화가 널리 퍼지도록 활동해 주시길 바라요. 즉, 외부 커뮤니티에도 관심을 갖고 참가해주세요.

A 외부 커뮤니티 말인가요?

M 네. 문화 변혁이란 회사 내에서 하는 것만으로도 힘든 일이지만, 결국 특정 회사만 데이터 드리븐 문화를 조성해선 의미가 없어요. 거래처, 고객, 파트

너 등 모든 유관 조직이 데이터 드리븐으로 움직이지 않으면 데이터가 순환되지 않고 의견도 엇갈려서 결국 막다른 길에 다다르게 되죠. 그러니까 모든 조직의 전원이 데이터 드리븐으로 활동하도록 이끌어 주세요.

그런 활동을 한다고 해도 결코 손해 보는 건 아니에요. 외부 커뮤니티에는 A씨보다 조금 먼저 그 길을 걷는 사람, 몇 년 앞서 걸어가며 많은 이들을 이끄는 사람, 그리고 A씨와 함께 걷기 시작한 사람도 있고, A씨보다 나중에 걸을 사람도 있겠죠. 그런 사람들로부터 부지런히 배우고, 전달하면서 A씨의 능력도 성장하게 될 거예요.

우리의 눈앞에는 지금 큰 Y자 형태의 갈래길이 있어요. 그 길 중 목적지는 모든 사람이 데이터를 활용하여 이끌어가는 세계입니다. 그리고 다른 한쪽에는 극히 한정된 사람이 데이터의 힘을 점유하여 다른 사람을 차별하는 격차 사회가 있어요.

당연히 우리가 목표로 하는 곳은 모든 이가 생생하게 빛나는 사회를 이끌어 나가는 세계예요. 저는 데이터 드리븐을 '문화'로서 일반적으로 널리 인식하게 함으로써, 모든 이가 고도의 기술을 토대로 개개인의 창조성을 살리고 날개를 펴도록 하는 데 그 의의가 있다고 생각해요.

A씨가 지금부터 전수받을 힘을 사회를 이끄는 원동력으로 사용하시길 바라고 있답니다.

> 데이터가 무엇을 말하는지 이해한다
> 데이터 문해력의 의의를 확신하고 널리 사회에 퍼뜨린다

M 저는 이 두 가지 능력을 겸비한 인물을 가리켜 '데이터 세이버(DATA Saber)'라고 칭합니다. 모든 이가 활동할 수 있는 세계를 만든다는 미션을 가진 사람들이에요.

A씨가 진지하게 생각하고 행동하다가 현실의 벽을 깨부수지 못하고 갈피

를 못 잡는 상황이 생긴다 해도 이들을 믿고 의지해주세요.

A 알겠습니다. 뭔가 혹독한 시련을 겪을까 긴장되지만 동료가 있다니 매우 든든해지네요. 이미 열심히 활동하는 분들이 있다고 들으니 마음이 놓여요. 지금으로서는 제가 뭔가 이바지할 수 있을 거라는 생각이 전혀 들지 않지만 외부 커뮤니티에도 되도록 참가해볼게요.

M 고맙습니다. 반드시 직접 지식을 제공하는 것만이 커뮤니티에 공헌하는 건 아니에요. 새로운 팀원의 시점으로 의문이나 문제를 제기하는 것도 큰 의의가 있고, 선배들은 그런 사람의 문제를 함께 고민하거나 해결할 힌트를 제공하는 데 기쁨을 느끼게 돼요. 참가하는 것만으로도 고마운 존재가 되죠. A씨가 결심을 해줘서 기쁘네요.

결국 우리는 혼자 살아갈 수 없어요. 향후에는 부디 생각을 함께하는 동료와 많이 만나세요. 그것이야말로 이 시련의 본질이라 해도 과언이 아니거든요.

그럼 오늘은 여기서 마칩니다. 다음 강의를 대비하여 숙제를 내드릴게요. 잊지 않도록 잘 정리해오세요.

> **숙제**
> ▶ '데이터 드리븐 문화란 어떤 문화인지' 본인이 이해할 수 있는 형태로 정리한다.
> ▶ '왜 데이터 드리븐하려는지' 본인이 이해할 수 있는 형태로 정리한다.
> ▶ 오픈 데이터(Open Data)를 사용해서 데이터 시각화(그래프 등)를 적용해본다. 데이터를 읽고 이해한 의미를 덧붙인다.
> ▶ 본인이 속한 조직에서 실현할 데이터 분석 과제를 정한다.

> **분석 과제 설정의 요점**
>
> **1 분석 과제**
>   a. 어떤 업무와 관련돼 있으며 어떤 과제를 해결하기 위한 분석인가?
>   b. 분석을 함으로써 일어날 것으로 가정한 새로운 행동이나 업무 방식
>   c. 자사의 업무 과제와의 관계(필요에 따라 중기 경영 계획 자료 등도 활용)
>   d. 이익을 누리게 될 관계자
>
> **2 과제의 주체, 분석 의뢰인**
>
> **3 분석 대상의 데이터**
>   a. 데이터의 종류(매출액, 사이트 지표 등)
>   b. 데이터의 저장 위치, 형태(SQL, 서버(Server), 엑셀(Excel) 파일 등 시스템 관련 사항)
>   c. 예상 건수
>
> **4 분석을 하면서 직면한 문제점 및 대응 방법**
>
> **5 도출한 인사이트**
>
> **6 분석 결과의 활용 방법이나 수행 활동**
>
> **7 도움이 된 데이터 시각화 기술**

A 많네요!

M 숙제가 많죠? 우리는 시간을 단축하려는 거니까요. 어떤 사람은 우여곡절 끝에 8년 정도 걸려서 배운 지식을 여섯 번의 강의 안에 담으려니 일정에 여유가 없는 건 당연하겠지요.
   덧붙이자면, 데이터 분석 과제에 대해서는 3까지만 해도 문제 없어요. 1개월 동안 진행해봅시다.

A 오픈 데이터는 어떻게 시각화를 하면 되나요?

M 어떤 데이터든 상관없어요. "오픈 데이터"로 검색하면 여러 종류의 데이터를 찾을 수 있을 거예요. 본인이 흥미를 느끼는 데이터를 선택하면 돼요.
   데이터를 시각화할 때는 A씨한테 익숙한 도구를 쓰면 돼요. 혹시 끌리는 게 없다면 "태블로 퍼블릭(Tableau Public)"을 사용해보세요.

| » **태블로 퍼블릭**: https://www.tableau.com/products/public

A 알겠습니다. 처음부터 낙제하지 않도록 열심히 하겠습니다!

M 네. 그럼 다음 강의 때 만나요.

MEMO

DAY 1

데이터 스토리텔링

1-1 왜 스토리가 필요한가?

스승 (Master) 안녕하세요? 드디어 오늘부터 DAY 1이네요. 우선 숙제하시느라 고생하셨어요. 읽어보니 아주 잘하셨더군요. 무엇보다 A씨가 이해하기 쉬운 용어를 사용해서 좋았어요.

제자 (Apprentice) 스승님께 여러 내용을 들었지만 제가 이해한 바를 정리하는 데는 스승님의 용어 그대로를 인용하지 않고 스스로의 상황에 맞춰서 재구성해야 한다고 생각했어요.

M 말씀하신 그대로예요. 온전히 이해하지 못한 채로 다른 이의 사상을 그대로 전달해서는 상대방의 마음이 움직이지 않아요. 따라서 당연한 말이겠지만, 다른 사람의 말을 자기 생각인 양 그대로 옮기기보단 자신의 말로 전달해야 합니다. 또한 자신의 언어로 만드는 데는 또 다른 의미가 있어요. 제가 전하는 언어로는 마음이 움직이지 않는 사람들이라도 A씨의 언어라면 움직일 수도 있습니다. 반대의 경우도 있겠죠. 특히 기업 내 같은 조직에 소속되어 있는 사람이 전달하면 조직의 컨텍스트가 갖춰지게 돼서 외부인의 이야기보다 본인의 일로써 좀 더 친밀하게 받아들일 가능성이 높아져요. A씨의 조직에 있는 사람 모두가 데이터 드리븐 문화를 받아들일 준비가 돼 있다고 말하기는 어려워요. 그런 때에 A씨가 이해한 용어로 직접 말하면 조리에 맞으면서도 훨씬 더 A씨의 조직 상황에 맞춰지겠죠. 이게 바로 핵심입니다. 결국 모두 다른 내용이더라도 본질적으로 동일한 언어로 말하고자 시도하면, 사고가 확대되고 문화가 형성됩니다.

데이터 드리븐 문화를 추진하기 위한 언어를 자신의 조직에 잘 맞는 형태로 번역해서 전달할 수 있는 기술을 연마해야 해요. 훈련을 해야만 통역 및 중계 역할을 할 수 있는 기술도 얻을 수 있죠.

A 단순히 용어를 바꾸는 수준으로 여겼는데 이게 문화의 시작이 될 거라고는 생각하지 못했어요.

M 문화는 특정인이 적용하겠다고 단언한다고 해서 널리 퍼지는 게 아니에요. 사람들이 말하는 언어나 행동 하나하나에 자연스럽게 스며 나오는 것이 문화입니다.

✅ 스토리를 통해 충분히 이해하다

M 자, 그럼 드디어 오늘부터 스토리텔링으로의 첫걸음을 배워봅시다.

A 데이터 스토리텔링이군요. 그렇지만 데이터와 스토리가 어떻게 연결되는지 사실 와 닿지 않아요.

M 데이터는 컴퓨터로 처리하는 측면에서 오랫동안 이과 쪽 영역으로 인식돼 왔죠.

A 스토리란 오히려 관계에 대한 기술인가 보군요.

M 그렇습니다. 데이터 드리븐 문화를 추진하는 데는 당연히 이과 계통의 역량이 필요하지만, 한편으로는 지금까지 데이터를 활용한다는 의미에서 주목받지 못한 인문 과학의 역량도 필요하다고 인식되기 시작했어요. 즉, 데이터의 배후에 숨어 있는 사상을 논리적으로 찾아낸 다음 거기에 스토리를 엮어서 주위 사람에게 전하는 능력이죠.

우리는 DAY 0에서 여러 가지 스토리를 통해 데이터 드리븐 문화의 의의를 생각해봤어요. 스토리는 과거나 멀리 떨어진 장소의 사건처럼 눈앞에서 벌어지지 않는 일이나 직접 체험하지 못한 일을 이해시키는 힘을 갖고 있어요.

사람들은 자신이 이해한 바를 바탕으로 지금 무엇을 할지 결정하고 행동하지요. 스토리의 힘을 빌리면 직접 겪은 경험 이상의 상황을 감안하여 판단을 내릴 수 있어요. 즉, 많은 가능성을 고려하여 좋은 결과를 가져올 가능성이 높은 미래를 선택할 수 있죠.

✓ 스토리의 힘을 체감하다

A   알 듯 말 듯 하지만 아직 잘 이해가 되지 않아요. 왜 스토리를 사용하지 않으면 이해할 수 없는 건가요?

M   스토리는 눈에 보이지 않기 때문에 언어로 정교하게 표현하는 일이 매우 중요해요. 좋습니다. 그럼 간단한 게임을 하면서 체감해보죠. 스톱워치를 준비해주세요. 자, 다음 숫자를 기억해주세요(제한 시간: 10초).

```
9 8 5 3     9 4 5 8     0 2 3 9     5 0 2 9
5 0 4 9     6 2 3 5     9 4 6 1     2 4 5 2
3 6 4 5     2 3 2 8     7 6 5 3     2 2 1 5
4 6 4 6     5 6 4 6     3 4 3
```

- 숫자의 나열을 기억해주세요(제한 시간: 10초).

M   31번째 숫자는 뭔가요?

A   음… 모르겠어요. 전혀 기억나지 않아요. 솔직하게 말하면 기억을 하고 싶은 마음이 들지 않아요.

M   그럼 이건 어떤가요? 다음 문장을 기억해주세요(제한 시간: 10초).

> 전 지난 휴일에 가족과 함께 근교에 있는 캠핑장에 갈 계획을 세웠습니다. 하지만 비바람이 몰아치고 날씨가 좋지 않아 계획을 바꿔 쇼핑하러 갔습니다.

M   '나'는 왜 쇼핑을 하게 됐나요?

A   그건 기억나요! 날씨가 좋지 않아서요.

M 실은 앞서 문제로 냈던 숫자의 나열과 간단한 스토리를 적은 글 양쪽 모두 전체 문자 수는 동일하게 59자예요. 그리고 '나쁜 날씨'라는 문자는 대강 40자 다음에 있었어요. 동일한 분량의 정보를 제시하더라도 의미가 없는 숫자의 나열은 기억하기 어렵지만 스토리라면 간단하게 기억할 수 있어요. 사람의 뇌는 이야기를 기억하는 능력에 최적화돼 있습니다. 영단어를 외우기 어려워서 언어유희를 통해 외우는 사람들이 많아졌죠. 우리는 의미가 없이 나열된 대량의 숫자를 기억하기 어려워해요.

우리는 사람이 데이터를 보고 이해할 수 있도록 하고 싶은 거죠. 그런데 이해하기 어려운 형태로 억지로 데이터를 제시하는 게 의미가 있을까요? 데이터는 사람이 가장 이해하기 쉬운 형태로 제시해야 합니다.

✓ 스토리를 활용하는 의의 두 가지

M 앞의 예에서 알 수 있듯 스토리를 활용하는 의의는 다음 두 가지입니다.

> » **기억에 남는다**: 단시간에 전달하고자 하는 내용을 정확하게 남긴다.
> » **사람의 마음을 움직인다**: 상대의 생각을 이끌어내어 사고의 흐름이 이어지게 한다.

M 이 문장을 읽고 A씨는 어떻게 생각했나요?
A 계획했던 캠핑을 가지 못해서 안됐다고 생각했어요.
M 나열된 숫자들은 기억조차 하기 어렵지만 스토리가 있으면 정보를 정확하게 기억할 수 있을 뿐만 아니라 손쉽게 그 기억을 끄집어낼 수도 있어요.
A 확실히 그렇지만 그건 의식해서 했다기보다는 스토리를 읽고 나서 자연스럽게 연달아서 떠올랐어요.
M 그렇습니다. 사람의 사고란 끊어져 있으면 정리되지 않아요. 연결된 여러 갈래의 생각이 하나로 합쳐지거나 진행되는 상태를 '사고의 플로우(flow)'

라 부르기로 합시다.

우리는 외부에서 얻은 자극을 트리거(trigger)로 여길 수 있어요. 자극이란 오감(시각, 청각, 후각, 미각, 촉각)에서 얻어지죠.

자연스럽든 인공적이든, 의도적이든 우발적이든 상관없이 우리는 항상 자극에 노출돼 있어요. 아무 계기도 없이 순수하게 뇌내에서 어떤 사고를 하기 시작하기란 어렵습니다. 자극을 계기로 해서 초점이 맞춰지면 그걸 기반으로 사고를 시작하는 거예요.

더 말해보자면 세상에는 너무나도 자극이 많기 때문에 사람이 어느 한 가지 생각에 오랫동안 집중하기는 너무 어렵지요. 우리 주위에는 반응의 트리거가 되는 외부의 자극(예: SNS의 알림, 사람의 호출, 공복 등)이 가득하니까요. 대부분의 경우 이런 트리거로 인해 마음이 흐트러지게 돼요. 그러나 최초에 사고를 하기 시작하면서 스토리의 흐름에 이끌려 가면 한층 더 사고의 플로우를 이루기 쉬워집니다.

✓ 사고의 플로우를 진행하기 위한 계기를 만들다

M 조금 전 나열된 숫자를 봤을 때 A씨는 '기억해내려는 생각이 들지 않았다'고 했어요. 이 부분도 중요합니다.

인간은 편하게 지내고 싶어 하는 생물이기 때문에 '하고 싶지 않아', '모르겠어' 하고 생각하거나 자신과 관계가 없다고 판단하면 금세 흥미를 잃어버려요. 즉, 처음부터 정신이 산만해져서 사고의 플로우랄 것도 없이 집중조차 할 수 없는 상태가 되죠.

A씨는 '영업 실적표를 봐도 아무것도 상상할 수 없다'고도 했어요. 그 표가 방금 전 나열된 숫자와 같이 스토리가 없으며 단지 흩어져 있기 때문은 아니었을까요?

A 확실히 영업 실적표에서 스토리나 연속된 사고의 플로우를 체험한 적은 없었어요. 듣고 보니 어쨌든 숫자가 너무 많아서 우선 회의에서 발표자가

이야기하는 부분의 숫자만 주의해서 보게 되고 관련 숫자를 찾아내는 것에 만족하고 있었나 봐요. 매출의 높낮이나 그 원인에 대한 논의를 한 기억도 없어요.

M 회의할 때 말고 실적표를 직접 살펴본 적이 있나요?

A 아니요.

M 왜죠?

A 솔직히 말하면 봐봤자 도움이 된다고 생각하지 않았기 때문이에요. 보고용 자료로만 쓰려고 했거든요.

M 누군가가 보고 싶은 형태가 아니면 데이터는 영원히 그 가치를 발휘할 수 없어요. 데이터를 보고 싶은 형태로 바꾸려면 몇 가지 방법을 배워야 해요. 우선 사고의 플로우를 이끄는 스토리의 힘으로 데이터를 어떻게 이해해 나갈지 살펴봅시다.

1-2 연쇄적인 인풋(input)과 아웃풋(output)의 형태로 사고하다

스승 (Master) 스토리를 통해 기억하고, 사고를 원활하게 플로우하는 법을 알아봤어요. 그렇지만 한편으로 사람은 외부로부터의 자극에 약하고 추가 정보도 없이 계속 머릿속에서만 끝없이 생각하기란 어렵습니다. 즉, 사고의 플로우에 접어들기 위해서는 어느 정도의 시간을 들여서 동일한 주제에 대해 생각하고 사고를 정리해야 합니다.

✓ 인풋과 아웃풋을 동시에 진행하다

M 언뜻 듣기에는 상반되는 것처럼 느껴질 수 있지만 장시간에 걸친 사고와 외부에서의 자극을 원활하게 조합하여 플로우를 만들어내는 방법이 있어요.

제자 (Apprentice) 그런 모순을 어떻게 실현할 수 있나요?

M 예를 들어 지금부터 여러 동료들과 브레인스토밍을 한다면 어떤 걸 준비하는 게 좋을까요?

A 화이트보드가 아닐까요?

M 왜죠?

A 브레인스토밍을 하면 참가자가 여러 의견을 낼 테니까요. 의견 전부를 기억하기 어려우며, 의견을 나란히 적어두면 유사한 의견을 내거나 첨언하고 더 좋은 아이디어도 생각해내기 쉽기 때문이죠.

M 화이트보드에 적어둔 문구들은 외부에서 제공되는 시각적인 자극이라 할 수 있죠. 사람은 자극에 반응하여 끌려가지만 사고들이 연결돼 있으면 이끌어내기 쉽습니다. 여기서 그 자극이 현재의 사고를 보충하거나 옆길로

새는 걸 막아줄 수 있다면 어떨까요?

A   사고의 플로우가 끊기지 않고 계속 이어지지 않을까요?

M   그뿐만이 아니라 가속도가 붙겠죠. 우리가 목표로 할 것은 지금 현재 깊이 파고들고자 하는 사고의 플로우에 맞는 자극을 끊임없이 받아들이고 자신이나 조직원들의 상상력을 확장해 나가는 거예요. 그리고 그 자극은 직접 만들어낼 수 있답니다. 화이트보드에 쓰인 문자나 그림처럼 아웃풋, 또는 결과물로요. 그리고 직접 만들어낸 아웃풋이 순식간에 인풋이 되어 깊은 사고의 플로우로 몰입하게 됩니다.

✓ 아웃풋을 단순하게 만들다

M   그렇다면 여기서 생각해볼 점이 하나 있어요. 동료가 낸 의견을 화이트보드에 글자로 쓸 때 어떻게 쓰나요?

A   말한 그대로 쓰려고 했어요.

M   고민하지 않고 할 수 있다는 점이 중요해요. 우리는 언어를 문자로 쓰고 다시 읽는 능력을 어릴 때부터 훈련해왔기 때문에 문자를 쓰는 데 어려움이 없습니다. 만약 문자를 쓰기 힘들다면 '글을 쓴다'는 새로운 일에 뇌를 쓰게 돼서 사고의 플로우는 바로 중단돼 버려요. 플로우란 그 정도로 섬세하거든요.

데이터를 보고 이해하는 프로세스도 사고의 플로우를 만드는 방법과 완전히 똑같아요. 데이터의 결과인 아웃풋을 통해 인풋해서 사고한 결과를 다시 데이터와 합치고 그 결과가 또 아웃풋이 되어 돌아오는 거죠. 그 연쇄 작용이 일어나는 과정 속에서 데이터를 깊이 파볼 수 있게 됩니다.

✓ 데이터를 다루는 도구

A   하지만 우리는 화이트보드에 데이터 집계 결과를 쓸 수 없어요.

M   하얀 판과 필기구만으로는 무리죠. 치밀하게 고도의 계산을 하면서 쓸 수

는 있겠지만 이걸로는 그림을 그리기 위한 작업으로 그치게 되고 데이터 자체의 의미를 사고하는 플로우를 위한 인풋과 아웃풋의 연쇄 작용을 일으킬 수 없어요.

A 그럼 어떻게 해야 하나요?

M 데이터를 필기구로 쓸 수 없다면 다른 도구를 사용하면 됩니다. 데이터를 보기에 가장 적합한 도구죠.

A BI 툴인가요?

M 네. 비즈니스 인텔리전스(Business Intelligence)라는 카테고리의 소프트웨어 제품이에요. 주로 모아둔 데이터를 분석하고자 조회할 때 사용하는 제품이죠. A씨는 BI 툴을 사용할 줄 아나요?

A 스프레드시트는 사용할 줄 아는데, 스프레드시트도 BI 툴이라고 할 수 있나요?

M 데이터 드리븐 문화를 조성할 때는 근처에 있으면서도 손에 익어서 가장 자연스러운 도구를 사용해야 합니다. BI로 분류된 제품이라도 잘 쓰지 않는다면 의미가 없어요. 사고의 플로우를 이어가기 위한 인풋과 아웃풋의 연쇄 작용이 가장 유연하게 이뤄지게 하는 도구라면 충분합니다.

✓ 좋은 도구는 '신체의 일부'가 된다

M 그런데 도구라고 불리는 수많은 제품에는 공통점이 있는데 뭘까요?

A 사용하기 편하다는 점일까요?

M 사람의 신체 일부만큼은 아니지만 시간이 걸리는 일을 쉽게 하도록 도와줘요. 그럼 우수한 도구의 조건이란 뭐라고 생각해요?

A 간단하게 사용할 수 있다는 게 아닐까요?

M 훌륭한 답변이군요. 간단해서 마치 본인의 신체가 확장됐거나 신체의 일부처럼 느껴지는 겁니다.

A 도구가 신체의 일부처럼 느껴진다는 말씀인가요?

M 예를 들어 높이뛰기와 장대높이뛰기를 생각해보죠. 장대높이뛰기가 높이뛰기보다 가로대가 높아요. 그건 '장대'라는 도구를 사용할 때 사람의 다리만으로 도약하는 것보다 높은 위치에 도달할 수 있다는 사실을 가리킵니다.

> **높이뛰기**: 맨몸으로 뛴다.
> **장대높이뛰기**: 장대를 사용해서 높이 뛴다.

한편 훈련하지 않은 사람이 장대를 사용해서 도약해도 높은 가로대를 뛰어넘을 수는 없어요. 오히려 맨몸으로 뛰어넘는 것보다 높이가 낮아지거나, 넘어지기 십상입니다.

> **장대높이뛰기 선수**: 인간으로서는 넘을 수 없는 높이를 실제로 뛰어넘는다.
> **일반인**: 애초에 장대로 도약하는 것조차 어렵다.

몇 번이고 장대를 이용해 뛰는 법을 훈련한 사람만이 장대높이뛰기의 가로대를 뛰어넘을 수 있어요. 그리고 도약하는 순간, 장대높이뛰기 선수는 장대를 조작한다는 걸 의식조차 하지 않고 높이 뛰어넘는 모습만을 이미지로 떠올릴 뿐입니다. 조작한다는 생각에 빠지면 육체의 한계를 초월할 수 없기 때문이죠. 우리는 손을 움직일 때 손의 동작을 생각하지만 육체를 사용해서 뭔가를 할 때 움직이게 하려고 의식하지는 않아요. 좋은 도구를 극한까지 활용하면 마치 본인의 손처럼 느껴지죠.

움직이려고는 하나 어떻게 동작할지 의식하지 않는 상태, 즉 사람과 도구가 일체화된 상태가 되기 때문에 우리는 신체가 갖는 한계를 넘어서는 상태로 들어설 수 있어요.

간단하게 사용할 수 있는 도구는 사람이 직관적으로 조작할 수 있어서 우수한 도구가 될 가능성이 높아지죠.

A 그러나 IT 툴에는 복잡한 기능도 있어야 하지 않나요? 장대높이뛰기의 장대와 같이 단순한 구조는 아니니까요.

M 그렇진 않아요. 제가 의도적으로 '툴'이라는 단어를 사용하지 않은 이유이기도 합니다. 도구는 영어로 '툴(Tool)'이지만 이 단어를 일반적으로 쓸 때 도구와는 미묘하게 다른 차이가 내포돼 있어요. 툴이라고 말하면 왠지 좀 더 가벼운 느낌이 들지 않나요?

도구는 문명을 진화시켜 사회를 만들어온 신체의 일부라고 할 수 있죠.

IT 세계에서도 다를 바 없어요. 뒤에서 동작하는 구조가 어떻든 우리는 도구의 사용법에 집중해야 합니다. 고도의 기술을 다루더라도 앞으로 데이터 드리븐 사고방식을 지지하는 중심이자 자신의 일부가 되어줄 도구를 고려하여 선정하세요.

A 몸의 일부라고 생각하니 도구를 고르는 데만 평생이 걸릴 것만 같아요.

M 실제로 도구는 신체의 일부가 된 후 진가를 발휘하니까 고민하는 시간은 가능한 한 짧을수록 좋습니다. 게다가 한 번 정한 도구를 계속 사용할 필요는 전혀 없어요. 본인에게 더 좋은 도구가 나타나면 언제든 바꿔도 괜찮습니다. 의존적인 지식만 얻을 수 있는 도구라면 피하는 편이 좋아요. 특히 IT 제품의 경우 변화를 따라가기 어려울 만큼 빠르게 변하기 때문에 농일한 데이터 분석에 사용하는 도구라도 추후 바꾸게 될 가능성이 높아지죠. 이런 사실에 입각하여 A씨가 지금 마음에 드는 도구가 있다면 바로 사용하세요.

특정 도구가 떠오르지 않으면 DAY 0에서 제가 소개한 '태블로'를 사용해보세요. 저에게 제 일부라 할 수 있는 최고의 도구입니다.

1-3 스토리로 데이터를 분석하다

스승 (Master) 자, 스토리의 중요성을 깨닫고 데이터에 의한 스토리를 엮어 나가기 위한 도구를 손에 넣었으니 이제 드디어 데이터를 기반으로 아웃풋과 인풋이 끊기지 않고 사고의 플로우를 만들어낼 흐름을 확인해봅시다.

✓ 샘플용 데이터로 사고의 흐름을 배우다

제자 (Apprentice) 드디어 배우는군요. 일단 뭘 해야 하나요?

M 우선 제가 데이터를 분석한 샘플용 데이터를 보며 데이터 분석을 통한 사고의 플로우를 체감해봅시다. 그뿐만 아니라 샘플용 데이터는 조직 내 또는 커뮤니티에서 '데이터 드리븐이란 무엇인지'를 전해야 할 때에도 큰 역할을 할 거예요.

A 샘플용 데이터란 제품을 선정할 때 제품 벤더나 시스템 개발 비즈니스 파트너가 보여주는 제품 시연 같은 건가요?

M 바로 그거예요.

A 잠시만요. 저는 실무자예요. 보여주셔도 제가 샘플용 데이터에 대해 자세히 알 필요가 있을까요?

M 샘플용 데이터를 보여주는 건 제품 벤더나 시스템 개발자가 하는 일이라고 생각하기 쉬워요. 그러나 샘플용 데이터를 여러 번 반복해서 보면 결국 실제 데이터도 즉석에서 이해하기 쉬워져요.

많은 사람이 '샘플용 데이터를 다른 이에게 보여주는' 방식으로 학습하려고 하진 않습니다. 그러나 그런 생각을 가진 사람이라도 샘플용 데이터를 기반으로 훈련하고 남에게 보여주는 경험을 하면 역량이 향상될 거라 생각해요.

샘플용 데이터를 활용해서 시연할 때 다음과 같이 진행해주세요.

> 동일한 시나리오로 여러 번 반복해서 진행한다.
> 본인의 진행 의도나 의의를 소리를 내서 말한다.

M 여러 번 반복하는 건 물론 소리를 내서 말하는 것도 뭔가를 기억하고자 할 때 매우 효과가 좋은 방법이에요. 샘플용 데이터를 통해 효율적으로 배울 수 있습니다. A씨가 실무자라도 누군가에게 가르쳐주거나 데이터 분석의 중요성을 증명할 때 샘플용 데이터를 보여주면 좋을 거예요. 향후 실제로 데이터를 직접 접할 때 사고의 플로우를 확립하는 데 확실한 도움이 될 거예요.

A 잘 설명해주셔서 이해가 되네요. 우선 스승님의 샘플용 데이터를 보여주세요.

✓ e커머스의 매출 데이터 분석 샘플용 데이터

M 그럼 샘플용 데이터를 보여드릴게요.

저는 '슈퍼스토어'라는 e커머스 회사의 기획을 담당하고 있습니다. 내일 있을 회의에 대비해서 오늘 준비해야 해요. 그러나 이빈 기획의 방향성에 대한 기준을 잡으려면 과거 4년간의 매출 데이터가 필요한데, 어제 자료를 겨우 받아서 지금부터 급하게 분석 결과를 정리해야 합니다.

우선 받은 데이터 파일을 열게요.

DAY 1 데이터 스토리텔링

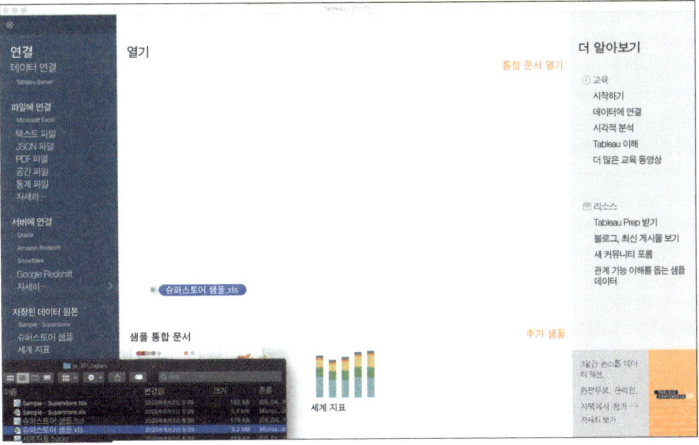

- 데이터 파일을 연다

파일을 열면 엑셀의 시트별로 표시됩니다. 이번에 분석할 대상은 매출 데이터예요. 우선 주문 시트를 드래그합니다. 그러면 주황색 테두리가 위치를 가르쳐주는 이정표가 되어 헷갈리지 않도록 해줍니다.

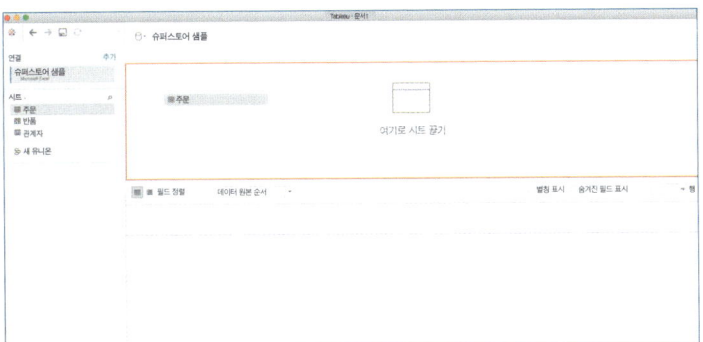

- 시트를 드래그한다

M   주문 데이터를 선택할 수 있어요. 주황색 표시를 따라 시트를 이동시켜요.

63

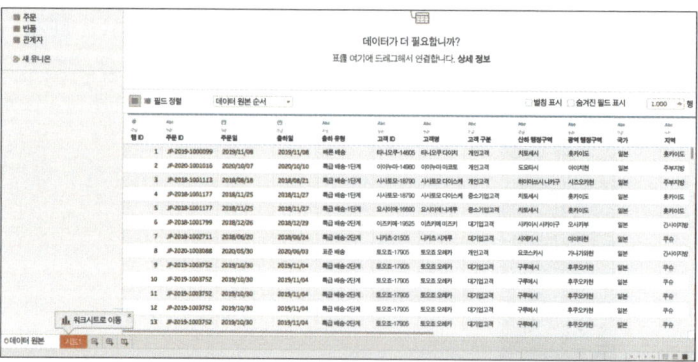

• 데이터 이동

M 왼쪽에는 주문 데이터에 있는 항목이 표시된 목록이 나타납니다. 오른쪽은 빈 영역이에요. 이 빈 시트를 캔버스라고 여기고 데이터로 그림을 그리듯 시각화합니다.

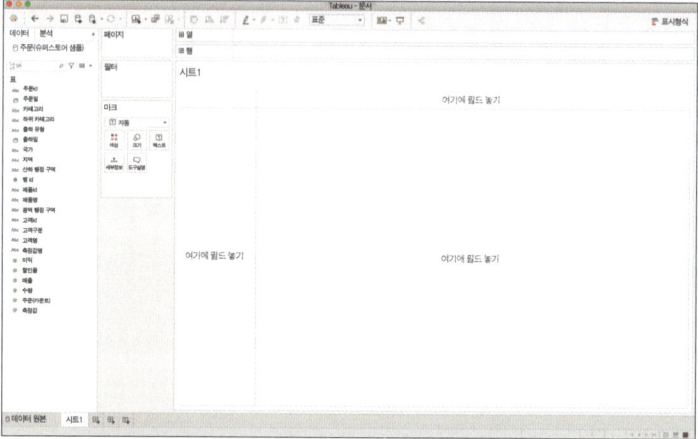

• 빈 시트

M 우선 영업에서 가장 중요한 지표인 매출을 봅시다. 과거 4년간 슈퍼스토어의 총 매출이 20억을 넘었다는 걸 알 수 있지요.

DAY 1 데이터 스토리텔링

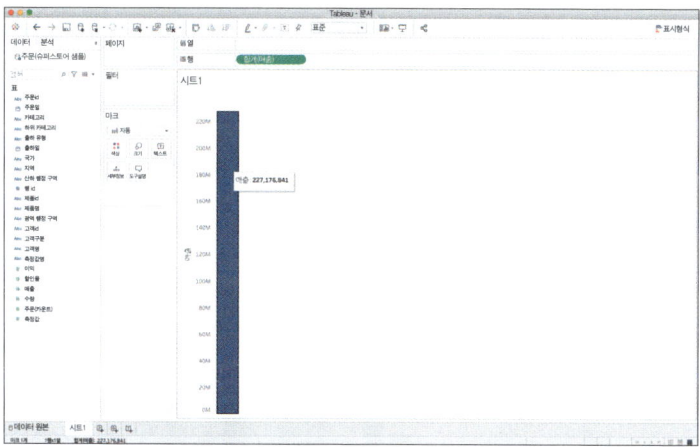

• 총 매출

M 매출 20억 원을 상품 카테고리 단위로 나눠서 보니 어떤가요?
1위는 '가전제품', 2위는 '가구', 3위가 '사무용품'입니다. 상위 두 개는 근소한 차이고 '사무용품'의 매출도 '가전제품'의 매출 50%를 크게 넘죠. 세 개의 카테고리 모두 주력 제품임을 파악할 수 있어요.

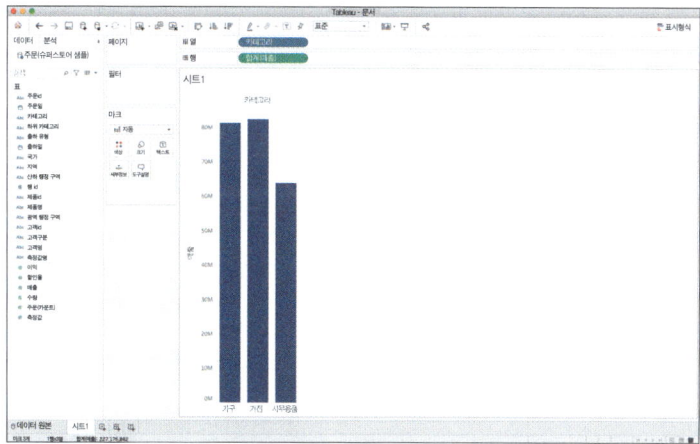

• 제품 카테고리로 분류한다

M 카테고리를 한 단계 더 세부적으로 구분해서 봅시다. 하위 카테고리별 매출입니다. '사무용품'은 매출이 가장 낮은 카테고리지만 다른 카테고리보다 하위 카테고리가 많고 더 세분화되어 있죠.

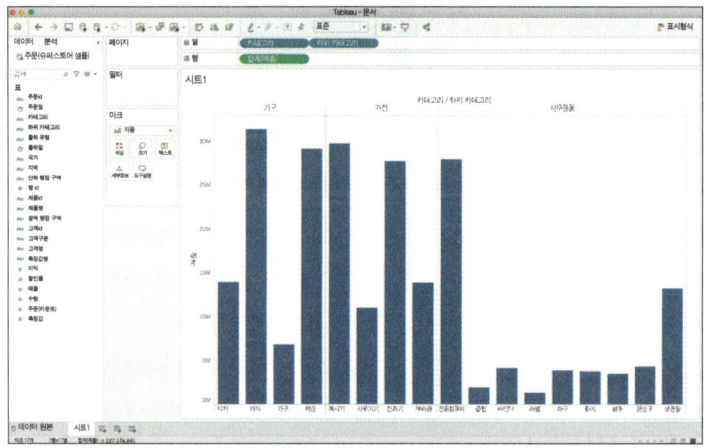

• 카테고리별 매출

M '바인더'와 '문구' 매출 중 어느 쪽이 더 높은가요? 차이를 알아보기 어려운데 두 개의 하위 카테고리 간의 간격이 너무 떨어져 있기 때문이에요.

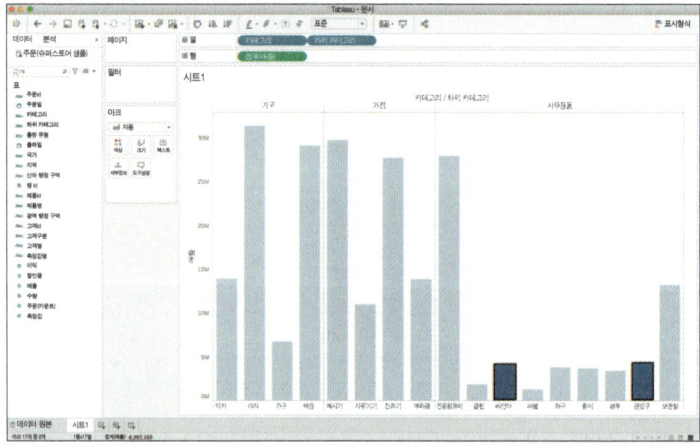

• '바인더'와 '문구'

M 내림차순으로 정렬하니 위치가 가까워져서 '문구가 바인더보다 매출이 높다'는 사실을 분명하게 알 수 있습니다. 근소한 차이의 수치라도 순서대로 정렬하니 이해하기 쉬워지죠.

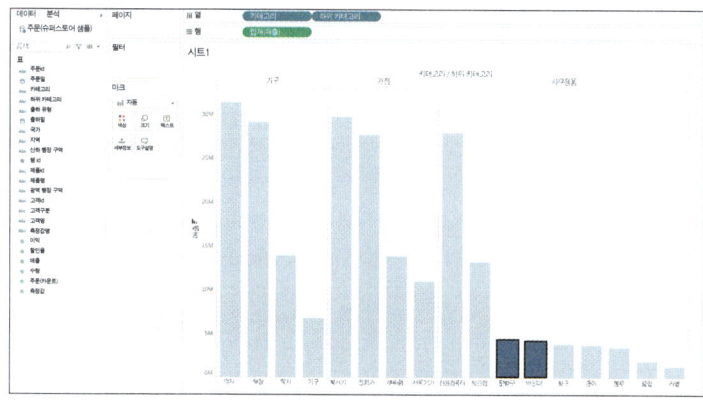

• 역순 시트

M 그런데 '사무용품'의 하위 카테고리는 매출이 적은 항목이 많네요. 이들을 정리해서 한 개의 하위 카테고리로 합치는 경우 매출은 어떻게 보일까요? 즉, 이들을 더하면 매출이 어떻게 될까요? 합쳤을 때 하위 카테고리의 금액보다 더 커지면 하위 카테고리의 의미가 없어집니다.

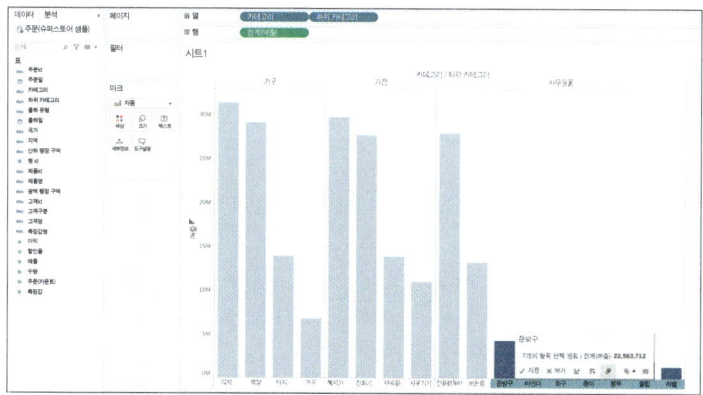

• 매출이 작은 항목

M 시험삼아 이들을 정리해서 그룹으로 묶어 봅시다. 다른 하위 카테고리의 매출과 비교했을 때 너무 크지도, 너무 작지도 않게 알맞게 정리됐네요.

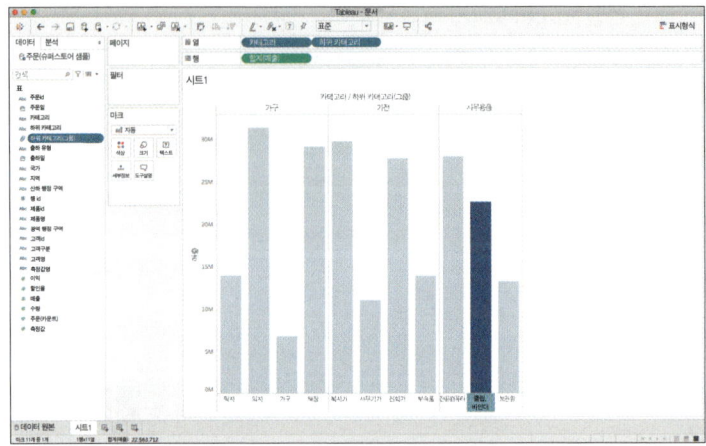

• 하위 카테고리로 정리한다

M 새롭게 구분해서 하위 카테고리 그룹 단위로 분석한 쪽이 더 좋아 보이죠. 명칭을 '사무 잡화'로 입력해 둡시다. 데이터는 뒷단에서 여러 시스템과 연계되어 있는 경우가 많아서 데이터를 덮어쓰면 시스템 오류를 일으킬 가능성이 있습니다. 이 명칭은 참조된 데이터에는 전혀 영향을 주지 않으며 어디까지나 표시하는 데만 사용되기 때문에 괜찮아요.

DAY 1 데이터 스토리텔링

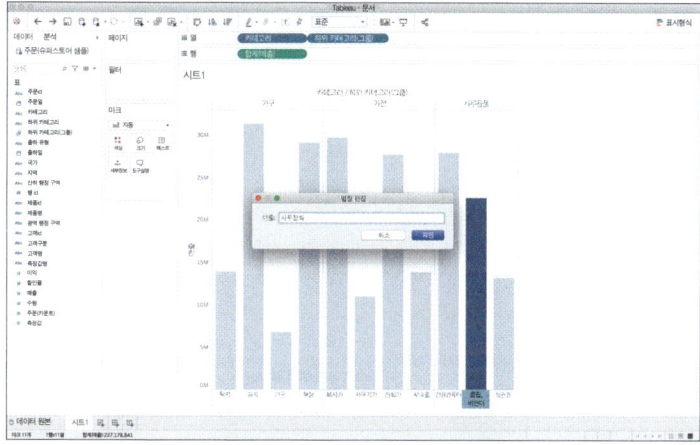

• '사무 잡화' 하위 카테고리 별칭 명명

M 제품별 매출의 추세는 보이기 시작했지만 이익은 어떤가요? 조작할 수 있는 주황색 영역이 많아서 헷갈릴 수도 있어요. 이런 때는 '표시 형식'에서 추천하는 표현 방법을 열어 보세요. 이익을 그래프 영역에 넣어 볼게요.

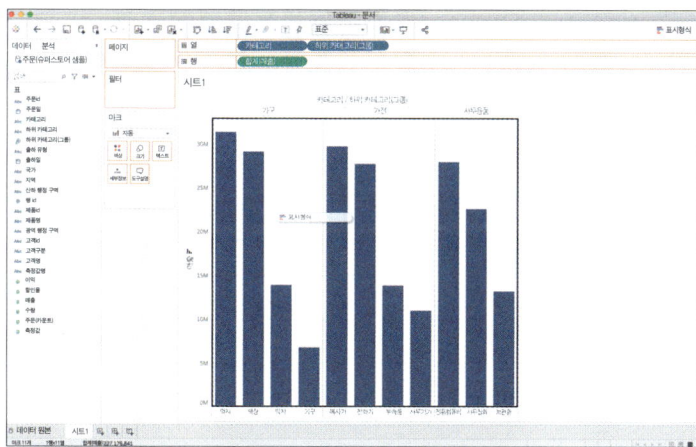

• 추천 표시 형식 열기

M 한 가지 색으로 표시됐던 그래프가 푸른색과 주황색의 그라데이션으로 물들었어요. 유달리 눈에 띄는 것은 주황색의 '테이블'입니다. 이건 어떻게 된 걸까요?

범례를 보면 주황색은 마이너스 값을 표시하네요. '테이블'은 중견 규모의 매출을 내는 하위 카테고리라고 생각했지만 이익과 같이 보면 딱 한 개의 카테고리에서만 크게 적자를 내고 있었군요. 이 문제를 방치할 수는 없어요.

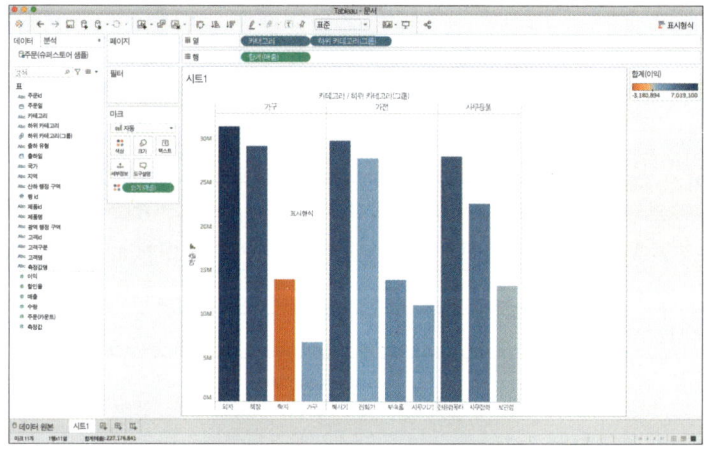

• 그래프가 두 가지 색의 그라데이션으로 보인다

M 어디서 적자가 나는지 지역별로 확인해봅시다. 그러나 스크롤바가 생기고 가려져서 전체 모양을 알아볼 수가 없군요.

DAY 1 데이터 스토리텔링

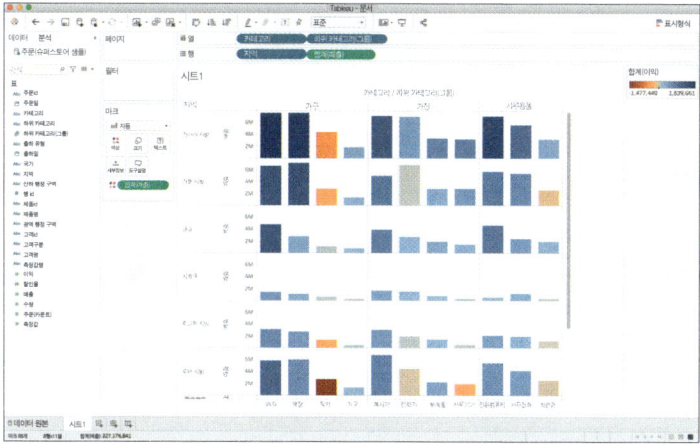

• 그룹별로 표시

M 그래프를 옆으로 돌리니 어떤가요? 세로 방향으로 볼 때보다 밀착되어 보이죠. 숨겨진 영역이 없도록 좀 더 조정한 다음 봅시다.

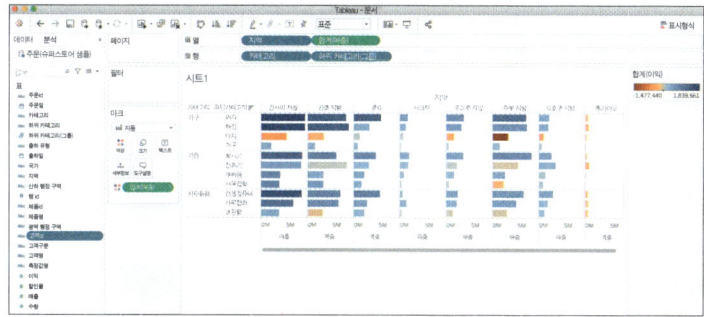

• 그래프를 옆으로 돌려본다

M 오른쪽 공간을 효율적으로 사용할 수 있도록 범례를 움직여서 하단 영역도 쓸 수 있도록 합니다. 이걸로 전체 그래프를 확인할 수 있겠네요. 이렇게 보니 지역별로 매출의 차이가 커 보이죠.

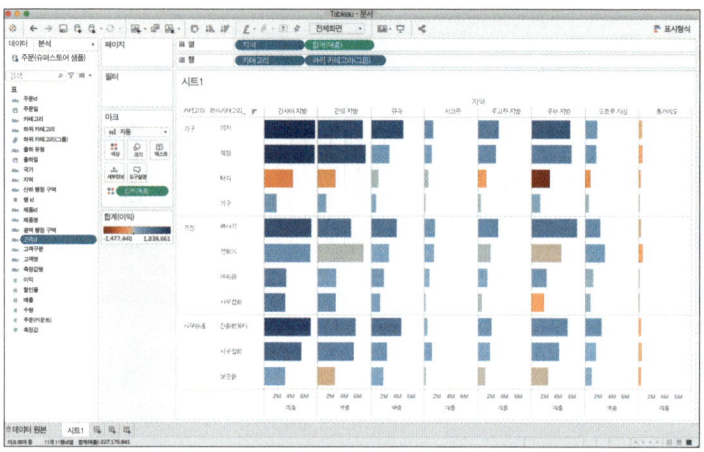

• 표시 영역을 조정한다

M 매출이 비교적 적고 가까운 거리에 있는 지역끼리 합친 다음 비교해 봅시다. 홋카이도와 도쿄, 규슈와 시코쿠, 주고쿠로 정리했어요. 유감스럽게도 모든 지역의 테이블에 적자가 보이지만 지리적인 특성은 없을까요?

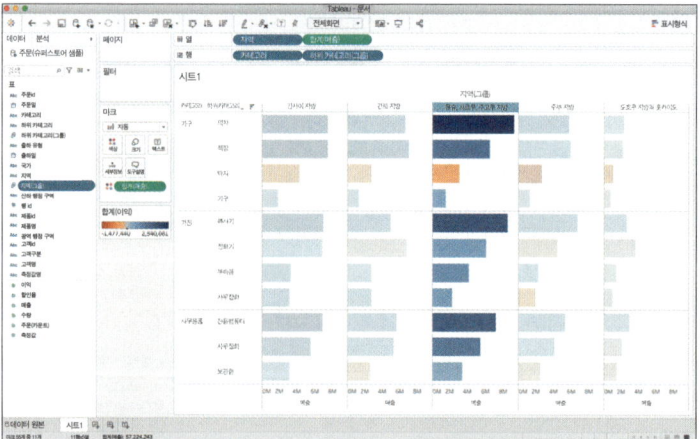

• '지역'을 그룹으로 묶는다

M 지리적인 특성을 이해하기 위해 지도에서의 위치를 떠올릴 수 있도록 서

쪽에서 동쪽 방향의 순서로 정렬되도록 변경했어요.

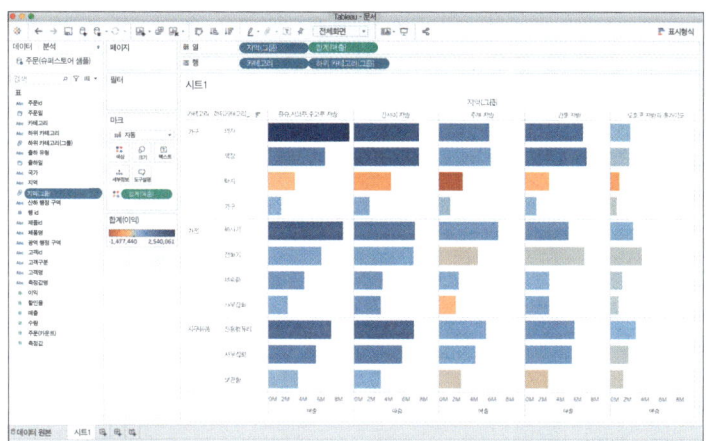

• 지역에 맞춰서 순서 바꾸기

M 중간 부분이 가장 진한 주황색의 그라데이션으로 나타나죠? 중간에 있는 주부 지방에서 가장 이익이 낮고 밖으로 갈수록 상황이 나아지고 있다는 의미예요. 주부 지방에서 '탁자'의 이익이 낮기 때문에 이로 인해 전국의 지표에 영향을 미쳤을 가능성이 있습니다. 바로 '탁자'의 이익 개선 방안을 강구하도록 내일 의제로 올려야겠네요. 제목을 정하고 내일을 위해 준비합시다.

✓ 필요한 내용 외에는 덜어내기

M 앞서 아웃풋된 내용을 기반으로 다시 인풋으로 넣는 연쇄 작용으로 스토리를 만들어가는 과정을 봤어요.

A 감사합니다. 매우 흥미로운 샘플용 데이터였고 데이터 분석의 프로세스를 스토리로 만들어가는 과정도 이해가 됩니다.

그렇지만 궁금한 점이 있습니다. 이 샘플용 데이터가 누군가에게 '데이터 활용이란 무엇인지'를 설명하는 측면도 있다면 초반에 왜 원본 데이터 접속 화면을 소개하지 않는 건가요? 데이터를 살펴보기 위한 도구로서 많은 데이터를 접할 수 있다는 점은 중요하다고 생각하거든요.

M A씨의 말대로 수많은 데이터를 접할 수 있다는 점은 중요해요. 그러나 그렇기 때문에 일부러 시간을 들여서 설명해야 하는 건 아니에요.

A 왜죠? 보유 중인 데이터를 살펴볼 수 있는지 반드시 질문할 거예요.

M 그게 이유죠. 누구나 문제 없이 데이터에 접속할 수 있는지 궁금해할 거예요. 모르면 상대방이 질문할 겁니다. 그렇기 때문에 일부러 시간을 할애해서 설명하지 않아도 괜찮아요.

이건 무엇을 보여주기 위한 샘플용 데이터였나요?

A 데이터를 활용하여 사고의 플로우를 보여주고자 했어요.

M 그렇습니다. 사고의 플로우는 머릿속에서 일어나며 평소에는 말로 꺼내지 않아요. 이 샘플용 데이터는 언어를 통해 이상적인 형태를 아웃풋으로 내놓고 데이터 스토리텔링이 만들어내는 사고의 플로우를 재현하고 있어요. 데이터를 접할 때 필요한 언어 외에는 한계까지 잘라내는 것이 중요해요. 처리하는 데이터가 어떤 파일 또는 데이터베이스에 있는가는 이미 정해져 있기 때문에 일부러 데이터 목록을 둘러보기보다는 조금이라도 빨리 데이터 내용을 살펴보는 편이 실제로 사고의 플로우를 이미지화하기에 좋답니다.

스토리는 매우 강하게 기억에 남아요. 한편 본인의 스토리에 집중해서 상대방에게 늘려줄 시간은 제한돼 있죠. 스토리를 구성히는 법을 배우면 스토리를 들려줄 시간을 늘릴 수 있지만, 짧으면 짧을수록 좋아요.

그만큼 남는 시간 동안 상대방의 요구사항을 끄집어낼 수 있거든요.

제한된 시간 내에 전달해야 하는 건 다음 두 가지입니다.

> » 데이터 분석을 통한 사고의 플로우를 보여준다.
>
> » 상대방도 해보고 싶다고 생각하게 만든다.

많은 사람이 데이터 분석을 '단순한 숫자의 집계나 계산'이라고 착각하지만 본래 데이터 분석이란 '데이터를 매개로 한 스토리텔링'이란 점을 깨달아야 합니다.

누군가에게 뭔가를 제안한다면 상대방이 생각하지 못했던 문제나 힌트를 제공해야 해요. 상대가 이미 머릿속에 갖고 있던 의문에 대해 일부러 소중한 시간을 할애해서 이쪽에서 먼저 이야기를 꺼낼 필요는 없어요. 상대방이 우리가 표현한 데이터 드리븐 방법에 공감한다면 자신이 확인하고 싶은 사항을 반드시 물어볼 거예요. 우리가 먼저 꼭 해야 하는 건 우선 스토리를 상대에게 알려주고 공감을 얻는 겁니다.

A 그렇군요. 상대방의 입장이 아니라 자신의 입장으로 끌어들이라는 거군요.

M 그렇게 표현할 수도 있겠네요. 저는 서로를 위해 초기에 생각할 수 있는 관점을 전달해 둬야 한다고 봅니다. 최종적으로 지향하는 바가 맞지 않으면 상대방의 질문에 답하더라도 정작 불필요한 시간이 되거든요.

우리가 생각한 바를 초기에 전해 두는 건 상대방에 대한 배려라고 생각합니다.

✅ 샘플용 데이터로는 조작 방법에 대해 설명하지 않는다

A 한 가지 더 궁금한 점은 조작 방법에 대한 설명입니다. 스승님은 샘플용 데이터를 보여주시면서 어떻게 조작하는지는 전혀 설명하지 않으셨죠.

M A씨라면 어떻게 설명하시겠어요?

A 저라면 '카테고리를 열에 넣은 다음 열별로 카테고리를 구분하고 막대그래프로 매출을 확인해보겠습니다'라고 설명할 것 같아요.

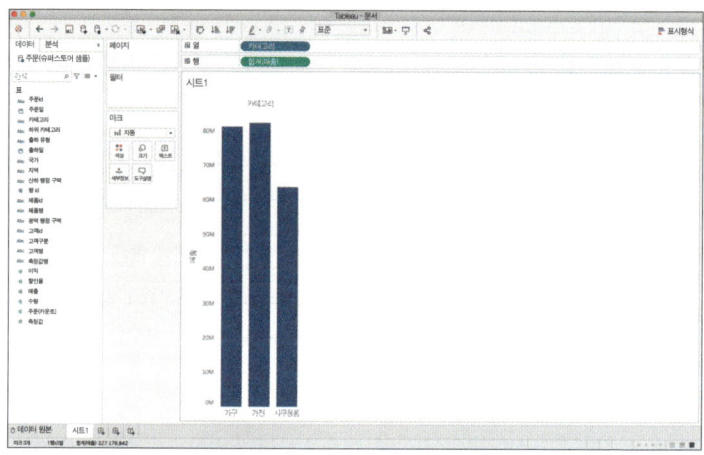

• 조작 방법을 설명해야 할까?

M 제가 소프트웨어 강사라면 그렇게 설명할지도 모르겠네요.
A 그렇군요. 그럼 샘플용 데이터라서 필요 없는 건가요?
M 이 샘플용 데이터를 보여주는 데는 두 가지 목적이 있다고 말씀드렸지요.

> 데이터 분석을 통한 사고의 플로우 사례를 체감한다.
> 조직 내 또는 커뮤니티에 '데이터 드리븐'이 무엇인지 설명하기 위함이다.

어느 목적이든 조작 방법에 대한 설명이 필요치 않아서 생략했어요. 스토리를 전달할 때는 상대방에게 남기고 싶은 내용 이외의 것은 전부 없애야 합니다. 이렇게 줄여도 실제로 전하고 싶은 내용이 전부 전달되지는 않아요. 필요없는 말을 할 여유는 없습니다.

그렇게 해서 다행히 전달한 매력에 상대방의 마음이 움직였다면, 조작 방법은 다음번에 다시 전하거나 본인이 직접 알아볼 수도 있겠죠. 상대방의 생각을 변화시켜 나가면서 사용법까지 전부 설명하는 건 어렵다고 생각해요.

샘플용 데이터로는 어디까지나 사고의 플로우 자체를 실체화하는 모습을 보여주면 됩니다.

✓ 샘플용 데이터를 보여줄 때 의식해야 할 사항 네 가지

M   저도 질문이 있습니다. 샘플용 데이터를 보여줄 때 조작 방법을 설명하지 않는 대신에 어떤 걸 다뤄야 할까요?

A   …

M   제 질문에 A씨가 뭔가 대답을 하기까지 얼마든지 기다릴게요. 저 혼자 자문자답을 한다면 A씨는 더 이상 질문에 답하고 싶어지지 않을 수 있으니까요.

A   음, 그래프의 의미일까요?

M   네, 그렇습니다. 잘 이해하셨군요.

다음은 샘플용 데이터를 보여주면서 말할 때 의식하면 좋은 점 네 가지입니다.

> - **수행 결과의 의미**: (예) 매출은 1위가 가전 제품, 2위가 가구, 3위는 사무용품임
> - **해석**: (예) 가전제품과 가구의 매출은 근소한 차이며 사무용품은 적지만 전부 주력 제품이라 할 수 있다.
> - **다음 단계의 도입**: (예) 주력 제품의 하위 카테고리 내역은 무엇일까요?
> - **눈으로 확인할 수 있는 건 굳이 말하지 않는다**: (나쁜 예) 카테고리별 매출 막대 그래프입니다.

'실행 결과의 의미 → 해석 → 다음 단계의 도입'이 바로 데이터가 나타낸 경향을 시각적인 자극으로 인풋받은 뇌가 다음 단계를 지시하는 일련의 흐름이에요. 이건 사전에 준비된 샘플용 데이터지만 실제 데이터 분석도 여기에 가까운 수준으로 도달해야 합니다.

즉, 조작 방법을 전혀 의식하지 않고 순수하게 '의미 → 해석 → 다음 단계'

라는 흐름만을 의식하여 완전한 사고의 플로우 상태가 되어야 해요. 이 경지를 목표로 하기 위해서는 샘플용 데이터로 계속해서 훈련하는 것이 좋습니다.

사실 샘플용 데이터로 연습하는 사람이 적은 것이 현실이에요. '실무에서 사용할 수 있으면 된다'고 여기는 사람은 이렇게 꼭 필요한 부분만 다루는 조작 방법을 습득하지 않을 뿐만 아니라, 사고의 플로우를 언어로 표현하는 연습도 하지 않아요. 그러나 훈련을 계속 해 나가면서 조작에 대한 낭비를 줄이고 즉석에서 표시되는 차트를 해석하는 실력이 늘면서 결과적으로 현장에서의 분석 효율이 높아지며 깊은 통찰을 얻기도 쉬워지지요.

그렇기 때문에 저는 A씨의 훈련 초기 단계로 샘플용 데이터를 활용하는 방법을 선택했습니다. 오늘은 최단기 형식으로 보여드렸지만 표현력의 다양성을 좀 더 늘리려면 다양한 자료들을 참고하세요.

✓ 보는 사람을 질리지 않게끔 하는 아이디어 세 가지

A 알겠습니다. 샘플용 데이터로 훈련하겠습니다.

M 좋습니다!
그럼 시연할 때 신경 쓰면 좋은 점 세 가지를 짚어봅시다.

> 시연할 때 가능한 한 잘 보이지 않는 화면은 배제한다.
> 화면의 움직임과 말로 하는 설명을 완전히 일치시킨다.
> 시각과 청각을 최대한 사용해서 스토리에 몰입하게 한다.

시각 효과에 대해서는 DAY 2에서 상세히 설명할게요. 문자의 나열보다 시각 효과를 준 그래프, 정지된 그래프보다는 눈앞에서 뚜렷하게 변하는 움직임이 있는 그래프가 보는 사람의 눈길을 끕니다. 시연할 때 동영상을 보여주면 상대를 질리지 않게 하는 데 효과가 있어요. 데이터에 접속하는 화면의 체류 시간을 극한까지 낮추는 건 그걸 위해서이기도 해요. 시각 효과를 최대한 사용하고자 눈에 띄는 장면(그래프가 나오는 부분)까지 될 수 있는대로 빠르게 도달하는 거죠.

다만 움직임이 있는 걸 계속 쫓아가는 데는 집중력이 필요해요. 따라서 마우스의 조작에 군더더기를 없애고 꼭 필요한 동작만 수행해야 합니다. 또한 화면을 보는 순간 해석을 더 깊이 있게 보충하고, 즉석에서 상대방이 가진 흥미를 이해로 바꿔 나가야 해요.

시각과 청각 정보가 어긋나면 순간적으로 이해하기 어려워집니다. 조작과 동시에 적절한 타이밍에 맞춰 말을 하는 훈련을 해야 하며, 이 과정에서 상당히 정확한 수준으로 데이터를 해독하는 기술을 손에 넣을 수 있어요.

A 첫날인데도 넘어야 할 장벽이 높네요.

M 그만큼 잘 따라 해 주신다면 보람이 클 거예요.

그럼 샘플용 데이터를 활용한 시연의 요점, 바꿔 말해 데이터를 사용해서 사고의 플로우를 만드는 방법을 정리하죠.

[데이터로 사고의 플로우를 만드는 시연의 요점]

- 조작 하나하나에 의미를 두고 하나의 스토리를 엮는다.
- '실행 결과의 의미→해석→다음 단계' 순으로만 설명한다.
- 보고 한 번에 이해할 수 있는 건 설명하지 않는다.
- 조작 중에 스쳐 지나가는 기능들을 전부 소개하지 않는다.
- 화면과 대사를 완전히 일치시키고, 시각과 청각을 최대한 사용해서 스토리에 집중시킨다.
- 시각 효과를 최대한 사용하기 때문에 눈에 띄는 장면까지 가능한 한 빠르게 도달한다.

1-4 스토리텔링의 구조를 이해하다

제자 (Apprentice) 샘플용 데이터를 활용해서 만드는 데이터 스토리텔링의 예시를 살펴봤지만 실제 현장에서 접할 데이터에서 스토리를 읽고 해석하는 경우에는 어떻게 해야 할까요? 당연하지만 전부 슈퍼스토어의 매출 샘플과 비슷하지는 않잖아요.

스승 (Master) 앞에서 배운 시연은 '형태'가 됩니다. 형태를 확실히 붙잡으려면 몇 번이고 반복하여 실전을 통해 승화시켜 나가야 해요. 여기서는 제가 오랫동안 샘플용 데이터로 시연을 하면서 구체적으로 만든 틀을 소개해드리죠.

✓ 정형 데이터와 스프레드시트

M 제가 분석해서 활용하고자 하는 데이터의 대부분은 정형화된 경우가 많아요. 데이터의 형식 등에 대해서는 DAY 4에서 자세히 다루겠지만, 정형 데이터란 '열과 행으로 구성된 테이블(표)에 들어간 데이터'입니다.

• 정형 데이터의 예

A 스프레드시트 데이터네요.

M 형태가 비슷해서 헷갈리기 쉽지만 스프레드시트 데이터는 정형화된 형태도 있고 아닌 경우도 있답니다.
정형 데이터는 다음과 같이 두 가지 특징이 있어요.

> 열과 행이 교차하는 셀 한 개에 값이 한 개만 들어 있다.
> 같은 열에는 동일한 형태와 의미가 들어 있다(연령 열에 문자 타입으로 '10대', '20대'라고 입력되어 있는 등).

A 스프레드시트도 동일하지 않나요?

M 이 조건이 완벽하게 갖춰진 스프레드시트라면 정형 데이터지요.
그러나 스프레드시트에서 하나의 셀에 매출과 성장률을 행 두 개로 표시하거나, 셀의 일부가 합쳐진 상태로 정보가 입력되어 있거나, 애초에 셀을 무시하고 모눈종이처럼 사용하는 스프레드시트를 본 적 없나요?

A 저희 회사에 산더미처럼 있는 스프레드시트 데이터네요.

M 스프레드시트는 어떤 형태로든 자유롭게 원하는 값을 입력합니다. 그 점이 정형 데이터의 형태를 벗어나게 만드는 원인이 되죠.

자, 정형 데이터의 특징을 자세히 봅시다. 구체적으로 말하면 셀 한 개에 입력된 값이 한 개여야 사용하기 쉬워요. 참조하는 위치가 명확하니까요. 스프레드시트의 경우 'C7'과 같이 지정된 셀을 지정하면 다른 셀에서 계산할 때 셀 안에 들어 있는 값을 참조할 수 있지요.

	A	B	C	D	E	F
1	행ID	주문ID	주문일	출하일	출하방식	고객ID
2	1	JP-2019-1000099	2019/11/8	2019/11/8	빠른 배송	다니다이-1460
3	2	JP-2020-1001016	2020/10/7	2020/10/10	1차	이이마-1498
4	3	JP-2018-1001113	2018/8/18	2018/8/21	1차	사토-1601
5	4	JP-2018-1001177	2018/11/25	2018/11/27	1차	오미-1879
6	5	JP-2018-1001177	2018/11/25	2018/11/27	1차	오미-1879
7	6	JP-2018-1001799	2018/12/26	2018/12/29	2차	스즈카-1665
8	7	JP-2018-1002711	2018/6/20	2018/6/24	2차	사쓰미-1952
9	8	JP-2020-1003088	2020/5/30	2020/6/3	표준 배송	이토-2150
10	9	JP-2019-1003752	2019/10/30	2019/11/4	2차	다나카-1790
11	10	JP-2019-1003752	2019/10/30	2019/11/4	2차	다나카-1790
12	11	JP-2019-1003752	2019/10/30	2019/11/4	2차	다나카-1790
13	12	JP-2019-1003752	2019/10/30	2019/11/4	2차	다나카-1790

• 셀 한 개에 값 한 개가 들어 있다

M 또 하나의 특징인 '같은 열에는 동일한 형태와 의미가 들어 있다'란 어떤 의미일까요?

스프레드시트에서는 언제든 셀을 이동해서 자유롭게 작성할 수 있어서 입력하는 데 제약이 없지요. 따라서 이 조건을 만족하지 않는 경우가 많습니다.

예를 들어 다음 이미지는 동일한 내용의 값이 여러 개의 열에 걸쳐서 입력되어 있는 상태예요.

	A	B	C	D
1	지역	지역 관리자		
2	주고쿠지방	아마야마 다케시		
3	주부지방	쓰지오카 미우	마쓰다 겐	겸임
4	규슈	야하타 쇼타		
5	홋카이도	미야마에 마코토		
6	시고쿠	가와나미 요시바		
7	도호쿠지방	마쓰다 시즈카		
8	간토지방	나카요시 고		
9	간사이지방	가네코 하나		

- 값이 여러 개의 열에 걸쳐 있다

M 작은 스프레드시트의 화면 내에서만 보면 이 형식이 알아보기 쉬울지도 모르겠네요. 하지만 '마쓰다 겐' 씨를 지역 관리자로 추가하려 한다면 불편합니다. 왜냐하면 태블로 등 데이터를 보기 위한 도구는 테이블 내에 있는 '열'을 지정해서 정보를 추려내기 때문이에요.

데이터를 분석하는 경우 기본적으로 과거부터 축적된 데이터를 대상으로 하죠. 데이터 건수가 많아질 가능성이 높아 데이터를 한 줄씩 자세히 살펴보기는 어려워요.

애초에 어떤 순간을 나타내는 데이터 일부만 보고 알고자 하는 걸 알아낼 수 없는 경우도 있어요. 예를 들어 '지구의 기온이 높아지는가?'라는 질문에 대해 과거 50년간의 일별 데이터를 참고하여 기온이 상승하고 있다는 사실을 알면 온난화가 진행 중이라 판단할 수 있겠죠.

그 때문에 우리는 데이터를 정리해야 해요. 즉, 집계를 하는 거죠. 집계는 다음과 같이 열을 지정하여 수행합니다.

> » 이 열 내에 있는 값을 전부 합하면 어떻게 될까요?
> » 이 열 내에서 가장 작은 값은 어떤 걸까요?
> » 이 열 내에 어떤 이름이 있나요?

'열 내에 서로 관계 있는 값이 있다'는 전제하에 집계합니다.

앞의 예와 같이 '지역 관리자'가 랜덤하게 별도의 열에 있으면 열을 지정해서 집계할 수 없게 되죠. 따라서 하나의 열에는 동일한 종류의 데이터가 들어가 있어야 해요.

✓ 두 가지 다른 값으로 분석하다 – 측정값(measure)과 차원(dimension)

M 조금 전의 샘플용 데이터는 '카테고리(상품)'와 '지역'이라는 축으로 구분하여 '매출'과 '이익'에서 스토리를 뽑아냈어요. 이 항목들은 열로 정의되어 있지요. 저는 도구를 통해 열을 선택하여 집계와 시각화를 동시에 수행하면서 분석을 진행시켰어요.

실제로 데이터를 분석할 때는 깔끔하게 정형화된 데이터가 아니거나 부족한 데이터가 있거나 값이 온전히 갖춰져 있지 않을 수도 있답니다.

그러나 우선 데이터 스토리텔링의 프로세스를 생각하기 위해 데이터의 전처리는 완료됐다고 전제하고 진행하기로 하죠.

어떤 데이터를 접하든 데이터 스토리텔링을 할 때 '데이터의 열에 들어 있는 값이 어떤 종류인지'를 판단할 수 있어야 해요.

우선 '카테고리(상품)', '지역', '매출', '이익'이라는 항목은 크게 두 종류로 나눌 수 있습니다.

> **차원**: '카테고리(상품)', '지역'
> **측정값**: '매출', '이익'

측정값은 용어 자체에서 그 의미를 상상하기 쉬울지도 모르겠네요. 측정값이란 수치, 지표, KPI 등과 같이 측정하여 양을 표현하는 항목입니다.

차원은 '측면'이라는 의미를 갖고 있어요. 축적된 데이터 덩어리의 의미를 읽고 해석하기 위해 그 안에 있는 차원 여러 개를 선정하여 대상의 수치를 슬라이스(slice)하거나 다이스(dice)해서 다른 측면을 보는 거죠. 이는 오랫동안 데이터 분석의 기본이라 일컬어져 왔어요.

A 데이터 내의 차원이라구요? 그리고 슬라이스와 다이스라니요?

M 저는 일상생활에서는 사용하지 않는 데이터 분석 업계의 전문 용어가 빈번히 쓰인다는 점이 데이터 드리븐 문화를 저해하지 않을까 걱정이 돼요. 이 강의에서는 A씨가 앞으로 외부와 잘 소통하실 수 있도록 전문적인 용어에 관해서도 배우도록 합시다. 하지만 동시에 어떻게 이걸 일반적인 용어로 바꿀 수 있는지에 대해서도 도전해보기로 해요.

차원이란 숫자를 구분하는 '축'이라고도 합니다. 집계 단위라고 바꿔 불러도 돼요.

그 축으로 필터링, 즉 '가구' 카테고리만으로 데이터를 참조하는 걸 데이터를 쪼개서 꺼낸다는 의미로 '슬라이스한다'고 하며, 카테고리에서 슬라이스한 값을 지역의 축으로 보는 걸 '다이스한다'고 해요. 쪼개서 분석(슬라이스&다이스)한다는 의미로, 이러한 호칭은 데이터를 큐브(cuve, 입방체)로 비유한 데서 비롯됐어요. 큐브를 이리저리 굴려가면서(다이스) 쪼개서(슬라이스) 잘린 측면(차원)의 데이터가 어떤 결과를 이루는지 보는 겁니다.

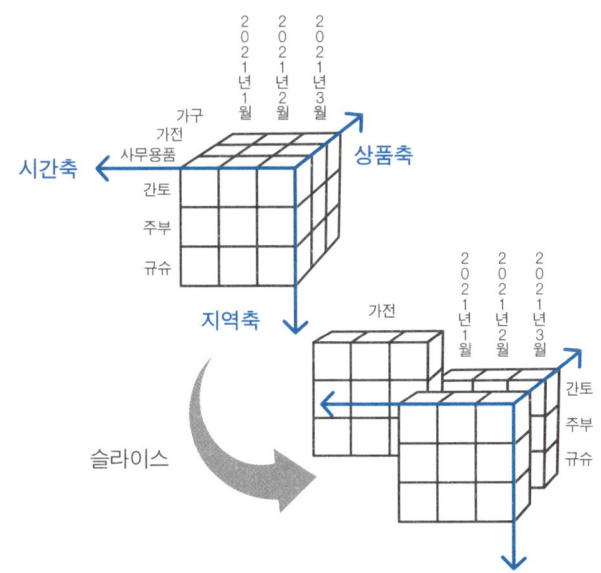

• 이미지로 표현한 슬라이스

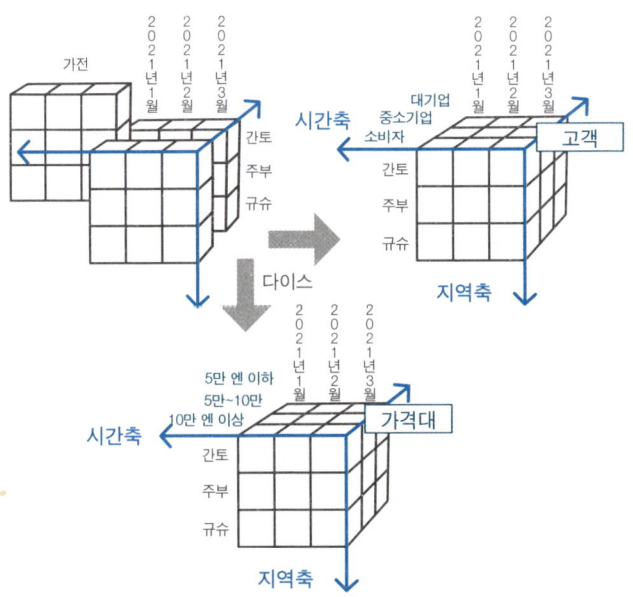

• 이미지로 표현한 다이스

M 차원은 측정값이 되는 수치를 구분하는 단위·분석 축이에요. 큐브의 예를 보셨으니까 세 개의 차원만 있다고 생각할 수 있는데, 차원의 수는 세 개 이상일 수도 있습니다. 수많은 차원에서 다면적으로 보면 데이터에서 보다 많은 통찰을 얻을 수 있겠죠.

차원은 측정값에 비해 개념을 이해하기 어려울 거예요. 헷갈리면 처음에는 우선 알기 쉬운 측정값이 될 열을 선택하고 그 외의 열은 전부 차원으로 처리하는 형태로 대략적으로 분류해도 상관없어요. 열을 선택한 다음 잘못됐다 싶더라도 바로 고치면 되니까 문제 없습니다.

데이터에 차원과 측정값이 어느 정도 있는지 초기에 대충이라도 파악해두면 앞으로 분석할 방법에 대해 어느 정도 예상할 수 있어요.

✅ 차원의 속성 네 가지

M 차원은 분석축이여서 종류가 많으면 많을수록 분석 유형이 늘어나겠죠. 반면에 어느 차원으로 분석해야 할지, 처음 봐야 할 항목은 무엇일지 헷갈릴 수도 있어요.

데이터 항목은 그 내용에 따라 무한히 다양하게 있는 듯이 보이나 실제로 차원은 네 가지 속성으로 분류할 수 있습니다.

> 시간(When)
> 장소(Where)
> 사람(Who)
> 사물(What)

앞의 샘플용 데이터에서는 '사물(What, 카테고리)'과 '장소(Where, 지역)'를 사용했습니다. 슈퍼스토어의 데이터 항목을 보면 샘플용 데이터로 사용한 정보 외에 '주문일'이라는 시간(When), '고객명'이라는 사람(Who)의 정보도 있었죠. 즉, 이번에는 사물과 장소로 분석했는데 원한다면 시간과 장소로도 분석할 수 있어요. '사물(카테고리)'과 '장소(지역)'로 보는 데이터에 한 차원 더 추가해서 시간적인 경과를 볼 수 있기 때문이죠.

측정값(지표)을 시간이나 장소, 사람, 사물 중 어떤 걸로 구분해야 할까요? 그건 분석하는 시점에 알고자 하는 바에 맞춰서 선택하면 돼요.

✓ 차원의 계층을 확인하다

M 속성 외에 한 가지 더 의식해야 하는 요소가 계층입니다. 부모-자식 관계라 할 수 있죠. 앞의 예를 들어보자면 카테고리와 하위 카테고리의 관계예요. '가구' 내에 '탁자'나 '의자'가 포함되고 '탁자'는 '가전' 카테고리 내에 들어갈 일이 없는 경우가 해당하겠죠.

시간 속성의 계층은 더 알기 쉽습니다. '2021년 > 2021년 5월 > 2021년 5월 15일'과 같이 상위 계층 값이 아래의 계층을 포함하고 있는 상태입니다. 계층은 각 속성별로 나뉩니다. 예를 들어 샘플용 데이터라면 다음과 같이 자유롭게 구분할 수 있어요.

> **시간**: 연도 > 사분기 > 월 > 일
> **대상**: 카테고리 > 하위 카테고리 > 제품명

> **장소**: 지역 > 시, 도 > 구, 동
> **사람**: 고객 유형 > 고객 이름

✅ 데이터 분석의 두 가지 방향성

M 데이터 분석에는 속성과 계층을 사용한 방향성 두 가지가 있어요.

> » **드릴 다운(drill down):** 동일한 속성을 가진 차원의 계층을 큰 단위에서 작은 단위로 점점 깊게 파고든다.
> » **드릴 스루(drill through):** 시간 단위로 보면서 거기에 다른 시점(속성)을 덧붙인다.

데이터 파일을 처음 본다면 네 개의 속성(시간, 장소, 사람, 대상) 각각의 시점으로 어떤 단위의 계층이 있는지 확인해보세요. 데이터가 무엇을 말하는지는 실제로 데이터를 살펴보기 전까지 알 수 없지만 사실 항목명만 봐도 어떻게 분석할 수 있을지 추정할 수 있어요.

샘플로 나온 데이터는 시간, 장소, 인물의 모든 속성을 겸비하며 각각의 속성 단위는 크거나 작고 정보가 매우 풍부하다는 사실을 알 수 있습니다. 분석할 때 차원을 선택하는 조합이 있다고 가정하면 꽤 다양한 분석 가능성을 지닌 데이터임을 알 수 있지요.

결국 데이터의 항목명을 기준으로 분석할 수 있는 패턴은 다음 간단한 식으로 표현할 수 있습니다.

분석 패턴 수 = (시간축 X 계층 수
    + 장소축 X 계층 수
    + 사람축 X 계층 수
    + 대상축 X 계층 수) X 측정값 수

게다가 샘플용 데이터의 경우에는 측정값도 여러 개 갖춰져 있어요. 그렇기에 측정값 수만큼 분석할 수 있고 여러 측정값 간의 상관관계를 볼 수도 있지요. 즉, 상당히 많은 종류의 분석이 가능합니다.

분석 패턴 수가 어느 정도 있는지 알면 데이터를 실제로 보기 전에 분석의 방향성을 대강이나마 정할 수 있어요.

✓ 차원이 불충분한 데이터의 문제점

M 샘플 데이터는 속성과 계층이 모두 갖춰져 있었으나 A씨가 지금부터 보게 될 대부분의 데이터는 분석 패턴을 갖추고 있지 않은 경우가 많아요.

데이터로 알 수 있는 가능성의 폭은 단순히 건수나 항목 수만으로는 측정할 수 없습니다. 다음 두 가지를 복합적으로 판단해야 해요.

> › 네 종류의 차원 중 몇 가지가 갖춰져 있는가
> › 어느 정도(계층)의 데이터가 존재하는가

차원이 편중되어 있는 데이터란 다음과 같은 예를 들 수 있지요.

> › **게임 로그인 이력 등**: 사람과 시간의 차원만 있음
> › **월간 리포트용 집계값 등**: 네 가지 종류(시간, 장소, 인물, 대상)의 차원이 있지만 세부적인 단위의 데이터는 없으며 상위 계층만 있는 데이터
> › **제품별 매출, 고객 명단 등**: 제품명이나 고객명 등 세부적인 단위의 차원만 있음

A 정보가 충분하지 않으면 왜 깊게 분석할 수 없나요? 전혀 감이 잡히지 않네요.

M 방금 전의 샘플용 데이터를 기준으로 네 가지 속성의 차원이 존재하지 않

을 경우의 문제점에 대해 생각해봅시다.

샘플용 데이터에서는 '탁자'가 적자가 난다는 사실을 알았고, 이유를 알아내기 위해 새로운 속성의 차원(장소)인 '지역'을 추가해서 관련된 문제를 밝혀내고자 했어요.

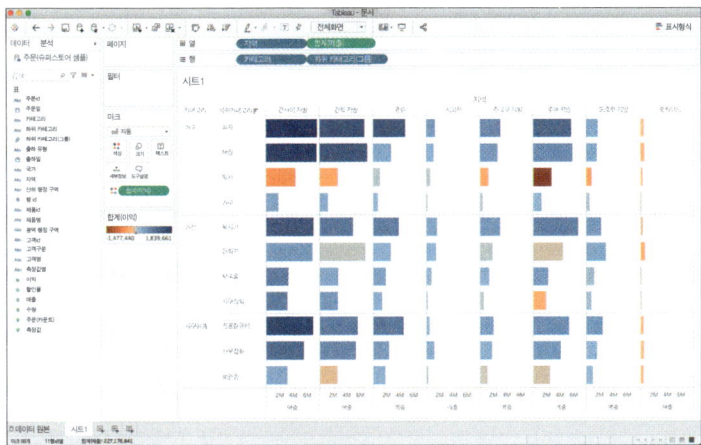

• 대상축이 적자였던 '탁자'를 장소축인 '지역'별로 표시

만약 '지역(장소)'이 없으면 '고객 구분(사람)'이나 '주문일(시간)'을 추가해야 겠죠. 둘 다 없으면 '제품별(대상)' 축으로 계층을 깊게 파고들어야 하고요. 제품별 상세 내역으로 깊게 내려갈 수 있지만 '어디서 적자가 났나', '누가 적자를 발생시키나'와 같은 질문에 대한 답은 찾을 수 없게 돼요.

계층이 큰 데이터만 있어서 생기는 문제는 '큰 단위로 분석해봤지만 깊이 파고들(드릴 다운) 수 없다'는 점입니다.

앞의 단계에서 조금 분기해봅시다. '탁자'에 소속된 개별 제품의 상황을 확인해보죠.

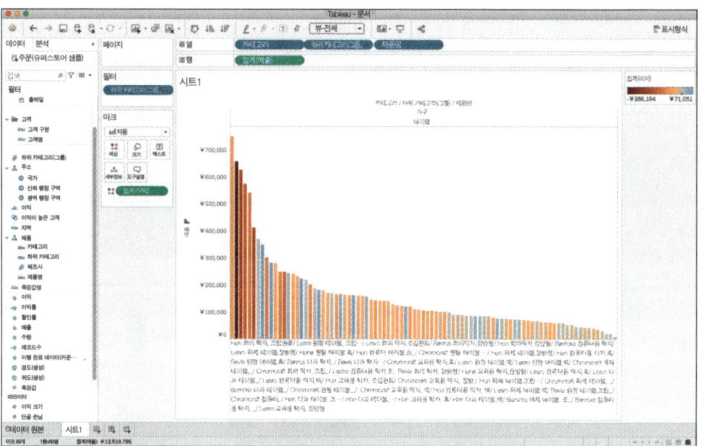

- '탁자'의 제품별 현황

이렇게 보면 이익이 나는 제품도 일부 있긴 하나, 대부분의 제품에서 적자가 난다는 사실을 알 수 있어요. 특히 잘 팔리는 제품에서 적자가 크게 나고 있네요. 이와 같이 작은 단위(계층의 내부)로 진행해서 특정 제품에 문제가 있는지, 아니면 모든 제품에 문제가 있는지 알아낼 수 있어요.

그러나 원래 '제품명'이라는 대상축의 최종 계층이 없다면 이러한 통찰에 이를 수 없겠지요.

A 확실히 다양한 각도로 분석하려면 네 종류의 차원이나 하위 계층의 항목이 필요하겠네요. 그러나 아주 세밀한 데이터가 있으면 큰 단위의 계층이 없더라도 상세히게 분석할 수 있지 않을까요?

M 큰 단위의 항목은 작은 단위 항목의 합계니까 그렇게 생각하실 수도 있겠네요. 그러나 조금 전의 샘플용 데이터에서 '카테고리', '하위 카테고리', '지역'이 없고 대상축과 장소축의 가장 마지막 단위인 '제품명'과 '산하 행정 구역' 데이터만 있는 경우 어떤 결과가 될지 보시죠.

DAY 1 데이터 스토리텔링

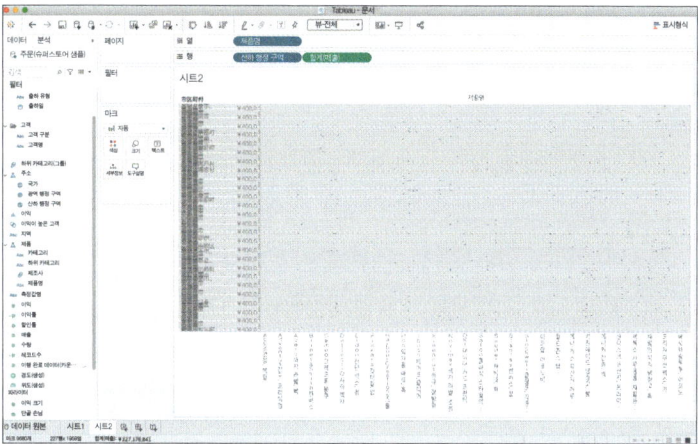

• '제품명'과 '산하 행정 구역' 데이터

A 이건 뭔가요? 아무것도 없네요.

M 단위가 너무 세밀해서 오히려 전체를 볼 수 없는 상태입니다. 약간 극단적인 사례인데, 이번엔 다른 예도 살펴 보죠.

이건 카테고리를 추가하지 않고 하위 카테고리의 매출을 본 형태예요.

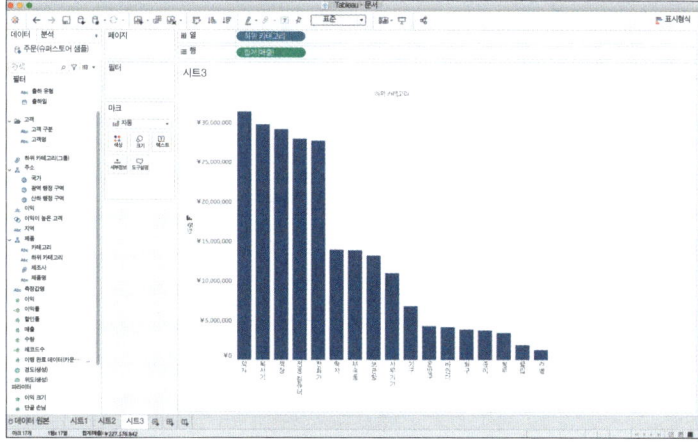

• 카테고리를 추가하지 않은 하위 카테고리의 매출

93

M 이전 샘플용 데이터에서는 카테고리를 먼저 본 다음 하위 카테고리를 확인했습니다. 그리고 카테고리별로 구분된 하위 카테고리를 보니 다음과 같은 단계별 통찰을 했어요.
'가장 매출 합계가 적은 사무용품의 하위 카테고리수가 많은 반면 각각의 매출도 적다. 이들을 정리해보면 어떨까?'
하지만 이 이미지에서는 이러한 사실을 알 수 있을까요?

A 어떤 것이 '사무용품'과 관련된 항목인지 모르겠어요.

✔ 분석할 데이터의 신뢰성

A 항목이 없는 경우에는 조금 전 보여주셨던 그룹을 사용해보는 건 어떨까요?
M 물론 표시하고 싶은 데이터가 없고, 필요하다면 그룹을 만들어서 대체하는 건 좋은 시도예요. 그러나 데이터를 접할 때마다 매번 수작업으로 그룹화한다면 어떨까요?
A 좀 번거롭겠네요.
M 데이터를 사용하는 빈도가 높아지면 약간만 번거롭더라도 문제가 될 거예요. 데이터를 사용하는 모든 사람이 수작업으로 항목을 그룹화하는 상황은 그다지 상상하고 싶지 않군요. 게다가 수작업에는 치명적인 결함이 있어요.
A 실수할 수 있다는 점 말씀인가요?
M 거의 정답입니다. 오해가 없도록 다시 말씀드리자면 '단순한 반복 작업을 여러 번 하면서 실수하는 것'이에요.
데이터를 그룹으로 묶는 건 치밀하게 해야 하는 작업입니다. 매일 같은 항목을 동일한 카테고리로 계속해서 넣어줘야 하죠.
처음에 '이 제품은 이 카테고리에 넣는다'고 정하는 건 사람들이 자신 있어 해요. '이 카테고리에 넣어서 관리하거나 분석하면 좋은 결과를 얻을 수 있겠다'고 생각하면서 설정해 나가는 건 창의적인 작업이죠. 컴퓨터로 자동화하려면 명칭에 어떤 규칙적인 패턴이 있는지 찾아보고 데이터를 활용하여 기계적인 학습을 시키는 등의 방법을 취해야 하겠죠. 다만 두 번째부터는 달라집니다. 처음 설정한 것과 같은 방식으로 별 생각 없이 등록한다면 전혀 이득을 얻을 수 없어요. 등록할 때 실수를 하지 않도록 여러 번 확인하면서 시간을 들여 설정해야 하는데, 실수 없이 작업하기 위해 여러 명이 확인하면 작업 공수[2]가 더 들게 됩니다.

하지만 사람이 결정한 후에 컴퓨터로 완벽하게 처리하는 건 매우 간단한 일이죠.

데이터를 분석하려면 그 데이터를 신뢰할 수 있어야 해요. 분석한 결과 '탁자에서 적자가 나지만 그 집계값의 기반이 된 제품은 정말 '탁자'일까?'라는 의심이 계속 든다면 제대로 된 사고의 흐름을 만들어낼 수 없어요.

데이터가 만들어지는 과정에서 잘 설계하지 않으면 큰 계층으로 정리하기 어렵습니다. 정리돼 있는 듯 보여도 값이 누락되거나 잘못된 카테고리에 속하게 될 수 있거든요.

예전에는 데이터가 새롭게 늘어나거나 스펙을 변경할 필요성이 적었기 때문에 기본적으로는 사전에 정의된 항목으로 등록됩니다. 그러나 최근에는 데이터 양 및 종류, 사용 방법도 계속 증가하는 추세이기 때문에 데이터를 생성하는 시점보다 미리 사전에 정의해 둔 공수가 따라가지 못하거나 데이터 자체가 누락되는(정의한 데이터에 억지로 넣으려 하면 정의할 수 없는 비정상적인 데이터는 제외 처리된다) 등의 문제도 생겨요. 이러한 일을 막기 위해 현재는 우선 로데이터(raw data) 그대로 저장해두고 사용할 때 데이터를 정리하기도 합니다.

데이터의 도메인을 설계하고 규정하는 작업은 데이터의 역사상 오래전부터 있었으며, 마스터 데이터 관리(MDM)라는 독립된 분야가 있을 정도지요.

---

2. 역주: 작업자가 정상적인 속도로 처리하는 데 필요한 일의 양

A   사람들이 그런 식으로 계속 노력해온 분야가 있었다니 전혀 몰랐어요.

M   모를 수 있는 내용이니까 신경 쓰실 필요는 없어요. 다만 누군가가 힘들여 이루어낸 결과 덕분에 우리가 쉽게 사용한다는 사실을 알아두면 좋지요.

✓ 존재하지 않는 데이터를 고려하다

M   네 개의 속성 차원과 계층이 얼마나 있는지에 따라 다양하게 분석할 수 있다는 점을 확인했어요. 그러나 분석 패턴이 적다고 해서 분석을 하지 말라거나 못하는 건 아니에요. 중요한 건 '지금 접하고 있는 데이터로 어디까지 분석할 수 있을지'를 예상하는 겁니다. 그러면 지금 무엇을 할 수 있을지 알게 돼요. 우선은 당장 할 수 있는 데까지 최선을 다하면 됩니다.

그리고 부족한 데이터를 머리 한쪽에 담아두세요. 차원의 속성과 계층을 이해하면 '이 데이터는 있겠다', '이 데이터는 원래 없었겠다'는 식으로 자연스럽게 유추할 수 있습니다. 갖고 있는 데이터로 분석하다가 더 이상 진행하기 힘들거나 다른 데이터가 정말 필요하다면 추가 데이터를 요구할 수 있겠지요.

예를 들어 샘플용 데이터의 일 단위 집계치를 기반으로 요일 추세를 보면 수요일에 가장 잘 팔립니다. 매주 수요일마다 다음 두 가지 캠페인을 하네요.

> » 오후 12시에 쿠폰 문자 발송
> » 밤 9시에 한 시간 한정 포인트 추가 제공

둘 중 어느 게 효과가 더 좋은지 조사하고 싶어도 이 데이터에는 '시간(Hour)' 데이터가 없어서 알 수 없어요. 분석하려면 '시간'이 반영된 정밀한 데이터가 필요하기 때문에 시간 데이터를 요구할 타당성이 생기죠. 데이터를 제공하는 측은 갑자기 '특정 데이터를 달라'고 하면 이미 줄 수 있는 데이터는 다 줬기 때문에 당황할 수 있습니다. 지금은 없는 데이터를 제공하려면 상황에 따라 오랜 시간이 걸릴 수도 있어요. 따라서 데이터가 필요한 이유를 명시하는 건 상대에 대한 배려라고도 할 수 있죠.

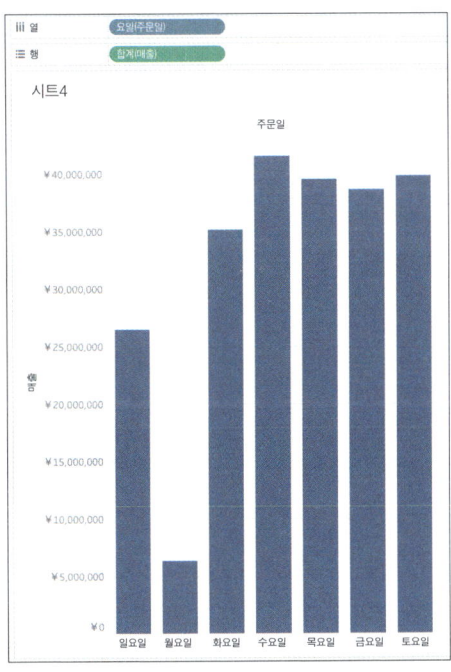

• 요일(주문일)의 집계값

✅ 5W1H의 '4W'로 스토리를 만들다

M 지금까지 배운 내용으로 데이터의 항목은 다음과 같이 나눌 수 있다는 사실을 알 수 있어요. 다음은 슈퍼스토어 샘플 데이터 항목의 경우입니다.

» **측정값**: 매출, 이익
» **차원**: 다음 표와 같음

■ 샘플 데이터 항목의 차원

속성	계층1	계층2	계층3	계층4
시간	주문일 (년도)	주문일 (사분기)	주문일 (월)	주문일 (일)
장소	지역	시/군/구	읍/면/동	
사람	고객	고객 이름		
대상	카테고리	하위 카테고리	상품명	

M   초기에 데이터를 접했을 때 할 일은 다음 세 가지입니다.

> - 측정값과 차원을 구분한다.
> - 차원에는 네 가지 속성 중 어떤 속성이 있는지 판단한다.
> - 속성이 각각 어느 계층에 있는지 확인한다.

이 정보를 알고 진행하면 스토리를 구성하기 훨씬 쉬워져요.
A씨는 '육하원칙' 게임을 해본 적이 있나요?

A   기억나요. 어릴 때 자주 했어요. 모두 각각 '언제', '어디서', '누가', '무엇을 했다'를 쓴 종이를 섞어서 읽는 게임인데, 모으면 어처구니없는 문장이 돼서 크게 웃곤 했어요.

M   그렇게 터무니없는 조합이 되더라도 신기하게도 문장이 되죠.
이처럼 문장을 작성할 때 기본적으로 '5W1H'를 갖추면 상대방이 알기 쉽게 전달할 수 있어요.

A   누가(Who), 언제(When), 어디서(Where), 무엇을(What), 왜(Why), 어떻게(How) 말씀이지요?

M   '육하원칙' 게임에서 W 네 개가 필수 요소인 셈입니다. 나머지 요소인 왜, 어떻게는 알 수 없거나 우연찮게 들어맞는 바람에 알기 쉬워서 재미있는 법이죠. 자, 여기까지 오니 이제 제가 A씨에게 무엇을 알려드리고 싶은지

감이 오시나요?

사실 차원의 네 가지 속성은 5W1H에서 4W입니다.

문장을 구성한다는 건 바로 스토리를 만드는 것과 마찬가지예요. 우리 인간은 논리적으로 연관성이 있는 덩어리를 잘 기억하는 재주가 있습니다. 즉, 논리적으로 알기 쉬운 문장은 기억하기 쉬운 이야기예요. 문장 구성력은 스토리를 만들어내는 능력과 직결됩니다.

데이터에서 '언제, 어디서, 누가, 무엇을'이라는 4W가 판별된다면 문장을 만들어가는 요령으로 이들을 사용해서 스토리를 만들어 나가면 돼요.

'육하원칙' 게임처럼 4W가 명확하다면 왜 그렇게 됐는지(Why), 어떻게 그렇게 됐는지(How)에 대해 생각할 수 있어요. 상상할 수 없다면 의심의 여지가 생겨서 데이터를 더 깊이 들여다보게 될 거예요. 그러니까 4W의 나머지 '1W1H'는 인사이트 그 자체죠. 우리는 차원의 4W가 보여주는 인사이트를 계속 찾아가는 겁니다.

✓ 낯선 전문 용어를 배우는 의의

A 데이터 스토리텔링이란 문장을 만드는 것과 마찬가지네요. 전문 용어가 산더미처럼 나왔을 때는 따라가지 못할 뻔했지만 그럭저럭 버틸 수 있겠어요.

M 전문 용어를 사용할지 말지 판단하기란 어려운 일이에요. 그러나 어떤 용어를 들었을 때 상기되는 컨텍스트는 주위 사람과 모여서 이야기를 나눌 때 효율이 매우 높아져요. A씨 주위 사람 중에는 이미 데이터 드리븐 문화에 물든 외부 커뮤니티 또는 직접 문화를 바꾸려 하는 조직인 경우도 있을 거예요. 상대방에 맞춰 말을 골라서 쓰기로 합시다.

말할 때 직접 사용하지는 않더라도 용어를 알고 있으면 유용한 리소스를 찾을 때 도움이 됩니다.

평이한 단어로 바꿔 말할 수 있는 기술은 매우 중요하며, 특히 A씨처럼 지금은 널리 퍼지지 않은 문화를 확산시키고자 하는 사람에게는 필수적인 기술이라 할 수 있어요. 그러나 매번 평이한 용어를 기반으로 서서히 사고를 진행해가면 시간이 걸립니다. 전제가 갖춰져 있는 사람끼리의 대화에서 단어가 갖는 컨텍스트를 통해 단번에 깊이 있게 이해하고, 다음에는 서로의 회화 속에서 깊이 사색할 수 있다는 것이 전문 용어를 사용하는 의의예요.

A씨가 조직 내에서 전문 용어로 가득한 프레젠테이션을 하길 바라는 건 아니지만, 용어를 알면서 사용하지 않는 것과 아예 모르는 건 천지 차이입니다.

지금부터 새로운 용어는 수없이 등장할 거예요.

A 단어장이라도 만들까요? 수험생 시절이 생각나네요.
M 저는 예전에 만들려다가 포기했어요. 만약 A씨가 만든다면 분명 많은 사람들에게 도움이 될 겁니다.

1-5 다른 사람의 행동을 이끌어내는 강력한 스토리를 만든다

스승 (Master) 자, 지금까지 스토리를 만드는 기본적인 방법을 배웠어요. 문장을 구성하는 방법과 동일하게 5W1H를 기반으로 데이터로 스토리를 만들 수 있어요. 이것만으로도 초보적인 데이터 스토리텔링을 할 수 있지만 부족한 점이 있습니다.

스토리가 초래하는 두 가지 중 하나는 '기억에 남는 것'이었어요. 또 하나는 뭐였지요?

제자 (Apprentice) '사람의 마음을 움직이는 것'입니다.

M 맞습니다. '5W1H'로 무슨 일이 일어나고 있는지 쉽게 전달할 수 있는 문장을 만들 수 있지만 그 문장이 반드시 사람의 마음을 움직일까요?

A 움직일 수도 있고 그렇지 않을 수도 있을 것 같아요.

M 논리적이고 조리 있다 해서 통하는 건 아니에요. 5W1H로 구성된 문장을 기반으로 사람의 마음을 움직이는 스토리로 구성하려면 '기승전결'을 의식해야 합니다.

기승전결은 사람의 마음에 남는 이야기를 엮기 위한 기본적인 방법으로 다양한 소설, 영화 등에서 활용되고 있죠. 심지어는 스토리에 감동했다면 이후의 인생에 영향을 받기도 합니다.

A 잠시만요. 재미없는 이야기를 읽고 싶진 않지만, 데이터를 보는 건 적어도 저한테는 일의 일환이에요. 5W1H로 최소한의 정보가 전달되기만 하면 되는 거 아닌가요?

✅ 데이터 스토리텔링의 목표

M 최소한의 정보만 알면 되냐는 말씀이라면 아니라고 답변을 드려야겠네요. 더 정확히 말씀드리자면 최소한의 정보만 전달하는 걸로는 사람의 마음을 움직일 수 없으며 그다음에 일어나야 할 '사람의 행동'이 유발되지 않아요.

우리는 데이터를 어떻게 이해해야 하는지를 배우고 있습니다. 그러나 데이터 분석의 목표는 '데이터를 이해'하는 게 아니에요. 데이터를 이해함으로써 '사람의 행동을 이끌어내는 것'이죠. 예를 들어 매출을 올리기 위한 분석의 목표는 '매출을 향상시키기 위해 영업부에서 해야 할 일을 도출'하는 거지요.

아무리 고도의 계산을 하고 멋지게 데이터 시각화를 해도 다른 이가 감탄만 하고 끝나면 의미가 없어요. 우리는 데이터를 사용해서 사람들의 행동을 이끌어내야 합니다. 데이터를 분석하는 과정은 너무 방대해서, 마치 아름답게 마무리한 보고서가 목표였다고 착각할 수 있어요. 그러나 '멋지다'와 같은 찬사로만 끝나면 소용없고, 그다지 화려하지 않더라도 사람의 마음을 움직여서 행동을 하게 하는 분석 결과야말로 성공적인 최종 목표라고 할 수 있습니다.

✅ 멋진 그래프만으로는 행동을 불러일으킬 수 없다

A DAY 2 강의에서는 데이터 시작화에 대한 내용도 다룬다고 생각했지만, 보기에 좋을 필요는 없다는 말씀인가요?

M 보기에 아름다운 건 중요하지만 결국 전달해야 할 스토리가 표현되어 있는 경우에만 효과를 발휘합니다.

예술 분야를 언급할 생각은 없지만 적어도 사람들에게 공통적으로 데이터 드리븐 문화를 전한다는 관점에서, 의미가 전달되지 않으면서 보기에만 아름다운 데이터 시각화는 데이터 드리븐 문화를 추진하는 원동력이 될 수 없어요. 제가 직접 뼈저리게 느꼈던 체험담을 이야기해드리죠.

제가 담당한 데이터에 시각 효과를 줘서 보여주자 의뢰인들은 시각적인 표현과 기술에 대한 질문만 하더군요. 아름다운 외양과 기술만 주목받은 거죠. 그러나 실무자들이 직접 겪은 어려움을 기반으로 진지하게 만들어낸 시각 효과가 반영된 분석 결과가 소개됐을 때는 비즈니스 여기저기에 쓸 수 있겠다며 활발하게 논의가 이뤄졌어요.

실무 팀 내에서 말이 통하는 팀원들끼리는 굳이 디자인에 대해서는 거론하지 않고 논의하는 경우도 있어요. 예쁜 디자인을 적용하고 검토하기에는 시간이 걸리기 때문이죠.

이것이 바로 제가 데이터 문해력 강의 초기에 데이터 스토리텔링을 다루는 이유입니다. 데이터 스토리텔링만 잘할 수 있다면 사람이 행동을 하도록 이끌어낼 수 있습니다. DAY 2 이후에 배울 내용은 스토리텔링을 강화하거나 간단하게 할 수 있도록 하는 게 전부예요.

A 데이터를 사용해서 사람의 마음을 움직인다니…

M 사람의 마음은 그렇게 간단하게 움직이지 않아요. 단순히 감정적이어선 안 되고 논리적으로 밀어붙이기만 해도 안 돼요. 직감을 강렬하게 자극하는 감정과 이성을 공고하게 설득할 수 있어야 하죠.

이성을 설득하는 건 실제 사건을 표현하는 데이터지만 데이터의 논리를 스토리로 정리해서 상대의 직감에도 꽂아 넣어야 해요. 거기서 스토리에 정감을 담아 상대를 끌어들이기 위해 기승전결을 사용하는 거죠.

✓ 기승전결로 스토리를 강화한다

M 기승전결을 이용한 데이터 스토리텔링의 예를 봅시다. 방금 전의 '탁자'에 대한 분석을 더 진행한 분석 결과예요.

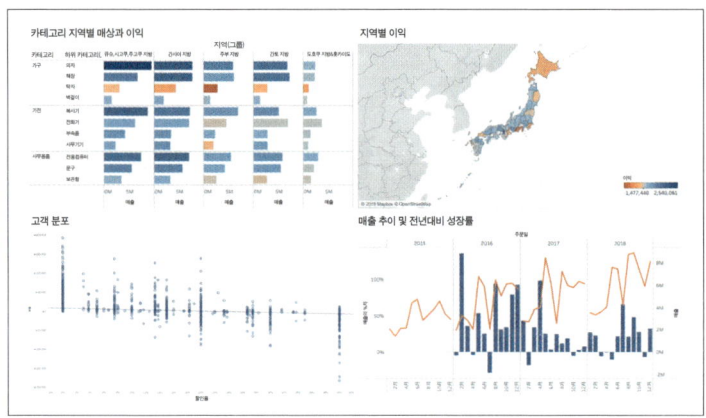

• '탁자'의 적자 이유 분석

M 이걸 4W로 생각하면 다음과 같아요. 하나의 스토리로 이루어져 있네요.

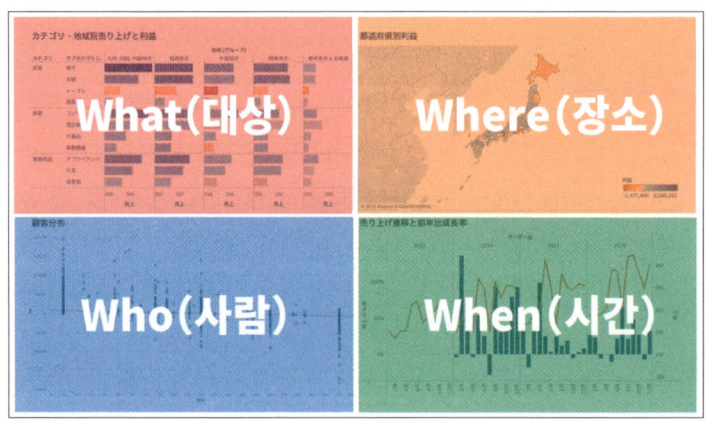

• 4W 관점에서의 분석

> What(대상): 탁자가 적자가 나는 제품이란 사실을 알 수 있다.

> Where(장소): 주부 지방, 특히 시즈오카현의 이윤이 낮다는 사실을 알 수 있다.

> Who(사람): 탁자를 팔면 대체로 적자가 났고, 할인율이 40%를 넘는 경우가 많았다.

> **When(시간):** 매출은 호조로, 전년 대비 성장률이 높다. 매출을 올리려 한 나머지 이익을 고려하지 않은 할인율을 설정한 건 아닐까? 영업부장에게 현실적인 예산 설정과 할인율 개선에 대한 지도를 받고 싶다.

M 그럼 기승전결에 맞춰봅시다.

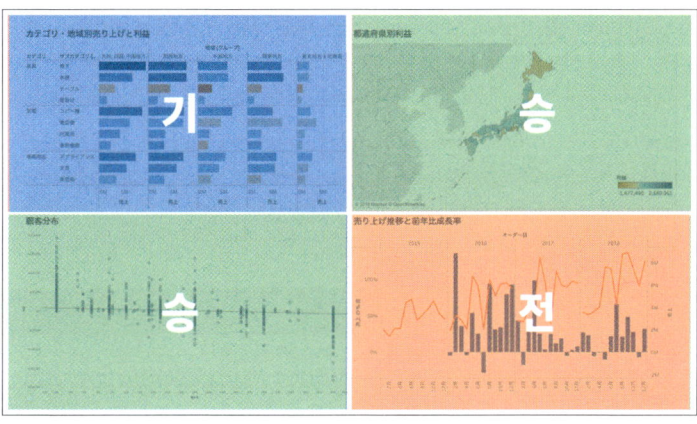

• 기승전

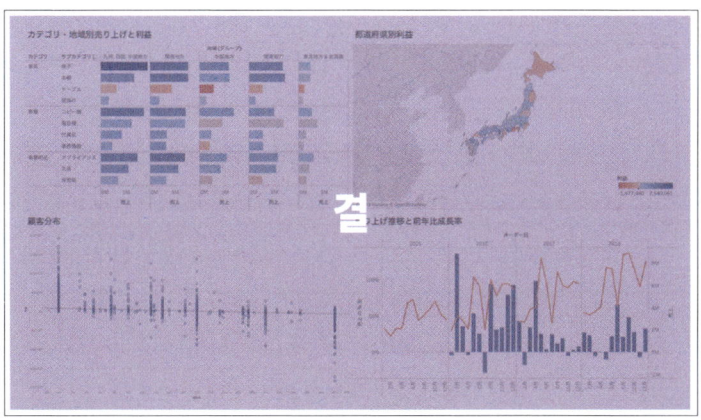

• 결

> **기**: 탁자가 적자가 나는 제품이란 사실을 알 수 있다.
> **승**: 주부 지방, 특히 시즈오카현에서 이윤이 낮다는 사실을 알 수 있다. 탁자를 팔면 대체로 적자가 났고, 할인율이 40%를 넘는 경우가 많았다.
> **전**: 매출은 호조로, 전년 대비 성장률이 높다. 매출을 올리려는 데만 치중한 나머지 이익을 고려하지 않은 할인율을 설정한 건 아닐까?
> **결**: 영업부장에게 현실적인 예산 설정과 할인율 개선에 대한 지도를 받고 싶다.

M 이처럼 5W1H로 만든 문장을 기승전결에 따라 전개함으로써 영업부장에 대한 행동을 재촉하는 스토리가 만들어집니다.

✓ 내 것으로 만들다

A 긴 하루였어요. 제가 생각했던 데이터 강의와는 많이 달랐습니다. 이렇게 평소에 의식하지 못했던 사실을 다시 의식하거나 예전 일을 떠올린 건 처음이에요.

M 그게 바로 포인트입니다. 자연 발생적인 게 아니라 의도적으로 주변 문화를 변혁하려는 것이니 모든 의미를 언어로 표현하고 은근슬쩍 넘어가지 않도록 해야 해요. 무의식적으로 의식하지 않고 사용하기 때문에 필요한 이유를 명확하게 설명할 수 없다면 무시하고 지나가버릴 수도 있어요.
언어로 표현하는 건 '의식화'라 할 수 있어요. 지금까지 무의식적으로 해오던 일을 의식함으로써 능력을 향상시키는 구체적인 예로는 헬스 트레이닝이 있어요.

A 스승님은 헬스 트레이닝을 해보신 적이 있나요?

M 네. 일상생활에서 본인의 근육을 의식하는 일은 거의 없지만 헬스 트레이닝을 할 때 '이 부분의 근육을 움직인다'고 말로 하면 그에 따라 행동하면서 평소에는 무의식적으로 사용하는 근육을 의식합니다. 그렇게 해서 정

확하게 다듬고 싶은 부분을 다듬을 수 있죠.

이처럼 일상적으로 의식하게 되면 무의식중에도 이전보다 근육을 바르게 사용할 수 있는 상태가 됩니다. 자세가 좋아져서 요통이나 어깨 결림이 개선되기도 하죠.

무의식을 의식화한 후의 무의식은 이전의 무의식 상태보다 질이 올라가요. 그렇기 때문에 이 1개월간은 당연하다고 생각했던 걸 포함해서 동일한 내용을 다양한 방식으로 언어로 반복해서 표현하고 최종적으로는 무의식 상태의 질을 올리는 걸 목표로 합시다.

A '데이터 드리븐 헬스 트레이닝'이네요. 예전에 유행했던 부트캠프의 비디오가 생각나요.

M 부트캠프… 기억 나네요. 제가 이런 내용을 사람들에게 알려야겠다고 마음먹은 것도 부트캠프가 계기가 됐습니다.

당시 저희는 데이터 드리븐 문화를 이루기 위해서는 데이터 문해력이 필요하다는 이야기를 나눴어요. 문해력, 즉 글자를 쓸 수 있는 능력을 익히기 위해 우리는 어릴 적부터 문자를 배우고 반복해서 연습해왔어요. 처음에는 쓰는 법을 모르면서도 선생님을 보면서 글씨 교본대로 계속 따라 쓰며 틀을 갖춰 나가다 보면 최종적으로는 글씨를 보지 않고도 쓸 수 있게 됩니다. 그러나 그 후에도 문자를 사용해서 본인의 생각을 전할 수 있도록 몇 번이고 반복해서 연습하고 이후에도 잊지 않도록 매일매일 문자를 계속 씁니다. 그렇게 해서 우리는 거의 무의식적으로 문자를 다루어 사고의 흐름에 들어갈 수 있게 되었어요. 데이터 문해력을 단련하는 방법도 완전히 동일합니다. 우선 배우고 기억하고 매일 사용해서 완전히 본인의 일부로 만들어야 해요.

지름길은 없습니다. 날마다 수련할 수밖에 없어요.

숙제

1. 분석 중인 데이터 항목을 네 개의 W로 나눠서 정리한다.
2. 5W1H와 기승전결을 조합하여 데이터 스토리텔링 샘플용 데이터를 만든다.
3. 타인에게 샘플용 데이터에 대한 피드백을 받는다.

참고로 DAY 1에 등장한 '슈퍼스토어 샘플'은 태블로 퍼블릭이나 태블로 데스크탑(Tableau Desktop)을 설치한 후 내장돼 있는 샘플 데이터를 사용했습니다. 데이터를 보고 싶은 분은 참고하세요.

DAY 2

시각화 분석

2-1 시각화로 데이터를 이해하다

스승 이번 주에도 오셨군요. 숙제도 잘 해오셨고요.
(Master)

제자 스승님, 실은 이 부트캠프를 그만두겠다는 생각으로 오늘 여기에 왔어요.
(Apprentice) 지난 주에 저도 어떻게든 제가 가진 데이터에서 통찰을 얻는 과정을 재현해보려고 했습니다. 제 데이터를 측정값과 네 개 속성의 차원으로 나누어 스토리를 만들려고 시도했지만 전혀 스토리가 보이지 않았어요.

스승님의 이론을 들었을 때는 감동했지만 누구나 쓸 수 있는 것이 아닌 특별한 능력을 가진 사람만이 쓸 수 있는 마법 같은 기술이지 않나요?

그리고 실례지만 스승님은 여러 번 사용하여 잘 다듬어진 샘플용 데이터를 사용했기 때문에 스토리가 만들어지는 게 아닌가 하는 생각이 들더라구요.

M 물론 확실히 제가 보여드린 데이터는 여러 번 강의에서 썼고 익숙한 데이터예요. A씨가 그렇게 생각하셔도 무리가 아닙니다.

그럼 A씨가 왜 본인의 데이터에서 스토리를 이끌어내지 못했는지 곰곰이 생각해봅시다. 왜냐하면 이건 A씨가 조직에 데이터 드리븐 문화를 전할 때 분명 마주하게 될 문제이기 때문이에요.

✓ 그래프는 정말 '애매한' 데이터일까?

A 스승님은 제가 왜 스토리를 끌어낼 수 없었는지 알고 계신가요?

M A씨가 본인의 데이터로 스토리를 만들고자 분석한 결과를 봅시다.

• 분석 결과의 나쁜 예

M   A씨가 데이터에서 스토리를 이끌어내지 못한 이유는 명확해요. 왜 제가 앞서 보여드린 대로 만들지 않았죠?

A   스승님이 말씀하신 대로 했어요. 스토리를 읽고 이해하기 위해 사용한 항목은 '언제, 어디서, 누가, 무엇을'이고 측정값(숫자)을 넣으면 되는 거 아닌가요?
이번에는 '언제 무엇이 많이 팔렸으며, 왜 이익이 올랐는지'를 보려고 했어요.

M   다시 한번 더 여쭤볼게요. 왜 제가 했던 방식과 똑같이 하지 않았나요?

A   그건... 처음 '언제'에 해당하는 날짜를 넣은 건 확실히 너무 과했을 수도 있지만 '무엇을'만 봐선 아무것도 떠오르지 않았어요.

M   스토리를 만들기 위한 4W의 선정 방법에 대한 게 아니라 데이터를 표시하는 형태가 다르지 않은가? 라는 질문이에요. 제가 보여드린 건 이런 형태였어요.

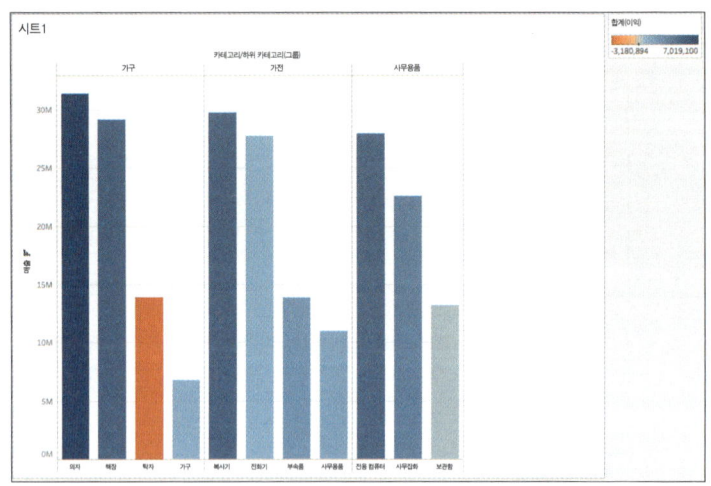

A   네. 그랬는데 저희 회사에서는 그래프를 보여주면 애매하다고 해서 데이터를 볼 때 주로 실제 숫자를 표로 만들어서 보는 걸 권장하거든요.

M   그렇군요. 하지만 그래프는 실제 숫자를 바탕으로 표현한 형태일 뿐인걸요. 왜 문자로 표현된 표만이 실제 숫자라고 하는 건가요?

A   음, 막대 그래프를 보는 것보다 실제 숫자를 보는 쪽이 더 정확하지 않을까요?

M   조금 짓궂은 질문을 드렸군요. 많은 사람들이 '숫자로 구성된 표를 실제 숫자'라 부른다는 사실을 잘 알고 있어요. 하지만 그건 애매한 표현입니다. 문자로 기록된 값이 실제 숫자이고 그래프로 표현한 숫자는 실제 숫자가 아니라는 건 오해예요.

물론 숫자로 표현된 값으로는 정확한 수치를 알 수 있죠. 하지만 모든 상황에서 알고 싶은 바를 알 수 있는 만능 표현 방법일까요?

A   그렇다고 생각하는데, 아닌가요?

시각적인 표현을 구사해서 데이터를 이해한다

M 제가 샘플로 보여드린 건 데이터 분석에서의 사고 프로세스의 기본적인 형태입니다. 저는 동일한 과정을 반복함으로써 구체적 사례를 추상화하고 그 형태를 확실히 인식할 수 있게 되었어요. 그렇게 해서 떠오른 스토리텔링의 요소로서의 형태가 '4W'라고 말씀드렸습니다.

하지만 사실 그 샘플에서 배울 수 있는 건 스토리텔링의 형태만이 아니라 겉보기, 즉 시각 효과 자체에도 큰 의미가 있어요. 시각 효과의 힘을 이용해서 데이터를 이해하는 프로세스를 구축하는 '시각 효과 분석'의 힘이 포함돼 있기 때문입니다.

A 시각 효과 분석요?

M 네. 사람은 시각 속성을 사용해서 데이터를 이해한다는 생각을 기반으로 한 분석 방법이에요. 다시 말하면 '일목요연', '백문이 불여일견' 등의 속담과 일맥상통하지요.

예를 들어 제가 어떤 훌륭한 풍경을 알려드리고 싶어요. 산이 있고 그 앞에 호수가 있고, 새가 날고 있고 하늘은 파랗고 아름다운 풍경이죠. 하지만 이런 정보는 문자나 말로 길게 설명하기보단 사진 한 장을 보여드리는 편이 실제로 어떤 풍경인지 알기 쉬워져요.

산과 호수의 위치, 크기, 호수와 하늘의 색조 차이 등 훨씬 정확하고 많은 정보를 순식간에 전할 수 있겠죠. 이런 정보를 문자로 전달하려면 길어질 거예요. 게다가 말로 전부 전한다 해도 자신이 본 풍경과 동일한 경치를 상대가 떠올리게 하는 건 거의 불가능할 겁니다. 시각 효과는 때로는 문자 정보 이상으로 정확해요.

A 풍경인 경우에는 그렇다고 생각하지만 데이터 분석에서는 사진이 필요 없잖아요? 그래프와 같이 단순한 이미지에서도 풍부한 정보를 얻을 수 있나요? 물론 데이터를 그래프로 그리는 편이 보기 쉽다는 점은 이해하지만요.

M   A씨한테 '그래프가 보기 쉽다'고 말한 사람은 왜 그래프가 보기 쉬운지 확실히 설명했나요?

A   아니요. 보기 좋으니까 그래프를 쓴다고만 들어서, 저도 그 점을 깊이 파고들려고 하지 않았어요. 당시에는 그다지 의문을 느끼지 않았기 때문이에요. 확실히 듣고 보니 왜 그래프를 보기 쉽다고 생각하는지 설명하기 어렵네요.

M   그것이 바로 핵심입니다.

우리는 직감적으로 시각화하면 보기 쉽다고 생각하지만 이유를 설명하지 못해요. 그래서 시각 효과로부터 읽어낼 수 있는 정보는 제한되고 애매하다고 오해하게 되죠. 수치로 보는 데이터가 더 낫다는 주장에 논리적인 답변을 제시할 수도 없으면서요.

✓ '보기 쉬운 것'의 본질을 생각한다

M   아무 생각 없이 반복적으로 사용해서 익숙해진 용어는 때로 사고를 정지시키기도 해요. 우리는 그 영역을 넘어서 차근차근 정확하게 이해할 수 있는 용어로 대화하는 걸 목표로 합시다.

우선은 우리가 평소에 거의 의식하지 않는 '보기 쉬운 것'의 의미를 새롭게 생각해보기로 해요. 시각화하면 눈에 잘 띄는 이유는 뭘까요?

이걸 이해하려면 우선 사람의 뇌가 기억하는 구조를 이해해야 해요.

A   뇌요?

M   네. 먼저 다음 두 이미지를 잠깐 동안 보고 대답하세요. 이미지에 있는 검은 원은 몇 개인가요?(제한 시간 1초)

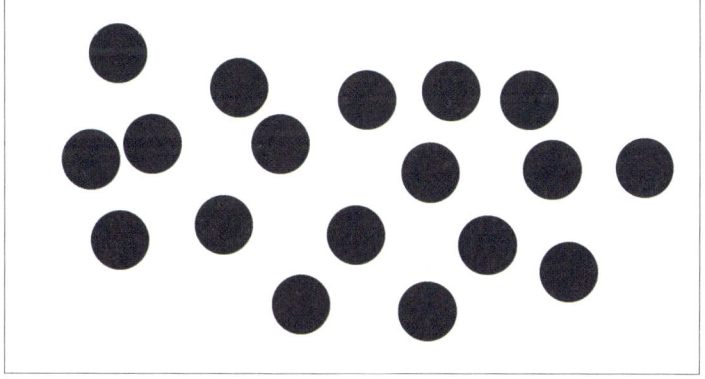

A 첫 번째 이미지는 세 개예요. 두 번째 이미지는 1초 내에 도저히 셀 수 없었어요.

M 왜죠?

A 어, 그건... 셀 수 없으니까요. 왜냐고 물으셔도...

M 양쪽 다 똑같은 검은 원인데, 왜 두 번째 그림은 셀 수 없을까요? 당연하다고 생각하는 걸 하나씩 풀어나가야 해요.

A 아! 알겠어요! 개수가 많기 때문이에요!

M 왜 개수가 많으면 셀 수 없는 걸까요?

A 음...

M 개수가 많으니까 셀 수 없다는 건 꽤 정답에 가까워요. 사실 상황에 따라 다르긴 하지만 사람은 5~9 정도의 수라면 단번에 인식할 수 있다고 해요. 즉, 세지 않아도 받아들일 수 있죠. 하지만 이보다 수가 커지면 1, 2, 3, 4, 5... 찬찬히 세야 합니다. 수가 많으면 흩어져 있는 정보를 인식하는 데 시

간이 걸리는 반면 적은 수는 세지 않더라도 한 번에 파악할 수 있죠.
그럼 이번에는 다른 시점에서 보기로 해요. '3'이라는 숫자가 몇 개 있나요? (제한 시간 5초)

```
1859674632147503060803050 4090
7050276984301021534 6748950213
060572040205030908450 64201040
7020407083506130508023 9245798
```

- (1) 3은 몇 개 있나요?(제한 시간 5초)

```
1859674632147503060803050 4090
7050276984301021534 6748950213
060572040205030908450 64201040
7020407083506130508023 9245798
```

- (2) 3은 몇 개 있나요?(제한 시간 5초)

M (2)의 개수를 훨씬 쉽게 셀 수 있죠? 두 이미지에서 다른 점은 뭘까요?

A 앞의 이미지에는 색이 없고 뒤에는 색이 있어요.

M 똑같이 숫자가 나열됐는데 색이 있기만 해도 간단하게 목적을 이룰 수 있어요.

시각을 통해 뇌에 인식한 내용 중 '한 개로 볼 수 있는 범위'를 간주하는 건 사실 우리 자신입니다. 예를 들어 숲 사진을 볼 때 나무를 '잎과 줄기, 가지의 집합체'로 볼 수도 있고 나무를 하나씩 보기보단 '숲의 일부'라 인식할 수도 있죠.

검은 원의 예는 사실 화면에 찍힌 이미지를 캡처한 미세한 점들의 집합체였어요. 하지만 흰색과 검은색의 원이라는 형상으로 인해 흰색 바탕 안에 검은 원이 있는 듯이 보인 거죠.

숫자 예제에서는 숫자의 개수가 너무 많으니 읽기 힘들었어요. 그런데 A 씨는 (2)의 예에서 3이 몇 개인지 셌나요?

A 아니요. 빨간색 숫자의 개수를 센다고 생각했어요.

M 색이 칠해진 이미지를 보는 순간 우리는 단순한 숫자의 나열이 아니라 '빨간색과 검은색의 숫자들 중 빨간색을 센다'고 단숨에 치환해서 인식합니다. 무엇을 볼지 결정하는 순간 무관하다고 판단한 건 제외하고 처리할 수 있어요.

이러한 사람의 취사 선택 능력을 잘 이해해야 합니다.

✓ 시각화를 올바르게 사용할 필요성

M 시각화는 보기에 좋지만 목적에 맞지 않으면 오히려 방해가 됩니다.

예를 들어 '숫자 3을 찾는 예제'에서 2가 빨간색이거나 엉뚱한 색이 칠해져 있으면 혼란스러워지겠죠. 오히려 색이 없는 편이 더 빨리 셀 수 있을 거예요.

문제의 제시어와 시각 효과가 완벽하게 일치해야 목적을 달성하기 쉬워집니다. 하지만 이 규칙에 맞지 않는 시각 효과가 세상에 넘치기 때문에, 결과적으로 '시각화된 데이터는 이해하기 어렵다'고 여기기 쉽습니다.

우리가 늘 보는 풍경은 원래 어디까지가 한 덩어리인지 정해져 있지 않아요. 하지만 인간이 시각 정보로 인식한 걸 자연스럽게 구분해서 보는 거죠. 시각 효과를 극대화시키기 위해서는 시각 속성을 잘 활용하고 의도적으로 구분하여 사람들에게 인식시키는 게 중요합니다. 색깔은 배우지 않아도 구분할 수 있어요. 이러한 시각 속성을 잘 활용하여 태스크(task)를 빨리 마칠 수 있다면 모든 수단을 사용해야 해요.

✓ 모든 사람이 이해할 수 있는 표현을 선택한다

M 저는 대상자를 바꿔가며 여러 번 이 게임을 했어요. 검은색만으로 나열된 이미지에서 3을 찾으라고 하니 다음과 같이 다양하게 반응하더군요.

> 꼼꼼하게 세어 답을 찾는 사람
> 빠르게 찾았지만 틀린 사람
> 차분히 찾았지만 틀린 사람
> 애초에 찾기를 포기한 사람
> 한순간에 정확한 값을 알아맞히는 - 이른바 숫자에 강한 사람 등

하지만 정답을 맞힌 사람조차 '정말로 맞나요', '정말 자신 있나요'라고 물으면 조용해지더군요. 이 게임은 숫자를 빨리 찾고 숙지하고자 하는 게 아니에요.

우리는 데이터 드리븐 문화를 만들려고 합니다. 사람의 사고 기반을 이루는 문화에서는 소속된 사람이 뒤처져선 안 돼요. 쓸데없이 시간을 들여 잘못된 사고를 유도하거나, 공들여 해독한 데이터에 자신이 없거나, 심지어 데이터를 살펴볼 마음이 들지 않으면 안 돼요. 그래서야 데이터를 해석할 수 있는 일부의 사람만이 데이터를 보는 상황을 용인하는 것이나 마찬가지예요.

색 하나만 추가해도 게임에 참여했던 모든 사람이 빠르고 정확하게 알아맞힐 수 있었어요. 따라서 우리는 적절하게 시각화해서 모든 사람이 공통적으로 이해할 수 있는 토대를 갖춰야 합니다.

✅ 데이터를 활용해 시각 효과를 주는 의의

M 시각 효과의 힘을 이용해서 인식 능력을 활성화시키는 예를 살펴봤습니다. 그럼 왜 데이터에도 시각 효과가 필요할까요?
다음 예제를 봐주세요.

케이스								
I		II		III		IV		
X	Y	X	Y	X	Y	X	Y
10.00	8.04	10.00	9.14	10.00	7.46	8.00	6.58
8.00	6.95	8.00	8.14	8.00	6.77	8.00	5.76
13.00	7.58	13.00	8.74	13.00	12.74	8.00	7.71
9.00	8.81	9.00	8.77	9.00	7.11	8.00	8.84
11.00	8.33	11.00	9.26	11.00	7.81	8.00	8.47
14.00	9.96	14.00	8.10	14.00	8.84	8.00	7.04
6.00	7.24	6.00	6.13	6.00	6.08	8.00	5.25
4.00	4.26	4.00	3.10	4.00	5.39	19.00	12.50
12.00	10.84	12.00	9.13	12.00	8.15	8.00	5.56
7.00	4.82	7.00	7.25	7.00	6.42	8.00	7.91
5.00	5.68	5.00	4.74	5.00	5.73	8.00	6.89

• 네 가지 패턴의 x와 y

x와 y열의 숫자로 만든 네 가지 패턴이 있습니다. 숫자가 흩어져 있는 듯 보이지만 실은 x와 y별 평균과 분산으로 보면 이들의 값은 비슷해요.

	케이스			
	I	II	III	IV
평균 X	9.0	9.0	9.0	9.0
X의 분산	11.0	11.0	11.0	11.0
평균 Y	7.5	7.5	7.5	7.5
Y의 분산	4.1	4.1	4.1	4.1

• 패턴별 xy의 평균과 분산

M 네 가지 케이스별 숫자의 패턴이 다양하다고 생각했지만, 평균과 분산을 계산한 결괏값이 동일하다면 어떤 생각이 드나요?

A 같거나 비슷한 현상이라고 판단할 것 같아요.

M 데이터를 계산한 결과로 유사한 현상이라고 판단할 수 있지만, 숫자표를 보지 않고 x축과 y축으로 이뤄진 산포도로 표시하면 다음과 같습니다.

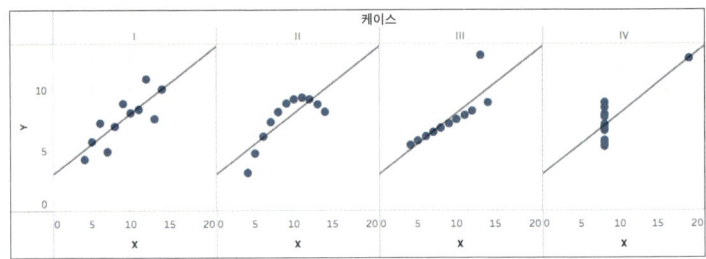

• 네 가지 패턴의 산포도

> ❶ 다소 퍼져 있지만 대체로 x가 증가하면 y도 증가하는 경향
> ❷ x는 계속 증가하지만 y는 10을 넘은 후 감소하는 경향
> ❸ x와 y가 선형으로 증가하는 경향을 보이며 y 하나만 벗어남
> ❹ x는 동일한 값이나 y는 증가하는 경향을 보이며, 값 하나만 범위에서 벗어남

M 이들이 같거나 비슷하다고 할 수 있을까요?

A 전부 전혀 다르네요.

M 이를 앤스콤의 예라 부르며, 시각 효과의 힘으로 실제 수치를 표현하는 중요성을 보여줍니다. 계산된 값은 우리에게 뛰어난 통찰을 주지만, 그 계산 결과의 바탕이 되는 데이터에 대해 알아야 할 때도 있습니다. 그럴 때 첫 번째 표를 봐선 다 파악할 수 없었던 내용을 이와 같이 시각화함으로써 각각의 데이터 집합의 추세를 보도록 변환할 수 있어요.

그저 보기 좋아서 차트를 사용하는 것이 아니라, 이해하기 위해 사용한다는 사실을 기억하세요.

2-2 시각화 분석 사이클을 이해하다

제자 (Apprentice)   시각화의 힘이 이렇게 굉장하군요.

스승 (Master)   우리는 매일 시각화를 사용하지만 굳이 말로 표현하지는 않죠. 그래서 시각 효과를 제대로 이해하지 못한 채 사용하는 사람이 많은 것 같아요. 하지만 무의식적으로 쓰는 것보단 의식적으로 쓰는 편이 더 효과적입니다.

그럼 시각화의 힘을 이해한 후에 어떻게 사용해야 데이터 드리븐이 될 수 있을지 생각해봅시다. 그러기 위해서는 시각화 분석의 사이클을 먼저 보도록 하죠.

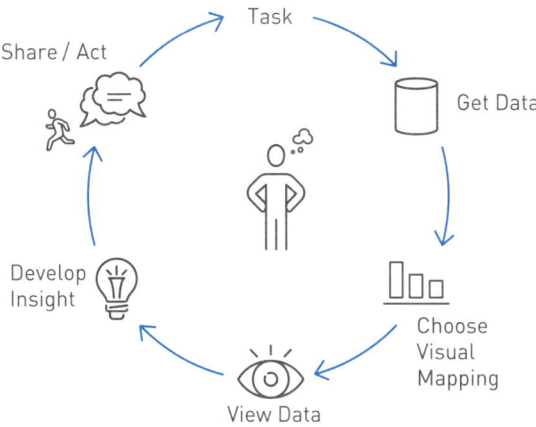

M   이 그림은 시각화의 힘을 사용해서 데이터를 이해하고 활용하는 일련의 사이클을 나타낸 거예요.

사이클의 형태를 보면 알 수 있듯이, 시작부터 끝까지 끊임없이 한 번에 수행하는 게 아니라 단계별 분석 사이클이 끝난 후 결과를 검증하고 개선 및 변화시켜가면서 여러 번 사이클을 반복하여 돈다는 사실을 알 수 있지요. 가장 중요한 건 이 중심에는 인간이 있다는 거예요. 분석이란 어디까지나 인간이 의사결정을 내려 행동하는(=Act) 것이 목적이며, 이 사이클에 속하는 모든 요소의 주체는 인간입니다.

✓ 데이터 분석으로 무엇을 해결할지 정의한다(Task)

M 사이클의 정점에는 '태스크(Task)'가 위치합니다. 태스크란 뭐라고 생각하세요?

A 물론 당연히 데이터를 분석하는 일이 아닐까요?

M A씨는 '데이터를 분석하기 위해' 데이터를 분석하나요?

A 스승님. 혹시 수수께끼인가요?

M 수수께끼가 아니에요. 데이터 분석은 무엇을 하기 위한 건지 한 번 더 잘 생각해주세요. A씨는 숙제로 1개월 후에 마무리할 조직 현황 분석 과제를 제출하셨어요. 그건 뭘 위해서 분석했나요?

그 결과를 통해 어떤 상황을 이끌어내고 싶으신가요?

A 매출을 늘려서 회사를 성장시키고자 합니다.

M 그게 바로 '태스크'입니다. 절대로 데이터 분석 자체를 태스크로 둬서는 안 돼요.

하지만 지금까지 놀라울 정도로 많은 조직이 데이터 분석 그 자체를 태스크로 정의합니다. 예를 들어 '데이터의 효율을 높여서 데이터마트(DM)를 구축한다', '실무자들이 의뢰한 분석용 장표를 IT 담당자가 대신 작성한다' 등 열거하면 끝이 없어요.

DWH, DM 등의 의미는 DAY 3 이후에 설명하겠지만, 한마디로 요약하면 '데이터를 위한 거대한 시스템'입니다.

원래 '데이터로 현상을 올바르게 파악해서 의사결정을 제대로 내려 매출을 향상시킨다'는 태스크로부터 시작했을 텐데 어느새 '데이터를 한곳에 모아둔다', '대량의 데이터를 빠르게 관리한다', '분석 기준을 자유롭게 전환해서 리포팅한다' 등 시스템 개발 측면의 태스크로 전환된 거죠. 이렇게 되면 우리가 많은 시간을 들여 태스크들을 완료하더라도 정작 달성해야 할 비즈니스 목표를 이루지 못하고 끝날 수도 있어요. 이렇게 시간과 노력뿐만 아니라 돈도 들였는데 아무 성과도 내지 못했다는 사실 때문에 경영진이 분노하고 정보 시스템을 혐오하는 경우도 있어요. 실제 목표로 삼아야 할 걸 잊고 일했으니 성과가 날 리 없죠. 그래서 우리는 반드시 처음 정의했던 '매출을 올린다'는 태스크를 잊어선 안 됩니다.

✅ 태스크를 따라 사이클을 빠르게 돌린다

M 태스크가 '데이터 분석 자체'로 바뀐 이유는 과거에는 데이터 분석의 난이도가 높아 시간이 무척 오래 걸렸기 때문입니다. 데이터를 수집하기도 어려운 데다 시각 효과를 줘서 리포트를 만드는 것도 번거로운 작업이었죠. 이를 해결하려면 사이클의 단계를 하나씩 빠르게 수행해야 합니다. 현재는 10년 전과 비교할 수 없을 정도로 편리한 도구가 있기에 오랜 시간이 걸리지 않도록 단계를 소화할 수 있게 됐어요. A씨는 DAY 1의 샘플로 이미 체감했을 거예요.

DAY 1의 샘플에서는 '매출을 늘린다'는 태스크를 위해 다음과 같은 사이클을 돌았어요.

> › **Get Data:** 필요한 매출 데이터를 수집한다.
> › **Choose Visual Mapping:** 제품 카테고리별 매출을 시각화한다.
> › **View Data:** 제품 카테고리별 매출 규모와 이익을 본다.
> › **Develop Insight:** 매출에서 중간 규모의 하위 카테고리 '탁자'의 이익이 적자라는 사실을 알았다.

- › **Act/Share**: 결과를 공유해서 이익을 개선하기 위한 행동을 촉구한다.

일련의 샘플을 진행하면서 중단할 상황은 없었어요. 태스크에 맞춰서 시각화 분석의 사이클을 멈추지 않고 실행해야 우리는 데이터를 활용한 의사결정을 한다고 할 수 있습니다.

A 스승님, 샘플의 내용은 다소 짧지 않았나요? 사이클을 한 바퀴 다 돈 것 같지 않아요.

M 잘 알아차리셨네요. 샘플에서는 Develop Insight 뒤에 다음 단계들을 재수행했습니다.

- › **Develop Insight(1)**: 매출에서 중간 규모의 하위 카테고리 '탁자'의 이익이 적자라는 사실을 알았다.
- › **Choose Visual Mapping(2)**: 탁자가 적자가 나는 원인을 알아내기 위해 지역이라는 항목을 추가하여 시각화했다.
- › **View Data(2)**: 지역별 매출을 본다.
- › **Develop Insight(2)**: 전국적으로 적자지만 특히 주부 지방을 중심으로 적자가 심하다는 사실을 알았다.

이 단계도 매우 중요하며 '매출을 늘린다'는 태스크의 효과적인 통찰이라 할 수 있어요.
시각화 분석의 사이클은 전체 단계를 깔끔하게 한 바퀴 다 돌아야만 하는 것은 아니며, 때론 되돌려서 각 단계를 왔다 갔다 하면서 수행하는 것이 중요합니다.

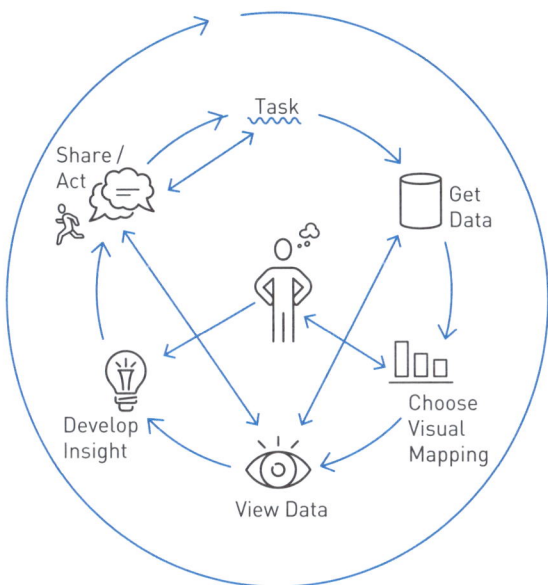

M 처음 정했던 태스크를 잊지 않고 많은 단계를 수행하는 건 사실 사고의 흐름을 따라간다 해도 매우 어려운 일입니다. 우리는 그때그때 주어진 자극에 의해 다양한 방향으로 사고를 발산하는 생물이에요. 시각 효과 분석 사이클을 돌 때 생각의 흐름을 따라 데이터에서 통찰을 많이 얻는 것도 중요하지만 '태스크를 위한 분석을 제대로 하고 있는지'를 살펴보는 일도 매우 중요해요. 이를 유념하며 최신 도구를 사용하면 Get Data에서 Develop Insight 까지의 단계는 다루기 쉬울 겁니다.

✅ 태스크를 결정하는 행동을 항상 의식한다(Act/Share)

M 태스크 외에도 또 하나 유념해야 하는 단계가 있어요. 바로 'Act/Share' 입니다. 이 단계에서는 데이터 분석으로 얻은 통찰을 바탕으로 사람의 행동

을 촉진시켜야 합니다. 데이터 활용에서 가장 중요한 부분이죠.

데이터 분석은 원래 사람의 호기심을 자극하면서도 재미있는 법이에요. 그래서 데이터에서 통찰을 얻는 시점에서 데이터 분석 태스크가 끝났다고 오해하는 사람들이 굉장히 많아요. 하지만 우리가 하려는 일은 데이터를 통해 의사 결정함으로써 실제 세계에 영향을 미치는 거죠. 따라서 이 'Act/Share' 단계가 없다면 극단적으로 말해서 데이터 분석을 하지 않는 것과 같아요.

샘플을 예로 들자면 주부 지방의 탁자 담당자에게 연락해서 우선 적자가 나는 상황을 이해하는지 확인하거나 이후의 대책을 생각하도록 해야겠죠.

A Act/Share는 언제나 필요한가요?

M 당연히 그렇습니다.

A 예외는 없나요?

M 네, 없습니다. 물론 대외비 정보를 누구에게 어디까지 공유(Share)할지 생각해볼 필요는 있어요. 하지만 태스크에는 최종 의사결정권자가 있기 마련이니 적어도 그 사람에게는 전해야겠죠. 그리고 행동을 할 사람(액터)들에게 공유해서 행동할 일들을 납득시키고 본인의 의지로 움직이도록 해야 돼요. 조직적인 프로젝트가 아니라 개인적으로 분석하는 경우에는 본인이 최종 의사결정권자가 되며, 공유받을 사람이자 행동을 할 주체가 되는 식으로 겸임하기도 하죠.

예를 들어 경마 데이터를 직접 분석한 후 결과를 보며 어느 말에 걸지 결정하는 건 분명히 행동과 결부된 거죠.

✓ 태스크가 예상을 빗나가는 경우도 있다

A 여러 분석을 해보고 '태스크 자체가 빗나갔다'고 여기게 될 경우도 있나요? 예를 들어 다음과 같은 상황입니다.

> **태스크**: 사내에서 최고의 매출 성적을 내는 영업부를 조사해서 베스트 프랙티스(best practice)를 배운다.
>
> **분석 결과**: 조사해보니 모든 영업부의 매출이 하락 상태다.

M   굉장히 좋은 관점이네요. 태스크에 맞춰 분석했는데 좋지 않은 결과가 나올 수도 있고 답을 얻지 못할 수도 있어요. 하지만 사실 그것도 중요한 인사이트(insight)입니다.

A   알아내지 못했는데도요?

M   그렇습니다. 태스크에서의 가설이 붕괴될 경우 그 결과를 있는 그대로 공유(Share)해야 해요. A씨가 말한 예를 들자면 '사내 어디에도 영업 성적이 좋은 부서가 없다'면 매우 심각한 문제입니다. 성장의 여지가 전혀 없어요. 한시라도 빨리 이 상황을 공유하고 어떤 대책을 세워야만(Act) 해요.
여기서 영업 조직 전체의 성적이 나쁘다는 사실을 기반으로 새로운 태스크를 고려할 수 있어요. 예를 들어 다음과 같은 예가 있지요.

> 영업 방식이 전반적으로 비효율적인지도 모른다(태스크).
>
> 취급 중인 제품에 문제가 있을 수도 있다(태스크).

이처럼 다음 시각화 분석 사이클 단계로 나아갑니다. 데이터는 우리에게 다양한 사실을 가르쳐주지만 한편으로는 데이터 그 자체이기 때문에 매우 정직해요. 사람처럼 완곡하게 말해주지 않아요. 하지만 결과가 나쁘다고 일부를 숨기거나 잊거나 못 본 척하면 데이터를 분석하는 의미가 없답니다.
데이터에서 예상과 전혀 다른 결과가 나와도 솔직하게 사실로서 받아들이거나 이해하고, 시각화 분석 사이클을 돌린 사람으로서 책임감을 갖고 주위 사람들에게 전하는 용기를 가져야 해요.
이를 게을리하면 태스크가 생겨도 아무런 반응도 일어나지 않는 상황이 만성화되어 데이터를 활용해봤자 도움이 안 된다는 딱지가 붙겠죠.
이제 시각화 분석 사이클을 수행하는 데 필요한 요점을 정리해봅시다.

> ❶ 각 단계를 간단히 조작하고 빠르게 응답함으로써 사고의 플로우가 단절되지 않도록 한다.
> ❷ 전체 사이클 한 바퀴를 완전히 돌지 않더라도 때론 앞 단계로 돌아오거나 몇 번이고 반복하면서 진행한다.
> ❸ 초기에 설정한 태스크를 잊지 않고 Act/Share를 실시한다.

2-3 사고의 플로우를 만들어내는 뇌의 구조를 파악하다

스승
(Master)
지금까지 시간이 오래 걸리거나 조작이 어려우면 사고의 플로우를 단절시키는 요인이 된다는 사실을 알게 되었습니다. 즉 사고의 플로우를 단절시키지 않으려면 간단하고 신속하게 결과를 내야 돼요.

✓ 기억을 구성하는 세 가지 요소

M 우선 기억의 구조부터 생각해봅시다.

심리학 분석에서 기억은 다음 세 가지로 구성돼 있다고 합니다

종류	기억 유지 기간	제한
감각 기억	200~500밀리초	다른 것과 비교해서 대체로 반응하는 속성이 정해져 있는 본능적이거나 직감적 기억
단기 기억	10~15초	대상에 따라 다르지만 동시에 대략 일곱 가지 정도를 기억할 수 있다.
장기 기억	최장 평생	개인의 기억력이나 경험에 의존

M 우리는 대부분의 경우 '기억'이라는 용어를 단순히 장기 기억으로 여깁니다. 하지만 사실 기억이란 이와 같은 특성으로 나뉘어요.

사고의 플로우에 깊이 들어갈 때 필요한 건 주로 감각 속성과 단기 기억이에요. 이 두 가지를 알아봅시다.

그럼 A씨는 다음 수식을 암산할 수 있나요? 머릿속으로만 계산하세요.

34×72 =

제자
(Apprentice)
음. 34×2=68이고 34×7은 4×7=28이니까 2가 한 자리 올라가고 3×7=21 이라서... 음, 2니까 23이 되고... 어...?

M 그럼 종이와 펜을 사용해서 계산해봅시다.

```
    34
×   72
━━━━━
    68
  2380
  2448
```

A 이러면 간단하죠.

M 똑같은 계산인데 걸리는 시간이 완전히 다르네요. 암산과 필기하면서 계산하는 건 어떤 차이점이 있을까요? 34×2는 매우 간단하죠. 하지만 7은 10의 자릿수라 기억할 내용이 늘어나요.

계산을 하거나 과거에 계산한 값을 기억해두는 장소는 단기 기억입니다. 단기 기억은 10초 정도의 시간 동안 기억할 수 있으며, 동시에 기억할 수 있는 수도 적어요. 회전이 빠르면서 용량이 적은 기억이죠.

암산이 어려운 이유는 과거의 계산 결과를 단기 기억에 잠깐 저장해둬야 하니까 가뜩이나 작은 단기 기억의 용량이 점점 부족해지면서 남은 공간 내에서 추가 계산을 해야 하기 때문이에요.

하지만 종이에 써서 계산하는 건 어떨까요? 간단하게 34×2=68을 계산한 후에 종이에 적어둡니다. 그렇기에 68이라는 숫자를 기억할 필요 없이 다음 계산을 진행할 수 있어요. 각각의 자릿수 계산을 마친 후 적어둔 숫자를 더하면 돼요. 하나하나의 계산 처리 자체는 똑같겠지만 기억 용량의 압박을 초래하지 않고 지금 실행하는 계산에 집중할 수 있죠. 이게 필산(筆算)의 장점이에요.

즉, 이건 '우리 몸 안의 기억'과 '외부의 시각적인 자극' 간의 훌륭한 상호 관계라고 할 수 있어요. 우리는 기억의 연쇄를 사용해서 다양한 요소를 고려하며 플로우를 만들어갑니다. 이 기억은 직접 아웃풋하여 외부의 자극으로 변환시켜요. 그러면 기억에서 지워도 문제없이 해당 자극(시각)을 접함으로써 언제든지 정보를 되찾을 수 있죠. 그리고 우리는 필요할 때 아웃풋된 자극을 통해 또 다른 생각의 흐름으로 몰입할 수 있습니다.

✅ 아웃풋된 데이터를 시각화하다

M 종이와 펜을 사용하면 쉽게 계산할 수 있었어요. 그건 A씨가 숫자를 쓰는 데 숙달돼 있고 곱셈을 할 수 있기 때문이에요.

그럼 데이터를 볼 때는 어떨까요? 우리 인간은 유감스럽게도 데이터를 집계하면서 그 크기를 파악하고 종이와 펜으로 정확한 그림을 그릴 수는 없어요. 따라서 종이와 펜 대신 전용 도구로 데이터를 시각화해야 해요.

예를 들어 다음 표를 봅시다. 매출 데이터를 카테고리와 지역별로 집계한 거예요. 하지만 집계했다고는 해도 이런 형태의 표로는 시각화를 해도 어떤 지역의 이익률이 좋지 않은지 찾아내기란 여간 어렵습니다.

카테고리	하위 카테고리	규슈, 시코쿠, 주고쿠 지방	간사이 지방	주부 지방	간토 지방	도호쿠 지방과 홋카이도
가구	탁자	-¥212,789	-¥532,935	-¥1,477,440	-¥330,882	-¥626,847
	의자	¥2,540,061	¥1,839,661	¥1,107,404	¥1,330,958	¥201,016
	가구	¥258,165	¥337,262	¥166,712	¥219,122	¥33,628
	책장	¥1,126,818	¥1,690,222	¥621,216	¥1,300,874	¥137,085
가전	복사기	¥1,686,005	¥1,268,973	¥740,358	¥840,967	¥381,164
	사무기기	¥397,466	¥788,779	-¥266,182	¥500,942	¥71,563
	전화기	¥411,877	¥455,248	-¥52,847	¥16,724	¥30,674
	부속품	¥716,234	¥741,390	¥404,536	¥282,973	¥85,787
사무용품	전용 컴퓨터	¥1,454,208	¥1,564,708	¥568,510	¥794,664	¥306,882
	클립	¥97,648	¥73,884	¥39,800	¥67,362	¥11,923
	바인더	¥197,432	¥160,146	¥98,102	¥50,532	¥24,356
	라벨	¥55,054	¥64,325	¥42,798	¥62,774	¥6,688
	화구	¥79,322	¥162,827	-¥100,593	¥90,424	-¥28,133
	종이	¥209,165	¥200,074	¥114,156	¥124,719	-¥17,851
	봉투	¥167,511	¥185,282	¥125,261	¥128,587	¥6,042
	문방구	¥187,084	¥171,057	¥136,901	¥110,074	¥31,722
	보관함	¥208,785	¥310,097	-¥55,208	-¥105,741	-¥21,174

• 매출 데이터만 집계했을 뿐이다

M 여기서 집계하자마자 적자인 부분에 색을 넣어봅시다. 적자가 난 장소를 찾지 않아도 알 수 있어요. 하지만 적자가 가장 많이 난 곳이 어디인지, 매출 규모에 비해 어떤지는 알 수 없습니다.

카테고리	하위 카테고리	규슈, 시코쿠, 주고쿠 지방	간사이 지방	주부 지방	간토 지방	도호쿠 지방과 홋카이도
가구	탁자	-￥212,789	-￥532,935	-￥1,477,440	-￥330,882	-￥626,847
	의자	￥2,540,061	￥1,839,661	￥1,107,404	￥1,330,958	￥201,016
	가구	￥258,165	￥337,262	￥166,712	￥219,122	￥33,628
	책장	￥1,126,818	￥1,690,222	￥621,216	￥1,300,874	￥137,085
가전	복사기	￥1,686,005	￥1,268,973	￥740,358	￥840,967	￥381,164
	사무기기	￥397,466	￥788,779	-￥266,182	￥500,942	￥71,563
	전화기	￥411,877	￥455,248	-￥52,847	￥16,724	￥30,674
	부속품	￥716,234	￥741,390	￥404,536	￥282,973	￥85,787
사무용품	전용 컴퓨터	￥1,454,208	￥1,564,708	￥568,510	￥794,664	￥306,882
	클립	￥97,648	￥73,884	￥39,800	￥67,362	￥11,923
	바인더	￥197,432	￥160,146	￥98,102	￥50,532	￥24,356
	라벨	￥55,054	￥64,325	￥42,798	￥62,774	￥6,688
	화구	￥79,322	￥162,827	-￥100,593	￥90,424	-￥28,133
	종이	￥209,165	￥200,074	￥114,156	￥124,719	-￥17,851
	봉투	￥167,511	￥185,282	￥125,261	￥128,587	￥6,042
	문방구	￥187,084	￥171,057	￥136,901	￥110,074	￥31,722
	보관함	￥208,785	￥310,097	-￥55,208	-￥105,141	-￥21,174

- 적자가 난 부분을 빨간색으로 표시한다

M 매출 크기를 기반으로 두 가지 색의 그라데이션으로 표시했습니다. 이렇게 하면 보는 순간 주부 지방의 '탁자'가 매출을 어느 정도 내고 있음에도 불구하고 가장 큰 적자가 난다는 사실을 알 수 있어요.

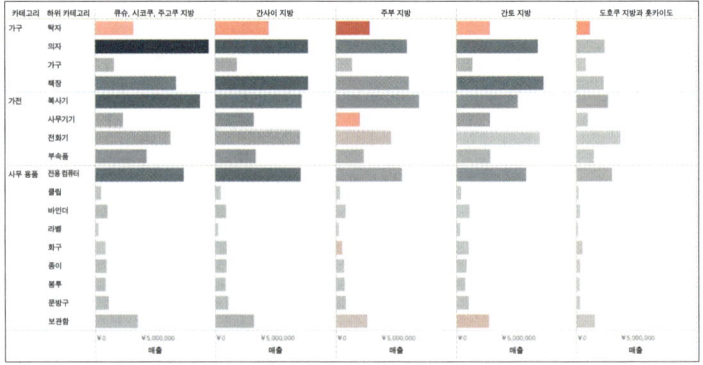

- 두 가지 색 그라데이션으로 표시한다

문제가 있다고 인지한 부분의 값을 알고 싶을 때가 있습니다. 그럴 때는 값이 궁금한 영역에 커서를 대면 확인할 수 있습니다.

- 커서를 대면 상세 내역을 확인할 수 있다

M 데이터를 이해하기 위해서는 이렇게 집계한 데이터를 시각화하고 아웃풋해서 외부의 자극으로 만들고 한층 더 사고를 깊게 해야 합니다. 데이터 분석 사이클로 말하면 Get Data에서 Choose Visual Mapping의 단계로 이어지는 구조예요.

오늘 A씨가 앞서 '데이터는 실제 수치를 보지 않으면 본 것 같지 않다'고 했지요. 확실히 어떤 상황에서는 그렇습니다.

시각화해서 보여줄 수 있는 건 상대적인 비교예요. 상대적인 크기 비교나 가장 큰 값과 같은 정보를 제공하기에 좋아요. 한편 크게 보이는 직사각형 막대가 어느 정도의 매출을 나타내는지, 1000엔인지 100억 엔인지는 수치를 직접 봐야 합니다.

하지만 이전부터 손으로 분석해온 사람들은 엑셀(Excel) 등의 차트 작성 기능을 통해 다음과 같은 풀로우에 익숙해졌어요.

'필요한 데이터의 범위 선택(Get Data) → 지정한 항목에서 수치 집계(리포트) → 집계값에 적절한 차트 타입 선택(Choose Visual Mapping)'

Get Data와 Choose Visual Mapping 사이에 불필요한 단계가 하나 더 들어간 걸 알 수 있을 겁니다. 우리는 가능한 한 원활하게 모든 단계를 거쳐야 하는데 여분의 단계가 섞여 있을 수 있어요.

또한 이와 같은 데이터 가시화 방법이 정착되었기 때문에 많은 사람은 시각화된 차트를 숫자로 표현한 표를 보충하는 덤과 같은 존재로 인식하고 있습니다. 즉 표 없이 그래프만으로 데이터를 표현하지 않고 반드시 표 근처에 배치하지요.

하지만 시각 효과를 효율적으로 사용하면 평상시보다 빠르게 인식하고 필요한 정보를 한눈에 읽을 수 있어요. 즉 그동안 덤이라고 생각했던 차트지만 필요한 만큼 수치를 살펴봄으로써 빠르게 이해할 수 있다고 생각을 전환해야 해요.

✓ 감각 기억 능력을 최대한 활용한다

M 종이에 계산하는 예에서 알아봤듯이 무리해서 단기 기억으로 전부 처리하긴 어려워요. 그렇기에 기억을 밖으로 꺼내면 재사용할 수 있다는 걸 배웠습니다. 데이터를 분석할 때 수치 하나만 보면 끝이 아니에요. 그래서 시각화의 힘을 사용해서 전체 규모나 상대적인 비교를 통해 상태를 이해하며 보는 데 집중하고 상세한 값은 선택하여 표시하면 이해하기 쉬워집니다.

하시만 사고가 플로우를 따라간다 해도 많은 내용을 단기 기억으로 처리하긴 어려워요. 거기서 우리는 이야기의 힘을 사용해서 과거에 봐온 많은 부분을 하나의 흐름으로 기억하는 거죠.

스토리의 다음 전개를 만들기 위한 외부 자극은 제한된 단기 기억의 용량을 가능한 한 소비하지 않는 방법으로 받아들여야 해요. 아웃풋을 이해하는 데 시간을 들이면 다시 단기 기억을 이용하게 되므로 지금까지 생각해 온 사고의 플로우가 무산되어 버리기 때문입니다. 여기서 감각 기억을 활용해서 단숨에 아웃풋을 이해하도록 해야 해요.

✅ 감각 기억을 움직이는 10가지 전주의적 속성(Preattentive Attribute)

A 감각 기억은 본능적인 직감인 거죠? 스스로 제어할 수 있나요?

M 감각 기억은 의식하지 않아도 인식할 수 있는 무의식적인 반응이에요. 따라서 A씨 말씀대로 스스로 의식해서 감각 기억을 조절할 수 없어요. A씨는 이미 감각 기억의 힘을 체험했답니다. 2-1에서 했던 '3'을 세는 게임에서 어떤 일이 일어났나요?

A 3을 빨갛게 표시했던 쪽을 빠르게 셀 수 있었죠.

M 색이 칠해져 있으면 세기 쉬웠지요. 이 무의식적인 반응을 불러일으키는 건 당연히 단기 기억이에요. 색의 힘, 즉 시각 효과는 감각 기억을 움직이는 힘을 가지고 있습니다.

감각 기억을 움직이는 시각 속성은 색깔만이 아니라 몇 가지 더 있다고 알려져 있어요.

뇌과학 분야에 여러 가지 설이 있지만 대표적으로 열 가지 분류로 나눈 전주의적 속성의 예를 소개하겠습니다.

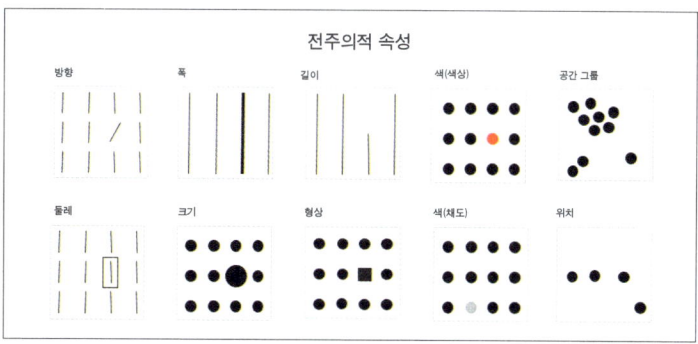

• 전주의적 속성

M 이 속성들을 잘 합쳐서 알고 싶은 내용을 표현할 수 있다면 감각 기억을 통한 빠른 인식과 단기 기억을 통한 깊은 통찰의 조합을 통해 사고의 플로우에 몰입할 수 있어요.

✓ 전주의적 처리의 강도 차이

M 전주의적 속성은 어느 것이든 하나만으로도 감각 기억을 움직일 수 있는 시각 속성이에요. 하지만 전주의적 속성에는 강도가 있습니다.

A 시각 속성의 세기인가요?

M 실제로 어떤 영향이 있는지 봅시다. 이미지 몇 개를 표시해볼 테니 어떤 것이 있는지 대답해주세요. 이미지는 가능한 한 짧게 보세요.

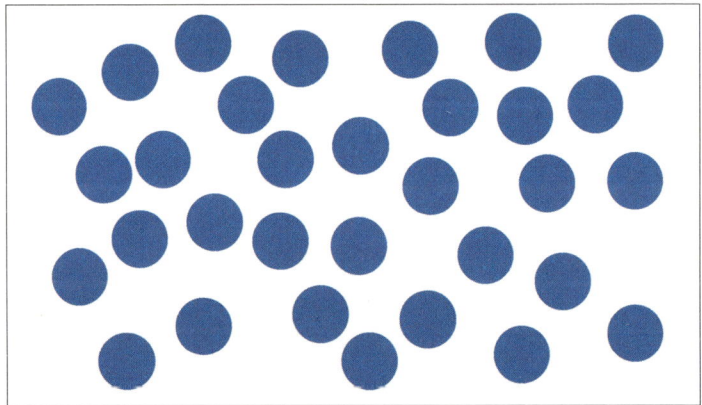

• 그림 1

A 제가 보기엔 파란 원이 가득했어요.

M 모두 같은 색과 모양의 도형이 나란히 있죠. 자, 다음에는 다른 시각 속성을 섞어볼게요. 다른 색깔을 찾을 수 있나요?

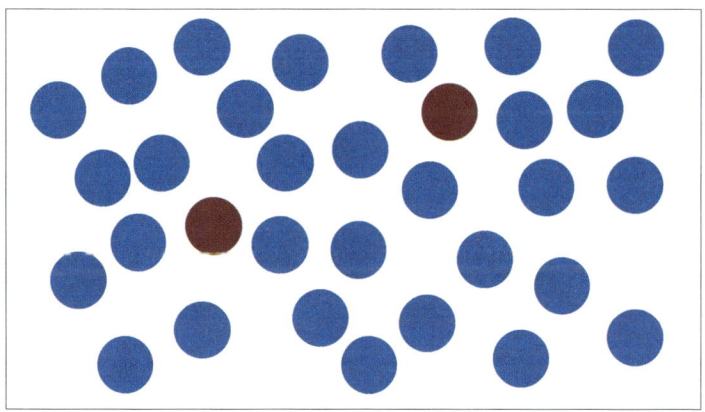

• 그림 2

A 물론이죠. 빨간색 원이 있어요.

M 그럼 여기선 다른 모양을 찾을 수 있나요?

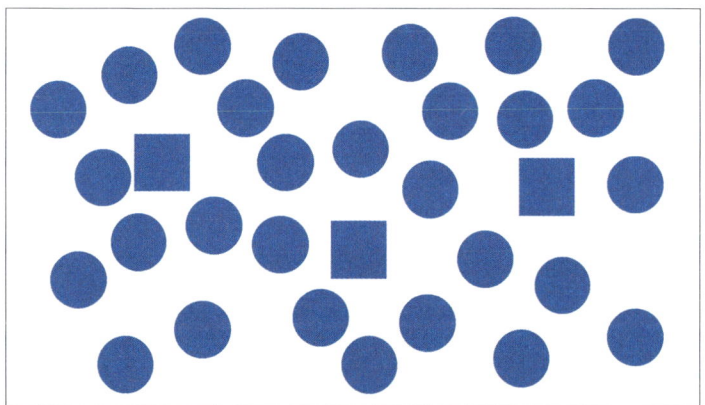

• 그림 3

A 사각형이 섞여 있었던 것 같지만… 정말 그랬는지 확신할 수 없어요.

M A씨가 느낀 그대로예요. 모양이 다른 건 분명하지만 '파란색과 빨간색', '원형과 사각형' 중에서는 확실히 색깔을 더 빨리 구분할 수 있죠. 이처럼 무의식적으로 인식할 수 있는 시각 속성에는 눈에 들어오는 시점의 반응 속

도에 차이가 납니다. 따라서 전달하려는 스토리에 맞게 가장 적절한 요소를 제일 강한 시각 속성으로 전달해야 합니다. 자, 그럼 하나만 더 볼게요.

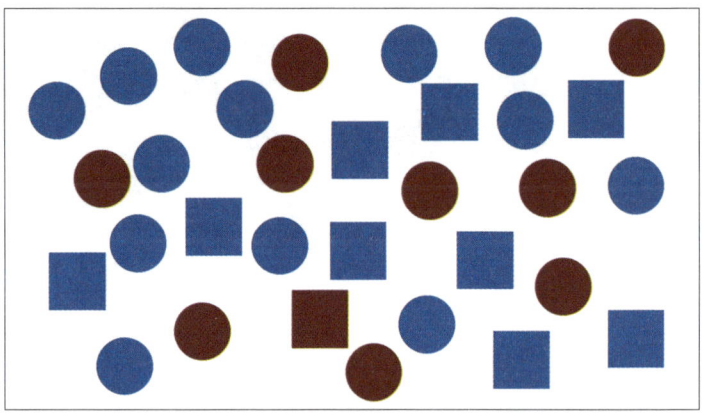

・그림 4

M 이 안에 빨간 사각형이 있었나요?

A 음, 있었던 것 같아요.

M '파란색과 빨간색'으로 이뤄진 색상과 '원형과 사각형'으로 이뤄진 형상이라는 두 가지 시각 속성을 동시에 적용한 이미지를 봤어요. 시각 속성은 겹쳐지면 확실한 차이를 구별할 수 없습니다. 시각 속성을 여러 개 적용하여 복잡한 패턴으로 구성하면 읽고 해석하기 어려워지죠.

안타깝게도 시각 속성을 너무 많이 넣으면, 모처럼 시각 효과를 반영했는데 오히려 이해하기 더 어려워지는 경우도 많아요. 숫자로 구성된 표를 최고로 치는 문화와 마찬가지로 시각 속성의 사용법을 모르기에 이해하기 어려운 차트가 만연하고 있는 상황도 좀처럼 데이터 시각화가 확산되지 않는 원인 중 하나라고 할 수 있습니다.

자, 그럼 이 시각 속성으로 어떻게 Choose Visual Mapping을 하고 데이터를 시각화할지 생각해봅시다.

이전에도 말했듯 시각 효과를 넣는 도구는 A씨가 선택하기 마련이지만,

참고를 위한 예로 태블로의 편집 화면을 살펴보겠습니다.

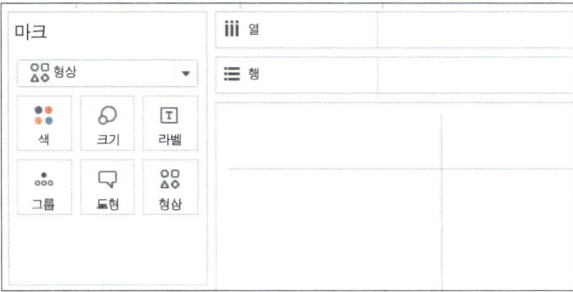

• 태블로의 편집 화면

M 열이나 행으로 위치를 정의할 수 있어요. 또한 색상(색/채도), 크기, 형상 등의 시각 속성을 직접 정의할 수 있는 기능이 있습니다. 이제 세 가지 예시로 시각 속성 노출 방법의 차이를 확인해보겠습니다.

> ❶ 색 vs 형상
> ❷ 크기 vs 길이
> ❸ 위치 vs 색

✓ 노출 방법의 차이 – ① 색 vs 형상

M 방금 전에는 간단한 이미지를 사용하여 색과 형상에 대한 반응의 차이를 확인했어요. 여기서는 데이터 시각화 방법 중 색과 형상을 비교해봅시다. 다음 그림은 매출과 이익의 상관관계를 각각의 카테고리별 상품을 산 고객 단위로 집계한 값을 표시한 산포도예요. 둘 다 나타내는 바는 같지만, 카테고리를 나누는 속성인 ❹는 색이고 ❺는 형상입니다.

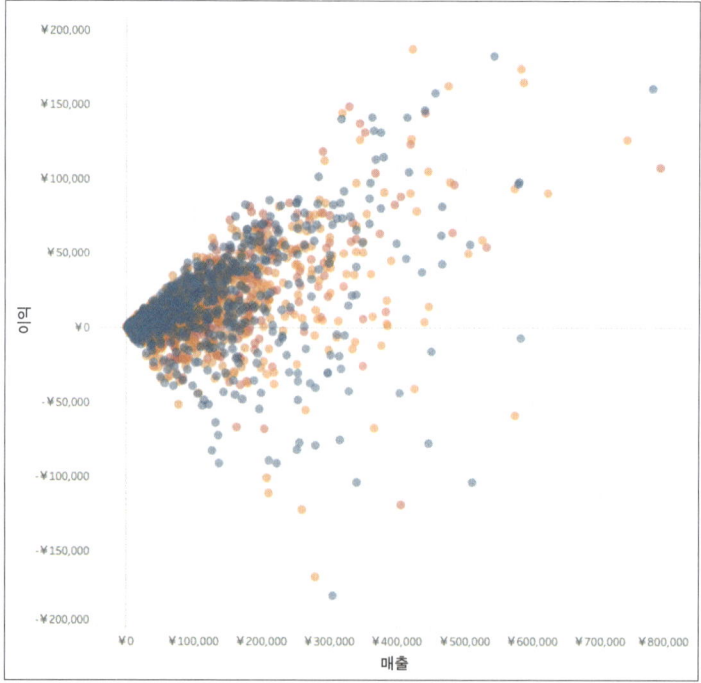

- ❹ 색으로 구분해서 표시

DAY 2 시각화 분석

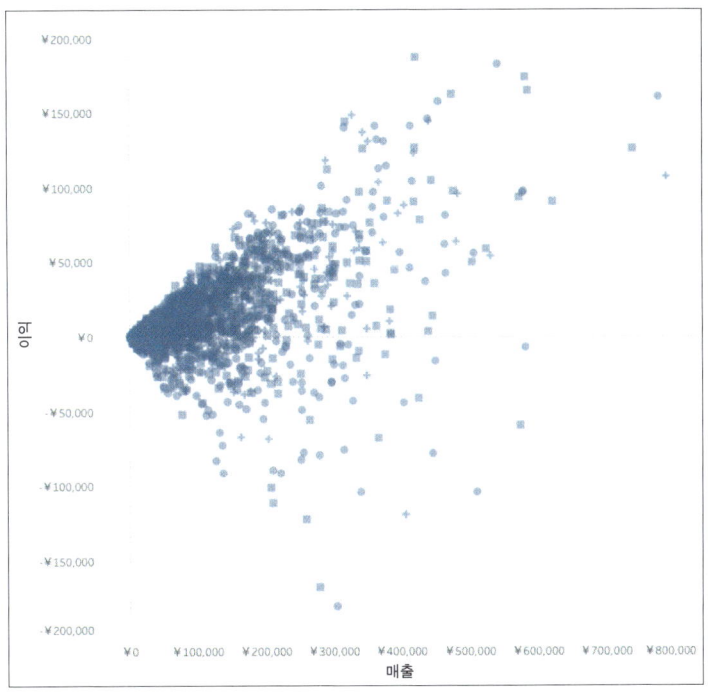

• ❸ 형상으로 구분해서 표시

M 양쪽 다 점의 개수가 많다 보니 앞에서 설명한 그림과 같이 정확히 무엇이 어디에 있는지 파악하기 어려워요. 하지만 카테고리가 색❹로 표시되어 있으며 파란색은 매출 대비 이익이 다른 색에 비해 높고(파란색 아래쪽에 주황색이나 붉은색이 분포돼 있다) 비교적 매출이 낮더라도 훨씬 이익을 올리기 쉬운 경향을 보인다는 걸 알 수 있죠.
이러한 경향을 형상❸에서도 확인할 수 있나요?

A 바깥쪽으로 흩어져서 분포되어 있는 형상에 대해서는 확인할 수 있지만, 어디쯤에 어떤 형상이 많은지 등과 같은 경향은 볼 수 없네요.
하지만 스승님, 형상을 사용해도 이렇게 하면 색상으로 볼 때보다 경향이 더 잘 보일 것 같아요. 겹쳐서 보이지 않는 부분도 표시할 수 있지 않을까요?

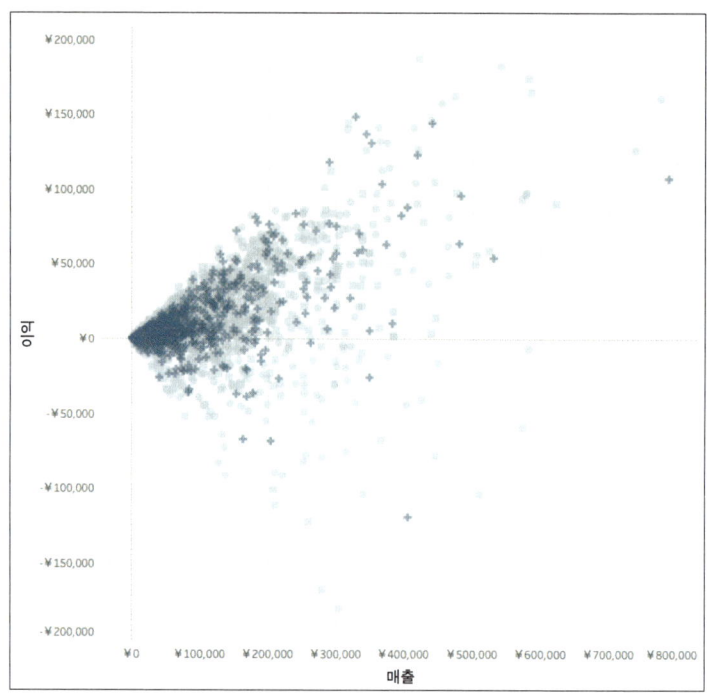

- ⓒ 형상으로 구분하여 하이라이트 표시

 M 하이라이트를 활용하다니 멋지군요. 일부 도구에서는 이처럼 궁금한 카테고리를 일시적으로 선택해서 원하는 만큼 강조하는 하이라이트 기능을 쓸 수 있지요.
   하지만 A씨는 이걸 '형상'의 시각 속성으로 인식하나요? +자 형상을 본다기보다는 주위에서 반짝이는 듯이 보이는 부분, 즉 뒤보다 짙은 파란색으로 표시된 부분을 식별하고 있는 건 아닌가요?
 A 확실히 형상이 아니라 색의 차이 때문에 빛이 나는 것 같네요.
 M 한 가지 다른 점이 있다면 (A)의 예에서는 '색'을 사용해서 식별하지만 (C)의 예에서는 '색의 채도'를 활용한다는 점이겠지요.
   하지만 A씨의 제안과 도전은 훌륭해요. 중요한 건 지금 자신이 보고 있는 게 어떤 시각 속성으로 구성되어 있는지 항상 생각하는 겁니다. 초기에는 의식적으로 반복해야 하지만 점차 무의식적으로 인식할 수 있게 됨으로써 직접 시각 속성을 선택할 때 반드시 도움이 될 거예요.

✓ 노출 방법의 차이 - ② 크기 vs 길이

M 그럼 수치를 표현할 때 사용하는 크기와 길이의 차이에 대해 살펴보겠습니다. 매출의 크기를 더 정확하게 보고 싶은 경우 크기와 길이 중 어느 쪽이 더 적절하다고 생각하나요?

A 음, 길이라면 감이 잡히지 않는데 크다, 작다를 표현하기에는 역시 크기 쪽이 적합할 것 같네요.

M 그럼 카테고리별 매출을 크기로 표현해봅시다.

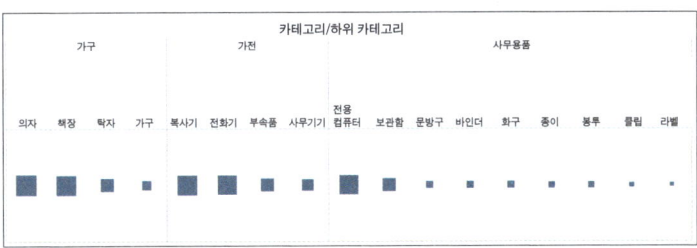

• ⓐ 크기의 예

M 이 중에서 가장 매출이 큰 하위 카테고리는 무엇인가요?

A 음, 의자인지 복사기인지 전용 컴퓨터인지 잘 모르겠어요. 자세히 보면 책장 값도 꽤 크기 때문에 책장과 전용 컴퓨터 중 어느 쪽 값이 더 크냐고 하면 또 어려워지네요.

M 그럼 길이로 봅시다.

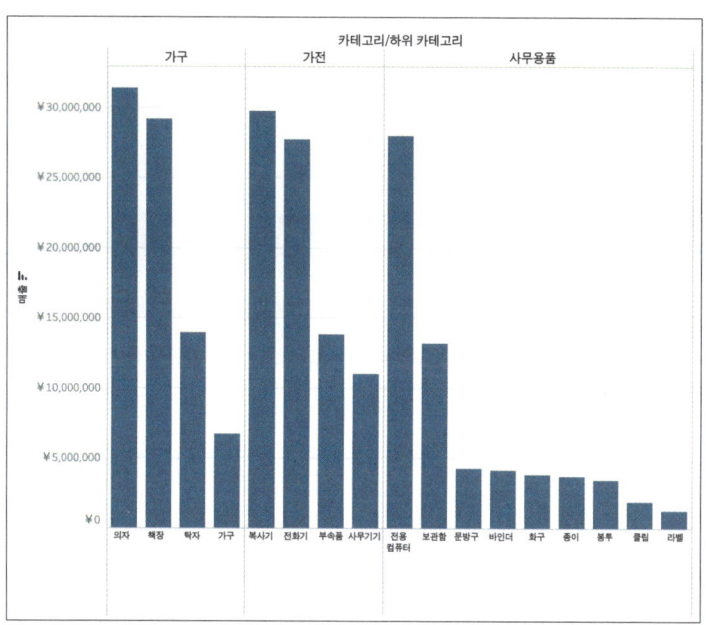

• ❸ 길이의 예

M 어느 값이 가장 큰가요?

A 의자네요. 더할 나위 없이 명확합니다.

M 2D 그래프면 면적으로 크기를 표현해요. 즉, 두 개의 변으로 이뤄진 도형의 채워진 부분을 눈으로 보고 측정해야 하죠.

길이는 한 변의 길이만 비교하면 돼서 단순하고 육안으로 측정하기 쉬워서 크기를 정확히 비교할 때 유용한 수단입니다. 게다가 길이로 보니 가장 큰 값을 알 수 있는 데다 크기를 꽤 정밀하게 볼 수 있어서 '부속품은 전화기의 절반 정도 길이'임을 알 수 있어요. 크기의 예에서는 절반 크기의 사각형을 찾는 데 상당히 난이도가 높았죠.

✅ 노출 방법의 차이 – ③ 위치 vs 색

M 그럼 수치를 표현할 때 사용하는 다른 패턴도 살펴봅시다. 위치와 색이에요. 매출의 크기를 보다 정확하게 보고 싶다면 위치와 색 중 어느 쪽이 적절하다고 생각하나요?

A 위치인지 색인지 감이 잘 안 잡히네요.

M 우선은 생각해보는 게 중요해요. 바로 답을 아는 것보다 더 깊이 있게 배울 수 있어요.

A 알겠습니다. 그렇군요. 역시 방금 전의 예에서도 색이 최고였다 보니 색이 아닐까 싶어요.

M 그럼 우선 색으로 매출을 표현하는 예를 봅시다. 매출이 가장 높은 하위 카테고리는 어떤 걸까요?

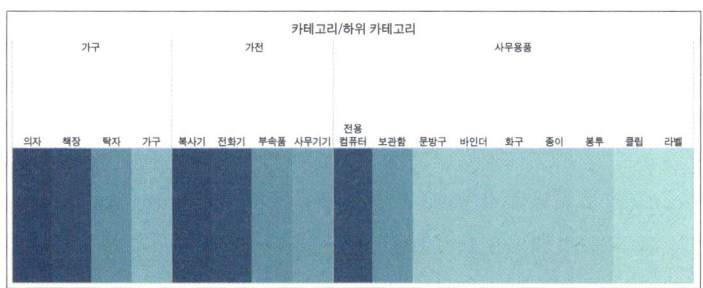

- Ⓐ 색의 예

A 의자네요. 아, 색으로 매출을 표현하면 이렇게 되는군요.

M 각 카테고리를 나눌 때는 색 중에서도 색상을 사용합니다. 파란색, 주황색, 빨간색과 같이 사람의 눈으로 인식할 수 있는 RGB의 조합을 사용해서 명확하게 다른 계통의 색임을 인식할 수 있도록 합니다.

하지만 예에서는 색의 채도, 즉 같은 계열의 색인 파란색의 농담으로 표현하여 진할수록 큰 값으로, 옅을수록 작은 값으로 표현합니다.

A   역시 색이 가장 알아보기 쉽네요.

M   그런가요? 위치로 표현한 예도 확인해봅시다.

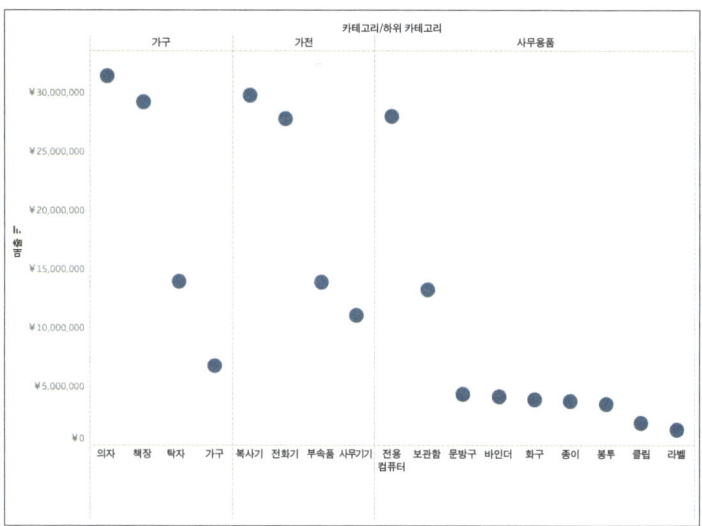

• ❸ 위치의 예

M   채도로 표시한 예시에서는 가장 큰 값을 구분했었는데, 문방구와 봉투의 매출 차이는 어느 정도인지 인식할 수 있었나요?

A   확실히 미묘한 값의 차이는 위치로 더 정확하게 판단할 수 있군요. 위치도 좋긴 하지만 저는 길이로 표현한 막대 그래프가 위치 예보다 더 알아보기 쉬웠습니다. 그렇다면 길이가 가장 좋은 시각 속성인 걸까요?

✓ 가장 적절한 시각 속성은 내용과 상황에 따라 항상 다르다

M   봐야 할 시각 속성을 강조하려고 각각의 특징을 알기 쉬운 예로 보여드렸어요. 하지만 사실 길이를 표시한 막대 그래프는 위치의 요소도 다분히 포함하고 있지요. 위치를 조정하지 않고 길이만으로 정확하게 비교할 수 있는지 확인해봅시다.

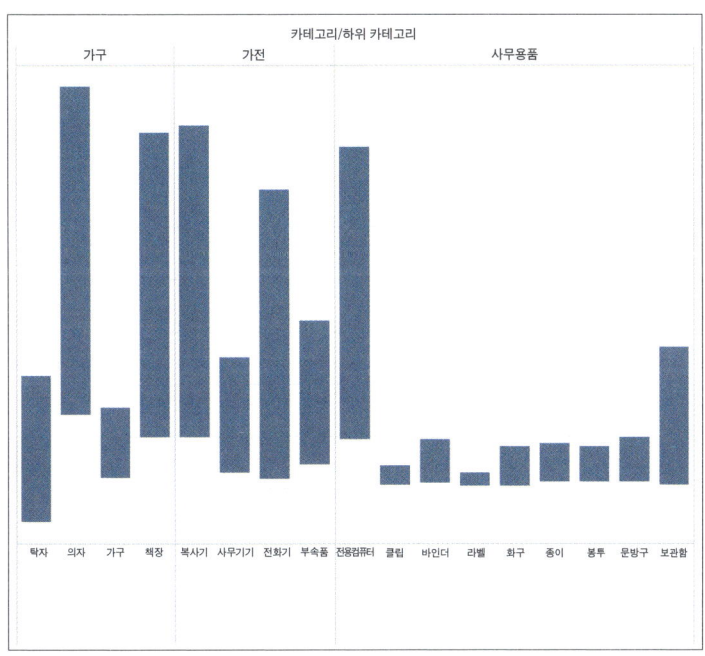

- 길이만으로 표시한다

A 우와! 이건 뭔가요? 이걸로는 뭐가 뭔지 전혀 모르겠어요.

M 왜일까요? 길이는 꽤 정확하게 크기의 차이를 표현할 수 있을 텐데요.

A 그건요. 이 들쭉날쭉한 느낌이 보기 힘들게 해요.

M 그렇습니다. 더 정확하게 표현하자면 시작하는 위치가 나란히 있지 않기 때문에 측정하기 어려워요.

시작 위치를 똑같이 맞추면 다음과 같습니다.

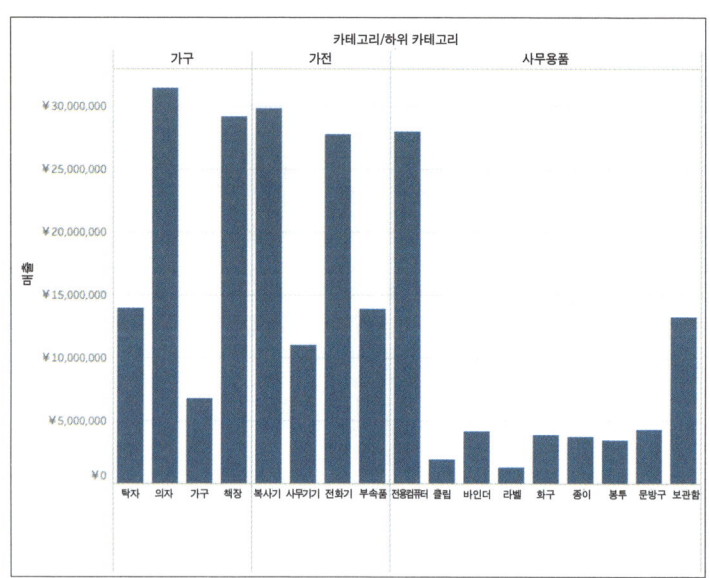

- 시작 위치를 맞춘다

A 매출이 내림차순 정렬되어 있지 않았던가요?

M 그렇습니다. 정렬은 위치를 정의하는 거예요. 다양한 시각 속성이 위치에 따라 자신의 영향력을 더욱 높인다고 할 수 있겠네요.

위치는 지금까지 봐온 모든 예제 안에 있었어요. 그려진 시점에 이미 위치를 정의하고 있다고 말할 수 있거든요. 예제로 알 수 있듯, 위치는 다른 시각 속성을 돋보이게 하여 더 알기 쉽게 표현합니다.

A 그럼 위치는 가장 강력한 시각 속성이겠네요.

M 위치는 먼저 살펴본 예처럼 한 개의 차트 내에서 크기를 표현하는 데 쓰이기도 하고, 여러 차트의 집합체인 대시보드 레이아웃에도 영향을 줍니다. 데이터 시각화의 종류와 상관없이, 일반적인 레이아웃 디자인(웹 사이트나 포스터)을 보고 사람의 시선이 처음에는 어디를 보는지 등과 같은 연구가 별도로 이뤄지는 또 다른 분야입니다.

일반적으로 사람의 눈은 왼쪽 위부터 순서대로 아래로 내려간다고 하지요. 그럼 다음 두 개의 예에서 처음으로 눈이 가는 데가 어디인가요?

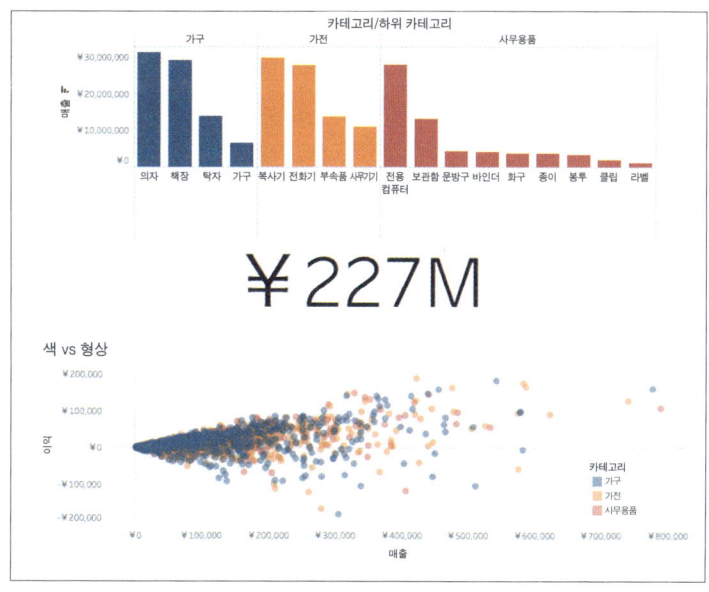

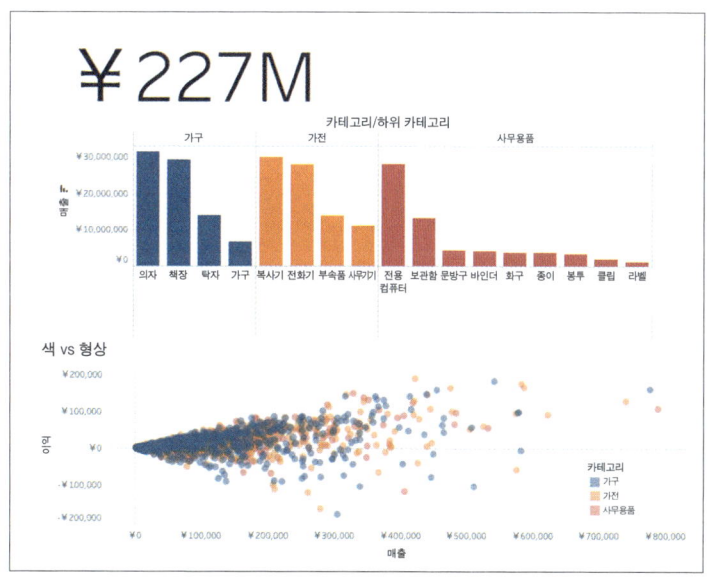

A ¥227M이군요.

M 그럼 어떤 ¥227M이 더 강렬하게 보이나요?

A 왼쪽 상단보다 가운데에 있는 쪽이 눈에 더 잘 띄는 것 같아요.

M 그럼 다음 두 개의 이미지에서 먼저 눈에 띄는 건 어느 쪽인가요?

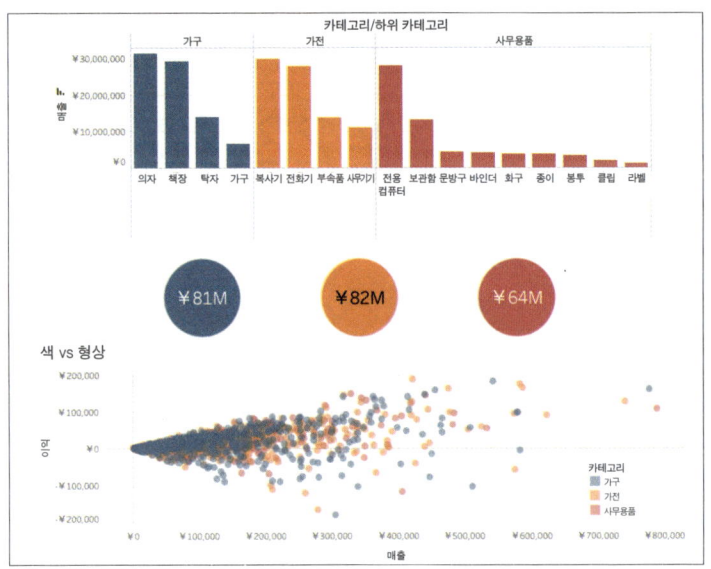

DAY 2 시각화 분석

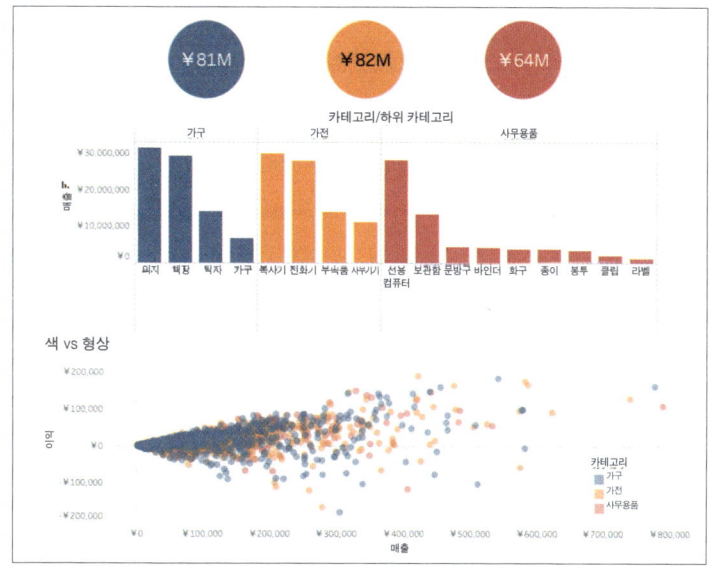

A 처음에는 막대 그래프가, 두 번째는 위의 원형 세 개가 눈에 띄네요.

M 자, 두 번째 예에서 A씨는 양쪽 다 이미지의 위부터 봤어요. 위치가 잘 적용되었기 때문이에요. 하지만 첫 번째 예에서 위치와 무관하게 '¥227M'이 먼저 보였다고 했죠. 이건 문자의 힘이에요.

A 스승님은 숫자로 구성된 표를 좋아하지 않으시나요?

M 숫자표를 부정하지는 않아요. 써야 할 때 쓰는 거지, 모든 걸 숫자표로 표현하려는 게 잘못된 거죠. 다시 말씀드리면 이건 단순한 숫자가 아니라 시각 속성이 숨어 있어요. 그 속성이 무엇이라고 생각하세요?

A 음, 글씨가 필요 이상으로 컸던 것 같아요.

M 맞아요. 크기 속성이 들어갔죠. 숫자를 크게 하거나 굵게 배치하면 상당한 임팩트를 준다고 합니다. 제목을 큰 글씨로 설정하는 것도 여기에 기인해요.

A 잠깐만요. 그럼 크기가 위치보다 영향력이 더 큰 건가요? 그렇다면 크기는 길이보다 약한가요? 그럼 길이가 제일 강력한 건가...? 아니지, 그럼 길이

151

보다 위치가 우위에 있고…

M   먼저 '속성끼리 비교해서 서로 이기고 진다'라는 개념을 버려 봅시다. 예시를 하나 더 보겠습니다. 하위 카테고리별 매출을 색과 위치로 표현했지만 이번에는 아주 좁은 공간에 표현해볼게요.

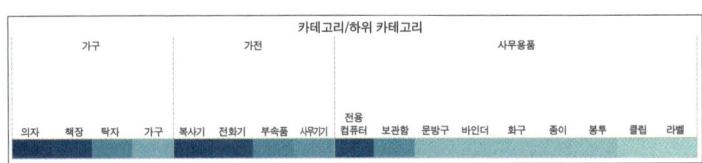

• 색으로 표현

• 위치로 표현

A   색은 정확히 알아볼 수 있지만 위치가 찌그러져서 뭐가 뭔지 모르겠네요.

M   위치를 고려해서 크기를 표현하려면 어느 정도 포용할 수 있는 공간이 있다는 걸 전제로 해요. 하지만 색이라면 이렇게 좁은 공간 안에서도 어느 정도는 크기를 표현할 수 있습니다.

즉 A씨가 전하고자 하는 내용과 상황에 따라 어떤 시각 속성을 어떻게 사용할지가 달라집니다.

A씨가 했던 '가장 강력한 시각 속성은 어떤 건가'란 질문에 대한 답변은 상황에 따라 모두 강력해질 수 있는 가능성을 가진다고 할게요. 일률적으로 최강의 속성이라 정해진 건 없어요. 그렇다면 우리는 굳이 이 시각 속성을 시간을 들여 배울 필요 없이, 항상 이 중 하나만 쓰거나 자동으로 만들어내도록 해야 해요. 하지만 데이터 시각화는 스토리를 기반으로 자신의 의지로 골라내야 하며, 간단히 승패를 가릴 수 있는 건 아니라는 점을 유념해두세요.

✓ 기본적인 지식으로 시각화에 대해 이해하다

A   시각 속성을 고르는 건 힘들 것 같네요. 사용해야 한다는 건 알겠지만 직접 선택할 수 있을지 의문이 들어요. 이제 이 영역은 디자이너에게 맡기는 편이 나을까요?

M   세상에 공헌하고 계시는 여러 디자이너분들이 배운 지식은 훌륭하지만 A씨가 지금부터 전문 디자인 지식을 알 필요는 전혀 없어요.

우리는 지금 모든 세계인이 익혀야 할 데이터 문해력이 어떤 건지 생각하는 여로에 있다는 점을 평소에도 잊지 않길 바랄 뿐이에요. 따라서 기본만 알고 있으면 됩니다.

제 목표는 데이터가 전하는 인사이트를 간단하게 읽고 쓸 수 있는 방법을 모두에게 전하는 거예요. 데이터를 예술적으로 표현하는 장르도 있는데, 그전에 누구나 짚고 넘어가야 할 기본적인 내용에 대해 이야기해봅시다.

2-4 데이터에 맞춰 시각 속성을 능숙하게 활용하다

스승 (Master) 자, 전 A씨를 위협하려고 이 부트캠프를 개강한 게 아니에요. A씨는 디자이너가 될 필요는 없지만 알아야 할 기본적인 수준을 확인하기 위해 시각화 분석의 'Choose Visual Mapping'을 실천할 수 있는 요점을 짚어보겠습니다.

제자 (Apprentice) 뭐든 파고들어가 볼게요!

M 좋은 자세예요.

✓ 데이터의 세 가지 유형

M 눈대중으로 적절한 시각 속성을 선택하려면 데이터에 세 가지 유형이 있다는 점을 알아봅시다. 이들 유형에 따라 데이터 항목을 분류할 수 있어요.

A DAY 1 때 배운 '4W'인가요?

M 그것과는 다르지만, 둘 다 알아두면 각각 분류할 때 도움이 돼요. 우선 예를 봅시다.

데이터 유형	데이터 예	구체적인 사례
범주형	지역	아시아, 유럽, 북아메리카
	차	도요타, BMW, 페라리
	음료수	와인, 맥주, 물
순위형	금속	금, 은, 동
	우열	매우 좋다, 좋다, 나쁘다
	높이	고, 중, 저
수치형	무게	10kg, 25kg, 100kg
	가격	100엔, 1270엔, 3450엔
	온도	-12℃, 3℃, 45℃

• 세 가지 데이터 유형

M 데이터는 범주형, 순위형, 수치형, 이렇게 세 가지 유형으로 구분할 수 있어요. 차원과 측정값으로 분류하면 이해하기 쉽습니다. 측정값으로 집계되는 대상인 수치 항목은 '수치형'이에요. 그 외의 차원은 정성적이며, 이는 개별 구분되는 범주형과 각각 구분되면서도 순서의 개념을 가진 순위형으로 나뉩니다. 예시에서 '금, 은, 동'은 하나하나 구분되지만 메달을 상기하며 금 다음은 은, 그 다음은 동이라는 순서를 떠올리게 되죠. 보자마자 '금, 은, 동'을 메달 순서로 떠올리는 사람은 드물 거예요.
샘플의 슈퍼스토어 데이터로 구분하면 다음과 같아요.

> **범주형**: 카테고리, 고객명
> **순위형**: 주문일, 출하 유형(빠른 배송 > 특급 배송-1단계 > 특급 배송-2단계 > 일반 배송)
> **수치형**: 매출, 이익 등

✅ 전주의적 속성과 데이터 유형의 상성

M 데이터의 유형에는 저마다 어울리는 시각 속성이 있어요. 데이터를 유형별로 분류할 수 있으면 분류한 유형과 궁합이 잘 맞는 시각 속성을 선택하면 됩니다.
범주형은 서로 연결돼 있지 않고 별개이기에 표현 방식이 달라야 합니다. 수치형은 양을 표시하기 때문에 대소를 표현하기에 어울리는 것이 좋아요. 순위형은 각각 개별적이어서 범주형처럼 확실하게 구분해도 되고, 순서를 표현할 수 있는 그라데이션을 활용한 표현도 좋습니다.

데이터 유형	궁합이 좋은 대상
범주형	형상, 색상
순위형	위치, 크기, 채도, 색상, 형상
수치형	위치, 길이, 크기, 채도

• 잘 맞는 전주의적 속성

M 순위형은 알맞은 시각 속성이 많아요. 예를 봅시다.

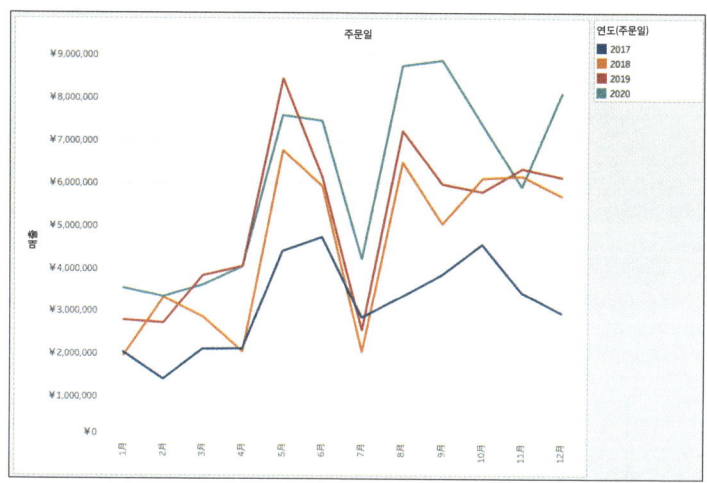

- 연도를 색으로 표시

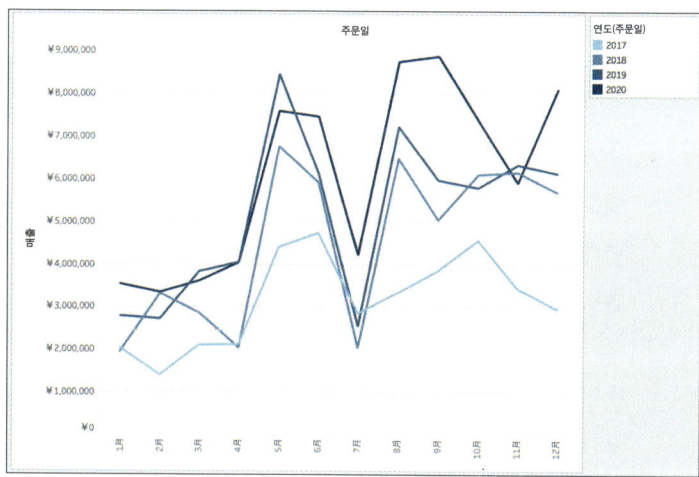

- 연도를 채도로 표시

M 모두 궁합이 좋으니 어떻게 표시하든 위화감이 없죠.
A 양쪽 다 적절하다고 하시니 어느 걸 선택해야 더 좋을까요?
M 양쪽 다 좋은 표현 방법이지만 '보기 쉽게' 느껴지는 포인트가 있다는 점에 주목하기로 해요.

색으로 표현된 연도는 하나하나가 뚜렷하게 구분되어 식별하기 쉽죠. 채도로 표현하면 비슷한 색이 겹쳐서 표시되어 2018년과 2019년을 구분하기 어려워집니다. 네 개면 아직 식별할 수 있을 것 같지만 더 늘어나면 1년마다의 색깔 차이가 더 애매해져서 분간하기 어려울 거예요. 따라서 색상 표현은 각 연도의 경향 차이를 명확히 구별하여 비교하기에 적당합니다.

채도로 표현된 연도는 차이를 알아보기가 어렵지만 색상이 점점 짙어지기 때문에 순서를 표현하기 좋지요. 예시에서는 '옅은 색은 옛날, 짙은 색은 최근'이라는 사실을 범례를 보지 않아도 알 수 있습니다. 색으로 표현된 선은 무슨 색이 어떤 해인지 색의 범례를 보기 전까지는 알아볼 수 없어요. 각 연도를 표시하는 색이 무엇인지 범례와 선 그래프 사이를 왔다 갔다 하면서 확인해야 합니다.

선이 더 많아지면 어떨까요? 다음은 도쿄의 1970년 1월~2019년 12월까지 50년간의 월평균 기온 추이를 나타낸 것으로, 연도를 색으로 표현했어요. 데이터는 다음 사이트에서 다운로드했습니다.

> » **과거 기상 데이터 다운로드(기상청)**: https://www.data.jma.go.jp/gmd/risk/obsdl/index.php

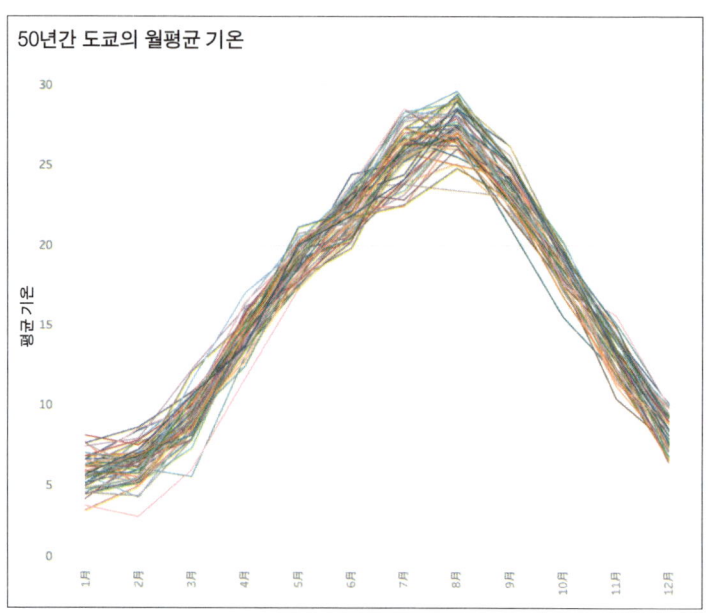

- 50년간 도쿄의 월평균 기온(색)

A 어휴, 보기가 어렵네요.

M 선이 겹쳐지면 일일이 식별하기 어렵습니다. 그럼 채도로 표현하면 어떻게 될까요?

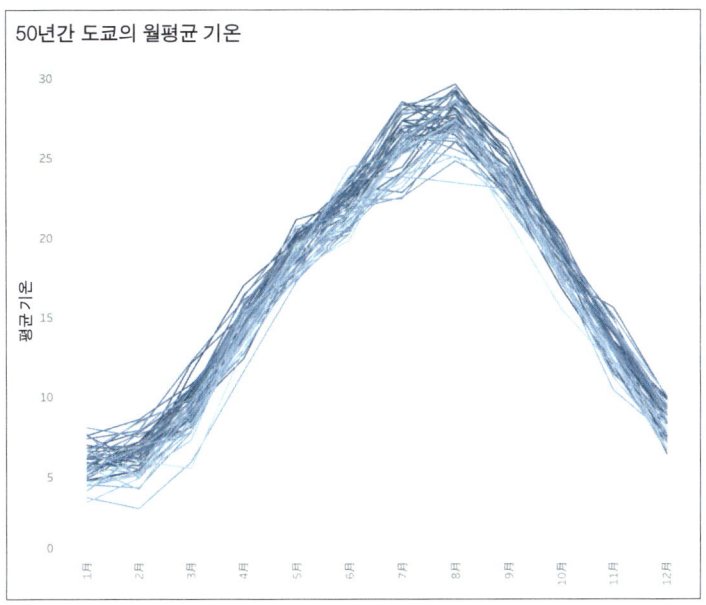

• 50년간 도쿄의 월평균 기온(채도)

A 선이 겹쳐 있긴 하지만 지저분하다는 느낌은 들지 않네요.

M 같은 계열의 색이라 통일감이 있고 선 하나하나가 겹쳐져 있다기보다는 한 개의 파란 띠같이 보일 수 있어요.

50개의 선을 한 개씩 구분하긴 어렵지만 띠 속에서 추세가 보이나요? 아래쪽에 옅은 색이 있고 위쪽으로 갈수록 짙은 파란색이 배치되어 있지요. 즉, 해를 거듭할수록 기온이 높아지는 경향이 있다고 할 수 있죠. 최근의 온난화를 나타내는 거예요.

이처럼 채도로 표현함으로써 순서 정보 없이 집어넣어 선의 수가 구분할 수 없을 정도로 많아져도 전체적인 경향으로 보일 가능성도 있습니다.

전달하고 싶은 내용과 표시할 데이터에 맞춰서 시각 속성을 선택할 때마다 어떤 표현이 적절한지 생각해보면 좋겠어요.

✓ 컨텍스트를 이용하여 시각 속성을 더하다

A 시각 속성을 사용한 예제들을 다양하게 살펴봤지만 기본적으로는 위치 외의 시각 속성은 단순하게 한 가지만 사용하는 편이 좋을까요?

M 어떨까요? 다음 산포도는 과일의 매출과 이익의 상관관계를 나타낸 거예요. 어떤 색이 어떤 과일인지 알 수 있나요?

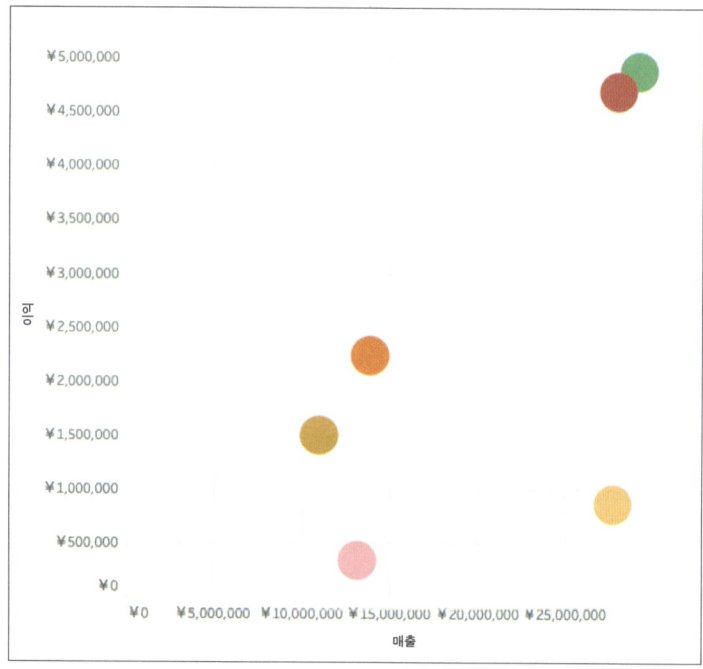

• 상관도 1

A 모르겠어요.

M 그럼 이렇게 하면 어떤가요?

• 상관도 2

A 와, 이렇게 하니 바로 알아보겠어요.
M 그럼 이러면 어떤가요?

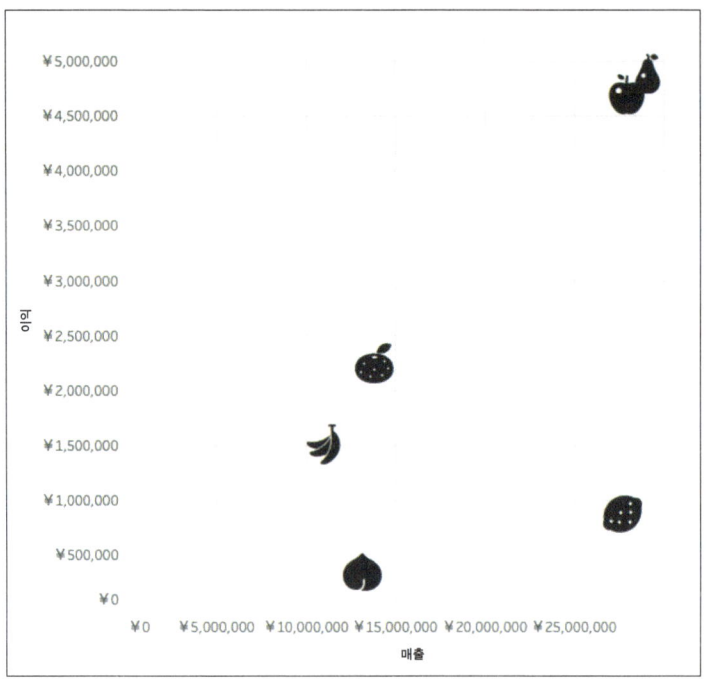

• 상관도 3

A 알아볼 수는 있지만 색이 있는 쪽이 더 명확하게 보여요.

M 그럼 이건 어떤가요?

• 상관도 4

A 글자를 읽어야 알겠어요.

M 어떤 게 가장 알기 쉬웠나요?

A 당연히 두 번째죠!

M 두 번째에는 색과 형상이 모두 들어 있었어요. 지금 든 예처럼 두 정보 모두 있어야 알기 쉬운 경우도 있습니다.

상관도1의 예에서도 이미지의 색은 과일을 상징했죠. 하지만 같은 색의 과일은 많이 있어서 바로 떠올리기는 어려워요. 따라서 색 하나만으로 이해시키려면 상관도4의 예처럼 문자 정보가 반드시 필요합니다.

형상은 실제 과일 모양의 컨텍스트를 갖고 있기 때문에 한 가지 속성만으로도 무엇을 표시하는지 명확하며 색이 없더라도 판별할 수 있어요.
하지만 색을 입힘으로써 보다 실제와 유사한 과일에 근접해져서 더욱 이미지로 떠올리기 쉬워집니다.
또한 부수적인 효과로 색이 다른데도 겹쳐진 부분을 식별하기 쉽죠.
이처럼 실제에 가까운 시각 효과를 선택함으로써 문자를 통한 설명을 줄여 상대방이 글을 읽어야 하는 부담을 줄일 수 있습니다.

✅ 데이터 수가 많다면 시각 효과를 선택할 때 주의한다

M 앞의 예시에서는 좀 더 현실에 가까운 시각 효과를 선택했습니다. 하지만 반드시 항상 현실에 가까운 형태를 선택해야 하는 건 아니에요.
과일을 구매한 고객을 분석할 때 형상과 색을 합쳐서 표현하면 어떨까요?

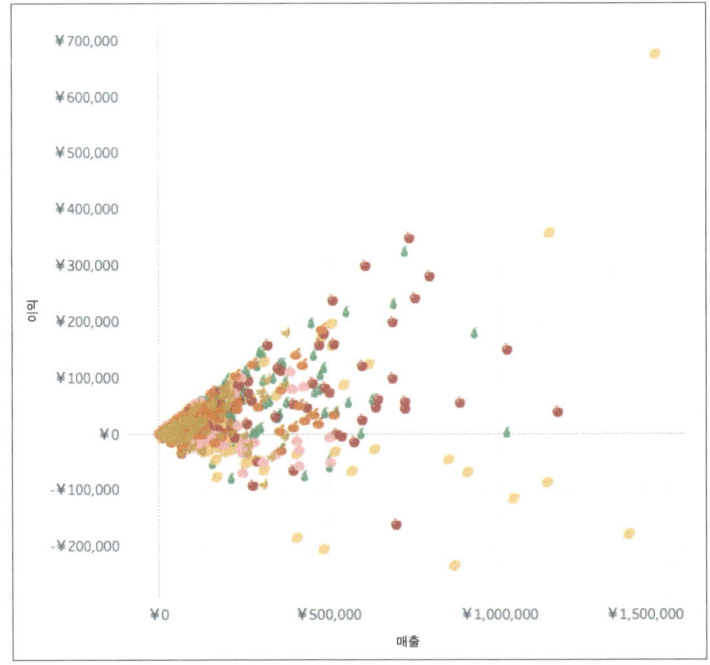

• 고객 분석(형상과 색)

A 음, 나쁘진 않은데 뒤죽박죽이란 느낌이 드네요.
M 그 '뒤죽박죽'인 부분을 한 단계 더 파헤쳐보세요.
A 세세한 형상의 차이를 알기 어렵고 작게 튀어나온 잎사귀 부분이 약간 방해가 되는군요. 가장자리에 따로 보이는 부분은 괜찮지만 겹쳐지는 영역이 많은 0엔 근처는 정말 보기 힘드네요.
M 그럼 이 표현 방식은 수정해야겠네요. 처음 봤던 상관도의 예에서는 색과 형상을 같이 써서 그린 그림이 가장 알아보기 쉬웠는데, A씨는 어느 걸 두 번째로 쉽게 이해할 수 있었나요?
A 형상만을 사용한 예였어요.
M 그럼 시각 속성 중 색을 제외하고 형상만을 사용해서 표현해봅시다.

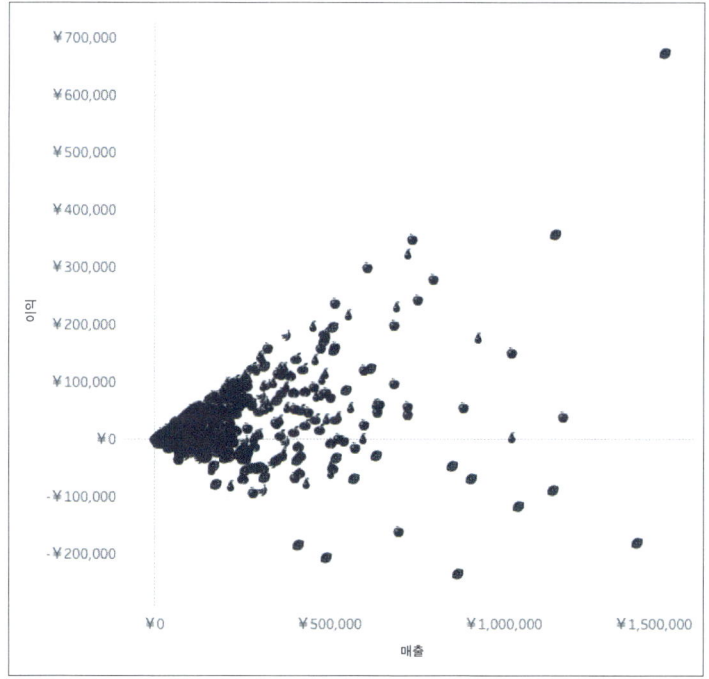

• 고객 분석 2(형상만)

A 이건 중첩돼 있는 부분이 뭉개져서 도무지 뭐가 뭔지 모르겠어요.

M 개수가 많아질수록 우리가 매우 보기 쉽다고 생각했던 형상이라도 알아보기 어려워집니다. 세밀한 형상은 색으로 구별하고 있었다는 사실을 알 수 있어요.

처음 실험했던 게임처럼 파악할 개수에 따라 순식간에 인식하는 바가 달라져요.

또 수가 많아질수록 겹치는 횟수도 늘어나요. 다른 형상이 겹치면 뒤죽박죽이라 잘 보이지 않습니다.

게다가 형상이 반드시 중심을 기준으로 동일하게 분할된 도형인 건 아니기 때문에, 실제로 배치되어 있는 위치를 파악하기 어려워요. 따라서 더욱 비교하기 어렵습니다.

다음과 같은 예를 들어볼게요.

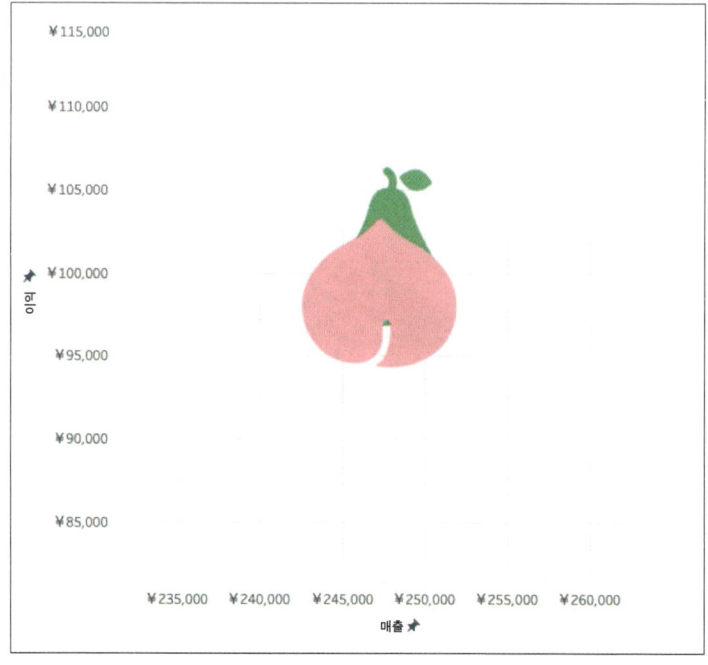

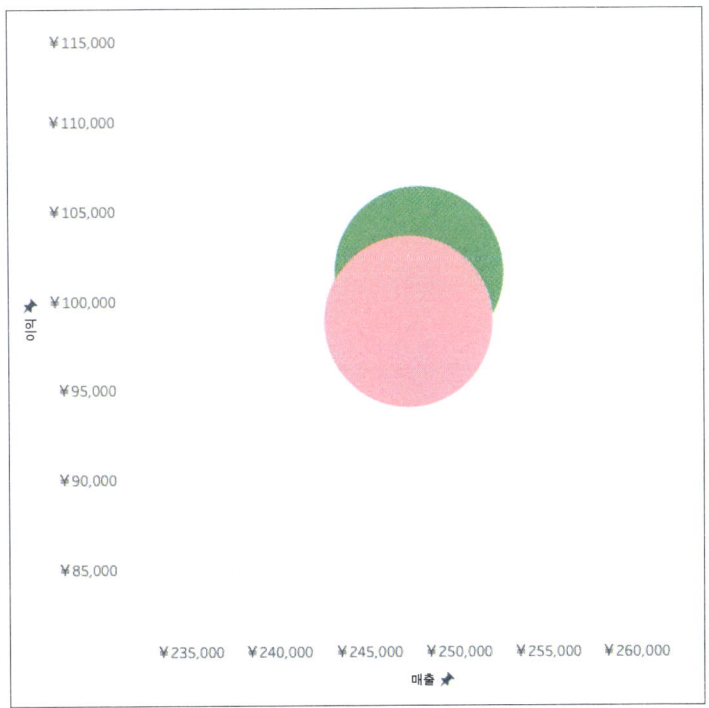

M 겹쳐진 부분이 많으면 같은 위치인지 형상 자체가 어긋난 모양인지 파악하기 어렵습니다. 서양배는 세로로 긴 형상이라서 이익이 높은 것처럼 보일 뿐인 건지, 정말 이익이 높은지 판단하기 어렵군요.
동일한 형상이라면 어느 값이 높고 낮은지 비교하여 판단하기 쉽습니다.
이처럼 데이터 포인트가 많은 이미지에서는 동일한 형상을 쓰는 편이 좋아요. 또한 동일한 형상을 사용할 때에는 원이 더 낫습니다. 왜냐하면 원은 중심점에서 어느 방향으로든 너비가 동일해서 위치를 파악하기 쉽고, 일부가 겹쳐도 균등하게 중첩되기 때문이에요.

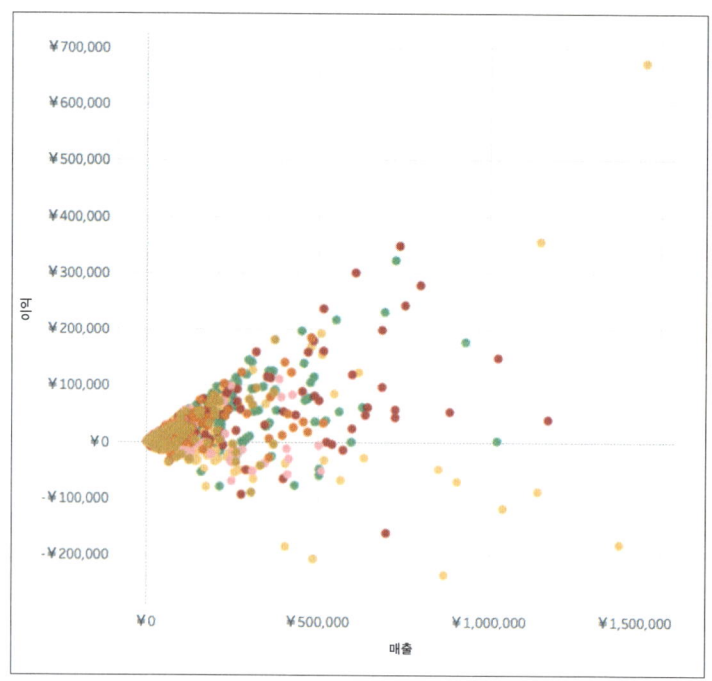

- 고객 분석 3(동일한 원 형상)

M 또한 0엔에 가까워질수록 중첩된 부분이 너무 많아서 그 아래에 과일이 많이 숨어있는 것 같죠. 이때는 색의 투명도를 올려서 윗부분을 투과하여 뒤에 숨겨진 점을 비쳐 보이도록 해서 중첩됐다는 사실을 표현할 수 있습니다.

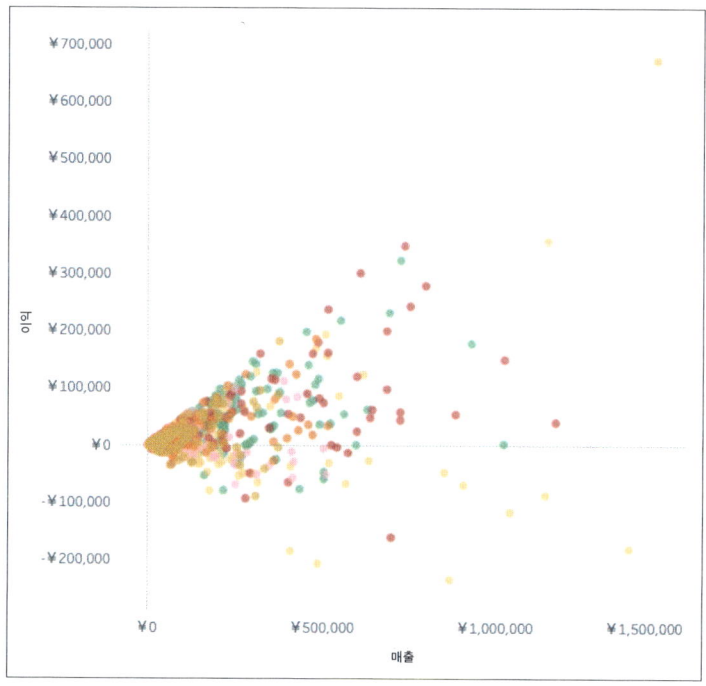

• 고객 분석 4(투명도를 높임)

M 투명도를 올리면 하나하나 식별하기 어려워지기 때문에 '테두리'를 넣어 봅시다.

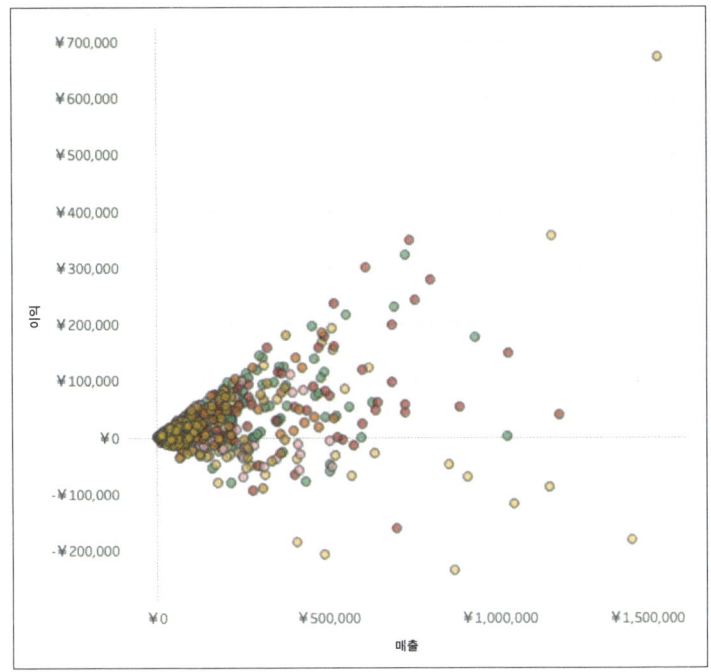

• 고객 분석 5(테두리를 더한다)

A 테두리를 넣으니 더 명확하게 보이네요.

M 별거 아니라고 생각하기 쉽지만 '테두리'는 각 요소에서 효력을 발휘합니다. 이처럼 원을 두르거나 표의 테두리로도 쓰일 수 있어요. 배경에 있는 그리드 선도 희미한 테두리죠. 그 테두리 안에 있는지 아닌지를 보고 매출이나 이익의 크기를 파악할 수 있습니다.

그런데 이미지 자체는 보기 쉬워졌지만 어떤 색이 어떤 과일인지 중요한 정보를 알 수 없군요. 여기서 문자를 넣어봅시다.

DAY 2 시각화 분석

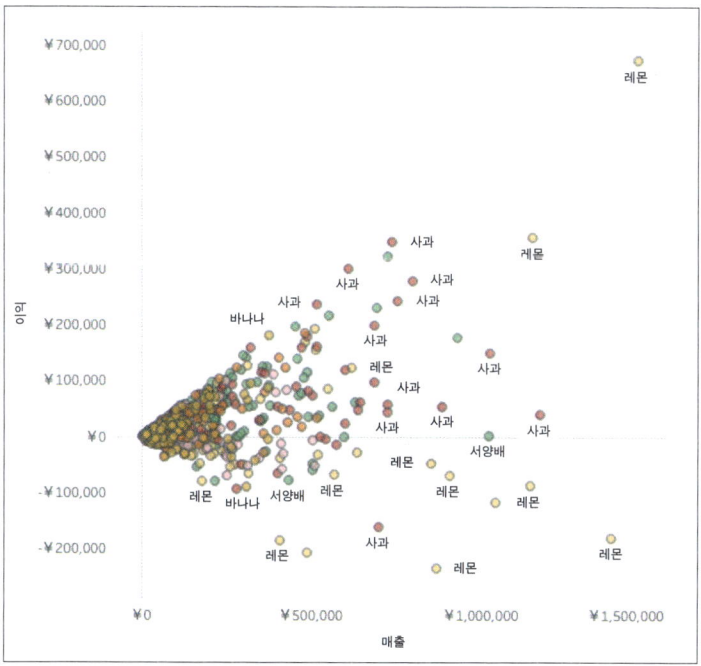

- 고객 분석 6(일부 원에 문자를 넣음)

A 가장자리의 '레몬', '사과' 정도는 알아보겠지만 원이 가장 많고 중요한 중심부는 어떤 과일인지 알아볼 수가 없어요. 문자를 전부 노출할 수 없나요?
M 노출할 수는 있지만 정말 괜찮겠어요?
A 노출시켜주세요.
M 그럼 그렇게 하죠.

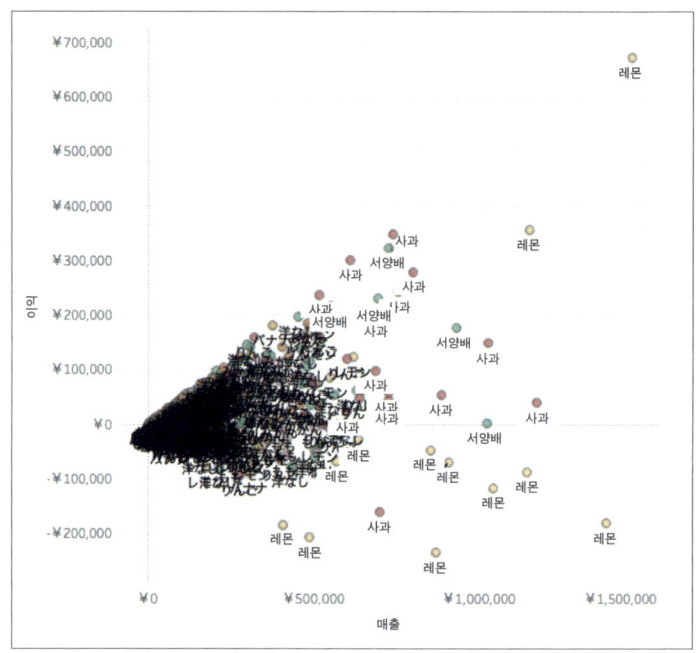

- 고객 분석 7(모든 원에 문자를 넣는다)

A 우와! 이게 뭔가요. 무서울 정도네요.

M 모든 원에 과일 이름을 다 넣으면 이렇게 돼요. 우선은 필요 없으니까 필요할 때 표시할 수 있도록 생각을 좀 해봐야 합니다.

다양한 방법이 있지만 여기서는 '원을 클릭할 때 보충 정보로 노출되는 형태'로 필요에 따라 보여주는 예를 소개하겠습니다.

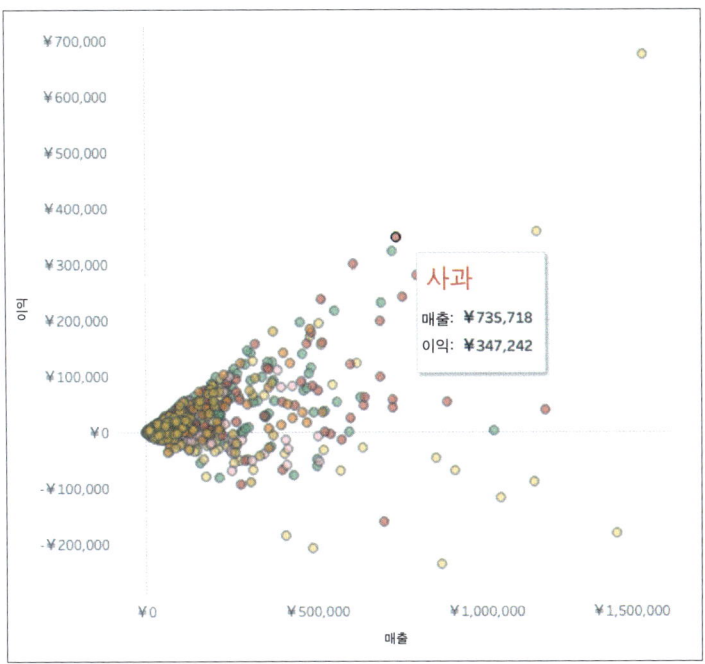

• 고객 분석 8(필요에 따라 문자 정보 표시)

A   문자를 노출시켜서 바로 파악하고 싶기도 하지만 이 경우에는 이 편이 훨씬 좋네요.

M   A씨의 말대로예요. 이렇게 나타내면 원을 클릭하기 전까지는 무슨 색이 어떤 과일을 나타내는지 모른다는 단점이 있습니다. 하지만 인간의 호기심을 살려서 의도적으로 확인하고 싶게끔 유도함으로써 원에 커서를 갖다 대면 원이 나타내는 색이 어떤 과일인지 보완할 수 있죠.

예시를 몇 개 살펴봤지만 기본적으로는 설명하지 않아도 최대한 실제 세계를 이미지화할 수 있는 시각 속성을 선택합니다. 다만 표시하는 데이터 포인트의 수와 크기, 레이아웃 위치와 공간 등의 균형을 고려하면서 최적의 표현을 선택해야 해요.

시각화를 적용함에 따라 장점도 있지만, 기능으로서 포기할 수 없는 부분도 있습니다. 또한 직접 만든 시각 효과로 상대방에게 무엇을 전할 수 있을지는 보여주기 전까지 알 수 없어요.

어떤 결과가 됐든 본인이 선택한 표현들이 상대방에게 어떻게 작용할지 의식하고 지금 내가 표현하고자 하는 바가 전달하고 싶은 내용에 가장 적절한 방법인지 고민해야 합니다.

✅ 시각 속성의 패턴 증가를 주의한다

M 제대로 중첩되지 않는 예도 배워둡시다.

다음 예에서는 색으로 카테고리를, 형상으로 지역을 표시했어요. 카테고리나 지역은 범주형이라서 잘 어울릴 겁니다. 이 이미지의 주황색 '★'은 무엇을 의미할까요?

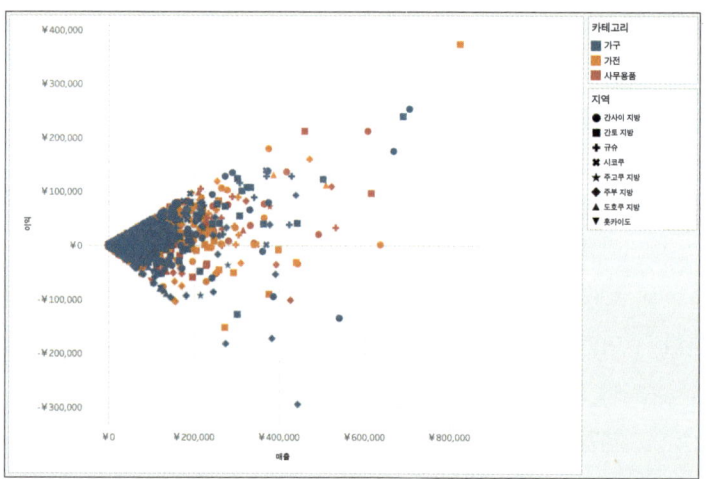

• 색과 형상의 조합

A 주황색 ★요? 아, 찾았어요! 하지만 이건 파란색 ★이네요. 주황색 ★이 있나요?

M 범례를 잘 살펴보세요.

A 음, 주황색은 가전이네요. ★은 주고쿠 지방인가요?

M 제 질문에 바로 대답을 못하시네요.

A 음…

M A씨를 다그치는 건 아니에요. 이 이미지는 알아보기에 좋지 않아요. 범례를 일일이 확인해 무엇을 표현했는지 곰곰이 생각해야 하는 시각 속성은 설정하는 의미가 없습니다.

시각 속성은 우리 감각 기억을 움직이죠. 모처럼 색이나 형상으로 반응시켰는데 단기 기억을 색이나 형상의 의미를 생각하는 데 다 써버리면 주객이 전도되는 셈이에요.

이 이미지에서 색과 형상의 조합은 총 24가지(카테고리3×지역8)가 있어요. 단기 기억으로 기억할 수 있는 건 겨우 일곱 개 전후이기 때문에 우리는 24가지 조합을 잘 다룰 수 없습니다.

그럼 우리는 이 이미지에서 자신이 얻을 수 있는 데까지만 읽으려고 해요. 여기서 읽을 수 있는 건 기껏해야 불규칙적인 카테고리(색)의 차이겠지요. 형상을 못 본 걸로 해석합니다.

형상으로 눈을 돌리면 빨간 원과 파란 원, 빨간 사각형과 파란 사각형은 모두 있지요. 결국 형상의 패턴을 찾을 수 없기 때문에 더욱 답답해져요. 이 답답한 정보는 사고의 플로우도 차단해 버립니다. 어차피 색만 본다면 불필요한 사고를 유발하는 형상은 제거해야 해요.

그럼 지역별 패턴을 어떻게 표현하면 좋을까요?

만약 공간에 여유가 있다면 나눠서 나란히 배치해도 괜찮죠.

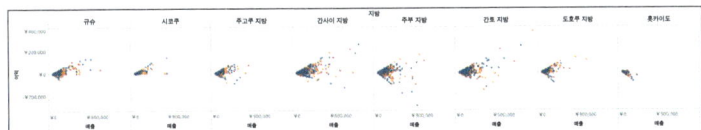

• 지역별로 나눠서 나란히 배치

M 이렇게 각각 다른 요소를 색과 형상으로 동시에 표시하고자 욕심을 부리면 패턴이 들어간 만큼 배로 복잡해지기 때문에 인식하기 어려워집니다.

✓ **컨텍스트를 얻을 수 없는 기호적인 시각 속성을 주의한다**

M 과일의 예와 같이 '색과 형상'을 모두 사용해서 같은 카테고리를 표현하는 예를 봅시다.

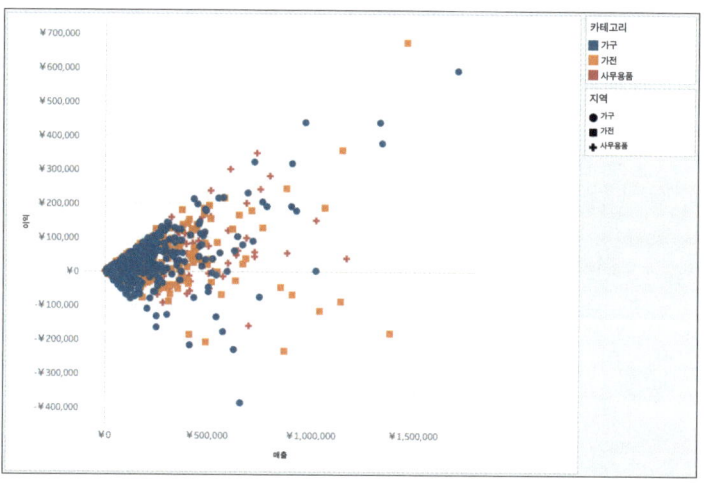

• 색과 형상 둘 다 사용해서 동일한 카테고리를 표현

M 색만 사용할 때보다 더 강조가 될까 싶지만 그렇지 않다는 걸 깨달았을 거예요. 이유는 형상만으로는 카테고리를 구분할 수 없어, 결국 범례를 봐야 무슨 카테고리가 있는지 알 수 있기 때문입니다.

과일의 예에서 우리가 잘 아는 '과일의 형상'이라는 컨텍스트를 이용해서 범례가 없어도 그게 어느 과일인지 보는 순간 알 수 있는 수준까지 인식도를 높였어요.

하지만 이 형상에는 가구나 가전, 사무용품의 컨텍스트가 전혀 없기 때문에 단순한 기호일 뿐입니다. 이미 색이 그 역할을 맡고 있기 때문에 딱히 형상을 반영할 필요가 없어요. 또한 의미 없이 속성을 중첩하면 필요 없는 사고를 하게 될 가능성도 있습니다. 예를 들어 '파란 원이 있는데 빨간 원도 있는 건가?'처럼요. 범례에는 없기 때문에 생각할 필요도 없는 행위가 되는 거예요. 또한 형상을 사용할 때는 형태에도 신경을 써야 합니다. +자 표시는 동그라미나 사각형에 비해 색을 칠할 면적이 작기 때문에 빨간색을 넣어도 그다지 눈에 띄지 않아요. 색을 칠할 면적은 힝싱을 사용할 때도 고려해야 할 사항입니다.

동시에 사용할 형상의 목록은 표현하고자 하는 내용 자체의 형태를 표현하면서도 가능한 한 단순하고 크기는 가급적 균등하며, 정사각형이나 원 내에 들어 있어 중심축이 고정된 형상으로 칠할 면적이 균등한 것을 세트로 구성해야 이상적입니다.

분류에 따른 명칭에 색이나 형상을 사용하거나 표현할 대상의 의미를 나타내지 않고 기호로 시각 효과를 주는 경우에는 상대방이 식별할 수 있는 표현이며 설명이 충분한지 고려하면서 사용해야 해요.

✅ 무의미한 색 분류를 주의한다

M 지금까지 다양한 검증을 통해서 색이라는 시각 속성이 사람들의 인식을 크게 좌우하는 예를 살펴봤습니다.

색은 아주 강력한 시각 속성인 만큼, 효과적으로 사용하면 사람의 이해도를 훨씬 높일 수 있어요. 하지만 모처럼 좋은 효과를 반감시키거나 낭비하는 경우도 있습니다.

우선 다음 예를 봐주세요.

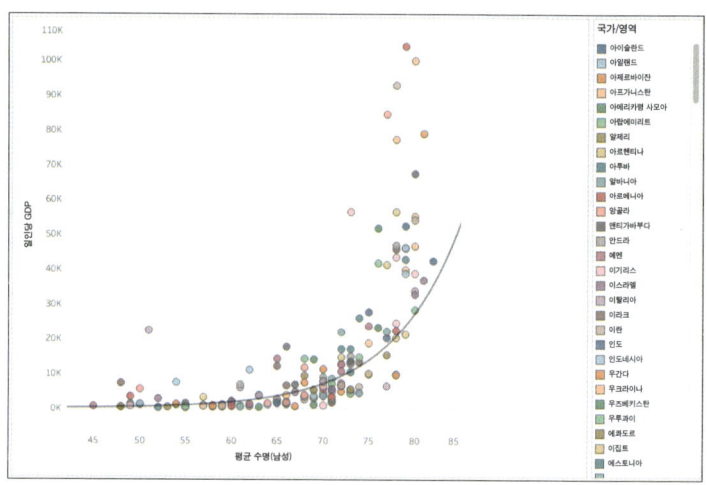

• 국가별로 색을 달리 표시한 그래프

M 이건 태블로의 샘플인 세계 지표 데이터를 사용해서 2012년의 남성 평균 수명과 일인당 GDP의 상관관계를 국가별로 나타낸 거예요. 각 색은 국가를 나타냅니다. 이 이미지에서 읽은 걸 말해보세요.

A 평균 수명이 늘어남에 따라 일인당 GDP도 높아지는 걸까요?

M 그렇습니다. 그럼 어떤 나라의 GDP가 높은지 알 수 있나요?

A 원의 위치를 봐선 평균 수명이 70세를 넘을 무렵부터 일인당 GDP가 높아지는 건 알겠어요. 하지만 어떤 나라인지 모르겠어요.

M 색은 이렇게 강력한 임팩트를 유발하는 시각 속성인데 A씨가 이 이미지에서 읽어낸 건 '위치'만이라고 말했어요.
질문을 바꿔볼게요. 파란색은 어느 나라인지 알아볼 수 있나요?

A 파란색은 아이슬랜드... 아니군, 이 이미지 내에 파란색으로 표시된 나라가 더 있나요? 아, 인도도 완전히 똑같은 색이네요.

M 맞아요. 색의 개수가 부족해서 나라가 다르더라도 동일한 색으로 지정하는 수밖에 없어요. 게다가 색의 범례도 길게 스크롤을 해야 전부 확인할 수 있습니다.

저는 이걸 보고 아일랜드와 인도 외에도 파란색으로 표시된 나라가 더 있지 않을까 의심했어요. 색을 식별하는 데 시간이 너무 오래 걸리기 때문에 색에서 뭔가를 읽어내는 건 포기하고 이해할 수 있는 데까지만 사고가 이뤄지게 됩니다.

A씨가 말한 대로 여기서 의미를 찾을 수 있는 건 원의 위치뿐이에요. 못 본 척하면 뇌에 필요 없는 부담이 가지 않죠. 색은 이미 무용지물이지 방해물이 됐거든요.

만약 원의 위치만 의미가 있다면 색은 없더라도 충분하죠.

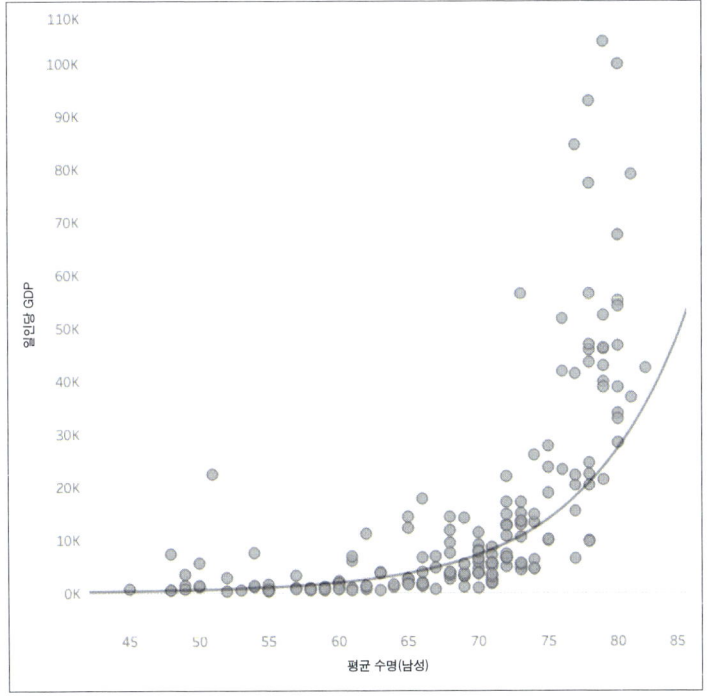

- 색을 없앤 그래프

A 확실히 앞의 이미지에서 알아낸 정보는 이 이미지에서도 읽을 수 있군요. 색 범례가 없어도 경향에 집중할 수 있었어요.

M 아까처럼 형상과 색의 조합으로 인해 패턴이 증가하면 식별하기 어려워지는 예를 봤습니다. 색의 개수처럼 종류가 많아도 식별하기 좋지 않아요. 만약 색상별 패턴을 읽을 수 없다면 색은 제외하는 편이 낫죠.

그럼 색을 좀 더 효율적으로 사용할 방법이 없을까요? 이런 예는 어떨까요? 국가를 아시아나 유럽 등의 지역 단위로 묶어서 색을 칠해봅시다.

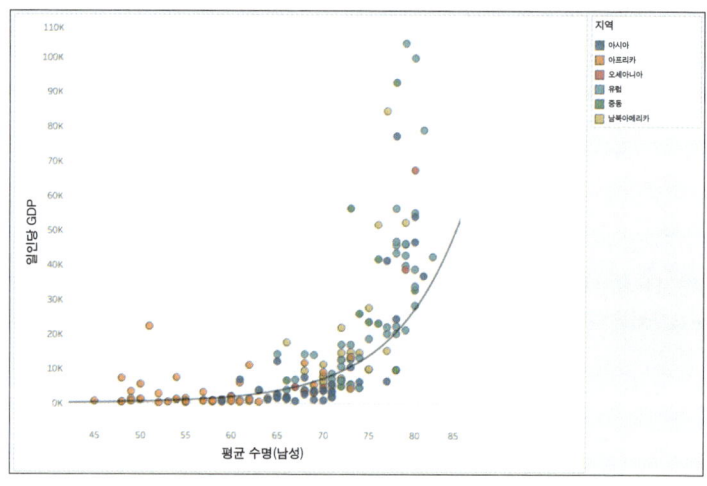

• 지역별로 색을 구분한 그래프

A 왼쪽 아래에 주황색(아프리카)인 나라가 집중되어 있군요. 평균 수명이 짧고 일인당 GDP도 다른 나라보다 낮은 나라가 모여 있나 봐요.

M 동일하게 원에 색을 칠했지만 색상 가짓수를 여섯 개로 줄여서 단순히 각 나라의 위치뿐만 아니라 공간 그룹으로도 사용할 수 있게 됐어요.

많은 아프리카 국가들은 평균 수명이 65세 이하인 사람이 많고 GDP도 낮은 상태입니다 아시아 국가는 그보다 조금 더 평균 수명이 높아졌고 GDP가 올라간 곳이 늘어나고 있네요. 유럽은 70세부터 80세가 평균 수명이며, GDP가 높은 나라와 낮은 나라가 불규칙하게 분포되어 있습니다. 이처럼 각각의 지역별 경향을 읽을 수 있어요. 동일하게 색이 있는 원을 썼지만 읽을 수 있는 내용은 완전히 다르죠.

시각 속성은 강력하기 때문에 시사하는 바를 나타내도록 사용해야 해요. 의미를 읽을 수 없는 시각 속성은 사용하면 안 된다는 점도 명심하도록 해요.

✅ 색을 의미있게 사용한다

M 그럼 다음 예를 봅시다. 이 두 가지 예는 색에 의미가 있다고 할 수 있을까요?

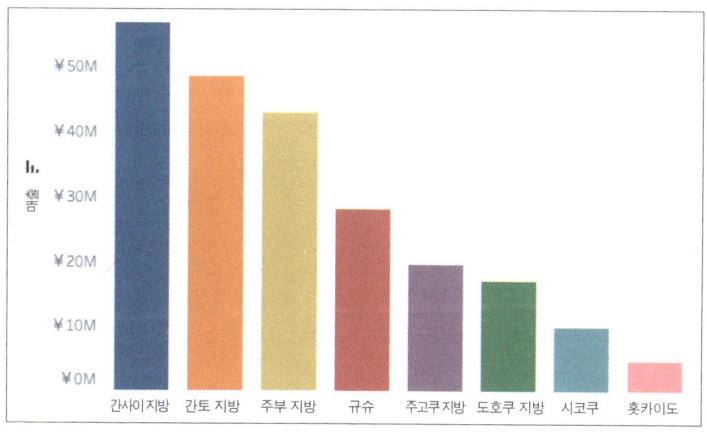

- 각 지방의 매출 그래프 1(지역을 색으로 구분)

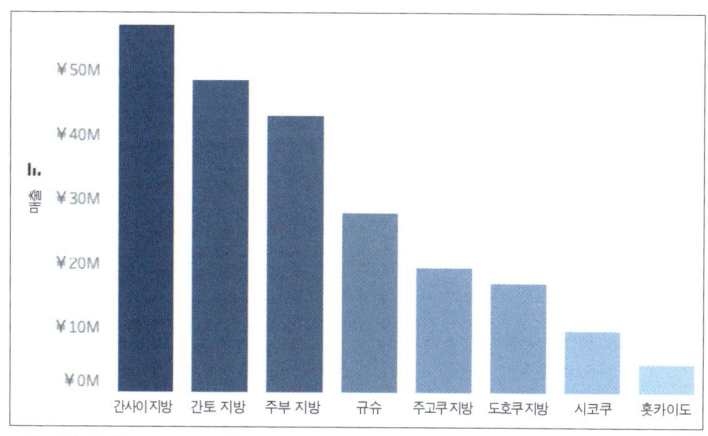

- 각 지방의 매출 그래프 2(매출의 크기를 채도로 표시)

A 첫 번째는 지역을 색으로 구분하고 두 번째는 매출의 규모를 채도로 표현한 거죠? 특별히 의미를 알아보기 어려운 부분은 아니라고 생각해요.

M 지역은 위치만으로도 구분할 수 있고 매출은 이미 위치와 길이로 표현되어 있죠. 그럼 이 이미지에서 읽어야 할 내용이 서로 다른가요?

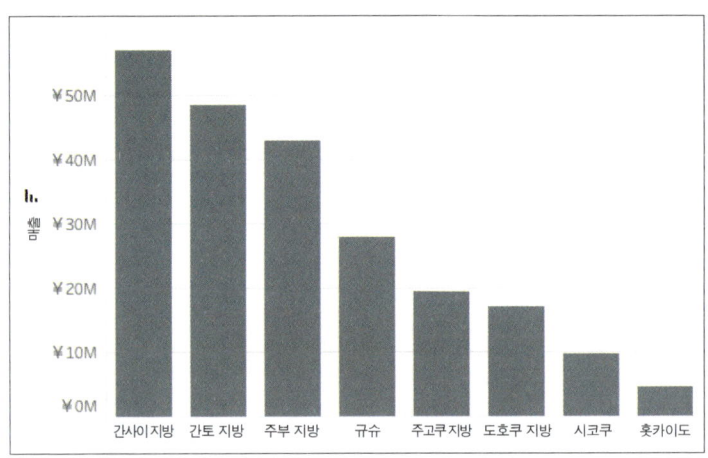

• 각 지역의 매출 그래프 3(색 제외)

A 그렇게 말씀하시니 이 이미지와 색이 칠해진 이미지에서 읽을 수 있는 내용이 비슷하네요.

M 그렇다면 강한 힘을 가진 색을 여기에 사용하기엔 아깝죠. 바로 앞의 예에서 봤듯이 색은 강력하기 때문에 색의 가짓수가 많으면 바로 알아보기 어렵습니다. 색을 사용하지 않고도 표현할 수 있는데 색을 입히면 중요한 부분에 색을 사용할 수 없어요. 정말 색을 써야 할지 잘 생각해서 적용해야 합니다.

만약 지역이나 매출에서 색을 사용하지 않으면 이익을 표현할 때 색을 사용할 수 있죠.

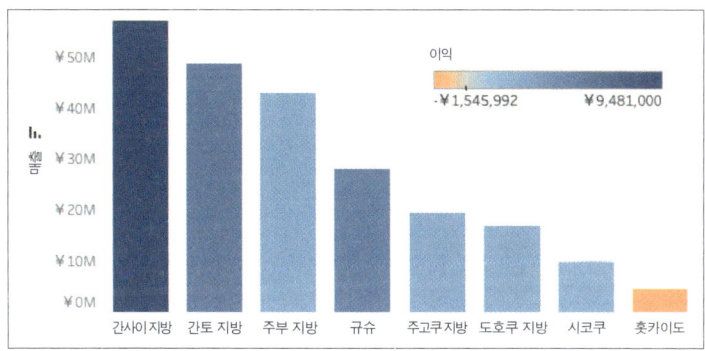

• 색으로 이익을 표현

M   간사이는 매출이나 이익도 가장 높습니다. 게다가 매출이 3위인 주부보다 규슈 쪽이 이익률이 높다는 정보를 추가적으로 얻을 수 있죠. 이렇게 모처럼 시각 속성을 넣는다면 역할을 제대로 할 수 있도록 설정을 하는 것이 중요해요. 그리고 처음 봤던 대로 지역마다 막대 그래프의 색을 넣는 방법이 그렇게 나쁜 건 아니에요. 아래와 같은 경우에는 유효하게 적용됩니다.

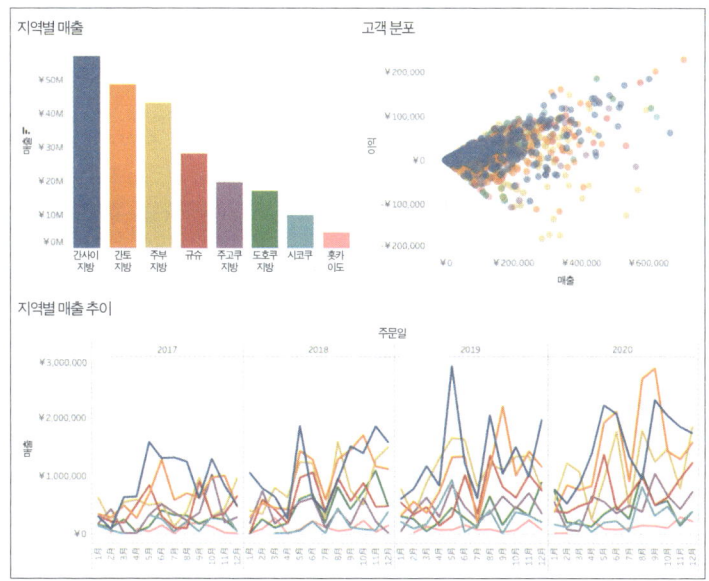

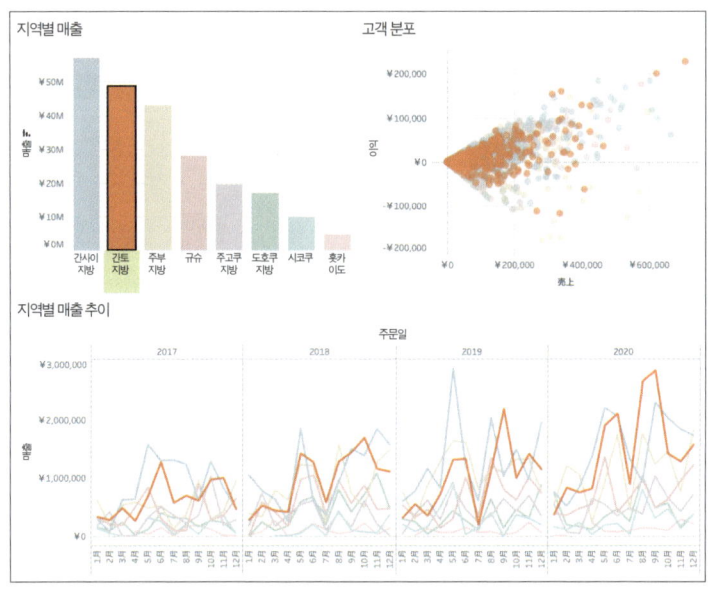

> M 막대 그래프의 헤더로 색이 나타내는 지역을 식별할 수 있기 때문에 주위에 있는 다른 차트에 색을 넣으면 색의 의미를 설명하는 역할을 합니다. 이를 통해 범례를 위한 공간을 줄이고 막대 그래프가 범례를 대체할 수 있어요.

✓ 배경색과 시각 효과의 상성을 고려한다

> M 배치할 요소에 어떤 색을 넣을지 계속 이야기해왔는데 요소를 넣을 장소, 즉 배경색도 색이라는 시점에서 보면 매우 중요해요. 다음 원의 색은 똑같아 보이나요?

• 배경색이 갖춰지지 않은 이미지

A   미묘하게 차이가 나지만 왼쪽의 원이 더 어둡네요.

M   사실 여기 있는 연한 회색 원은 모두 같은 색이에요.

A   어라. 오른쪽의 원은 반짝이는 것처럼 보이는걸요.

M   그건 당연한 반응이에요. 색은 강력한 반면 상대적으로 인식됩니다. '옆에 있는 색보다 진한지 연한지', '푸른색을 띠는지 빨간색을 띠는지'와 같이 인식하죠. 그래서 옆에 있는 색이 중요해요.

'옆에 있다'면 근처의 다른 색 도형을 상상하기 마련인데 실은 정말 옆에 있는 건 배경색입니다. 배경색과의 대비가 강하면 강할수록 시각 효과는 눈에 띄어요. 예를 들어 옅은 파스텔 색을 쓸 때 흰색 배경이라면 어렴풋하고 부드러운 느낌이 들지만 검은 배경색에 배치하면 매우 대비되어 마치 반짝이는 것처럼 보여서 강한 인상을 남기게 되죠. 흰 배경색은 그 정도로 의식을 할 필요는 없지만 배경색을 사용하는 경우에는 색상의 궁합도 봐야 해요. 원색인 배경색에 빨간색 문자를 올리면 그 배색이 상당히 강렬합니다.

✓ 시각 속성으로 배경색을 활용한다

M 더 중요한 건 배경색을 활용하는 겁니다. 예시의 이미지처럼 똑같은 색인데도 다른 배경색 위에 올리면 달라 보이죠. 따라서 같은 색으로 같은 의미를 부여했을 텐데 다른 요소로 인식돼 버립니다.

그래서 한 장의 보고서 안에 여러 개의 차트를 넣더라도 일반적으로는 각각의 배경색을 달리 적용하지 않는 편이 좋아요.

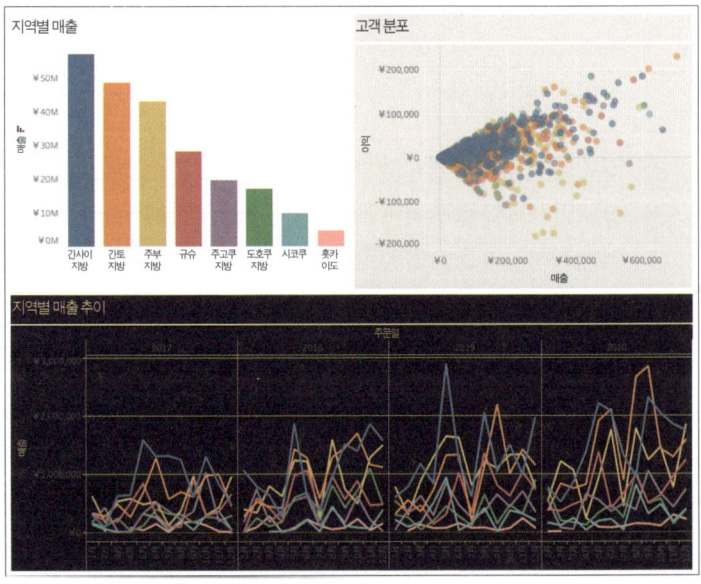

• 배경색으로 구분한 예

M 이 예시에서는 흰색 배경에 실려 있는 막대 그래프의 지역을 표시한 색보다 시계열을 나타내는 검은색 배경인 선 그래프의 색이 옅게 보일 거예요. 물론 실제로는 동일한 색이지만요. 모처럼 의미를 부여해서 갖춘 색인데 배경색이 달라져서 다르게 보이는 거죠.

극단적인 예시를 든 것이니 배경색이 통일되지 않은 예를 하나 더 봅시다.

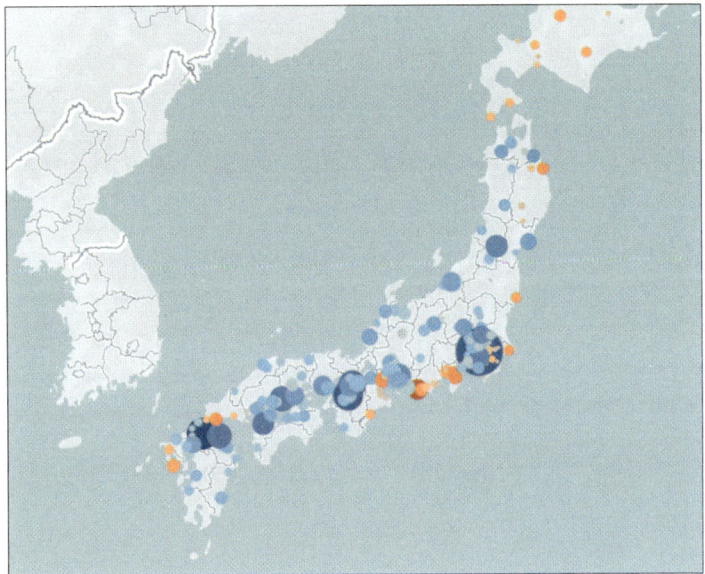

• 지도의 배경색에 없는 예

M 이미지를 차트의 배경으로 사용한 경우입니다. 흔히 있는 예로는 지도를 배경으로 하는 경우가 많죠. 지도는 육지와 바다 영역, 토지 부분을 어느 정도로 정밀하게 표현하는지에 따라 배경색이 통일되지 않을 가능성이 높아요.

지도에서 중요한 점은 어디까지나 데이터 포인트의 위치에 의미를 부여하는 컨텍스트로서 토지의 정보를 이용하는 겁니다. 따라서 지도 자체를 불필요할 정도로 풍부하게 표현하지 않는 편이 좋습니다.

그렇긴 해도 육지와 바다의 경계선 등은 어떤 식으로든 차이가 날 수밖에 없어요. 이런 경우에는 다음과 같이 조금만 궁리하면 보기 쉬워집니다.

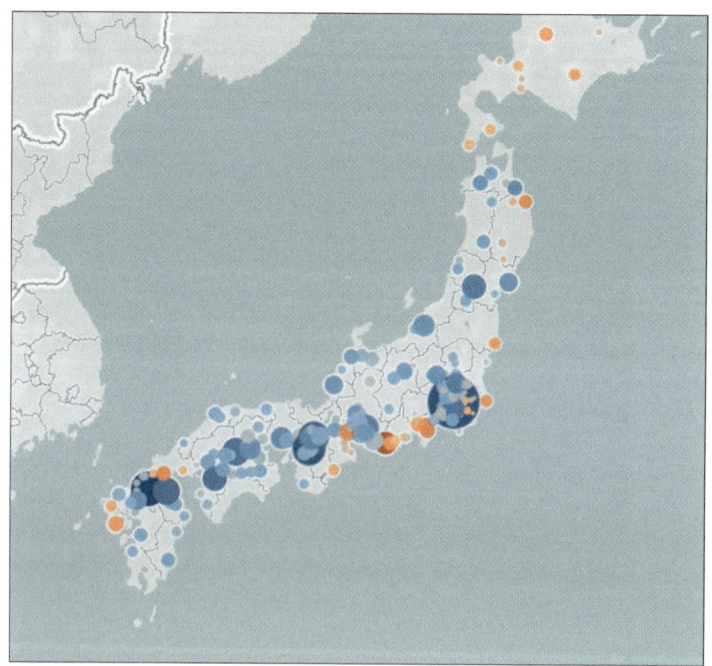

• 지도의 배경색에서 원을 보기 쉽다

A   어디가 달라졌는지는 모르겠지만 조금 전보다 원이 약간 위로 떠올라 있는 것처럼 보이네요.

M   알아보기 쉽게 변경 사항을 검은색으로 표시해봅시다.

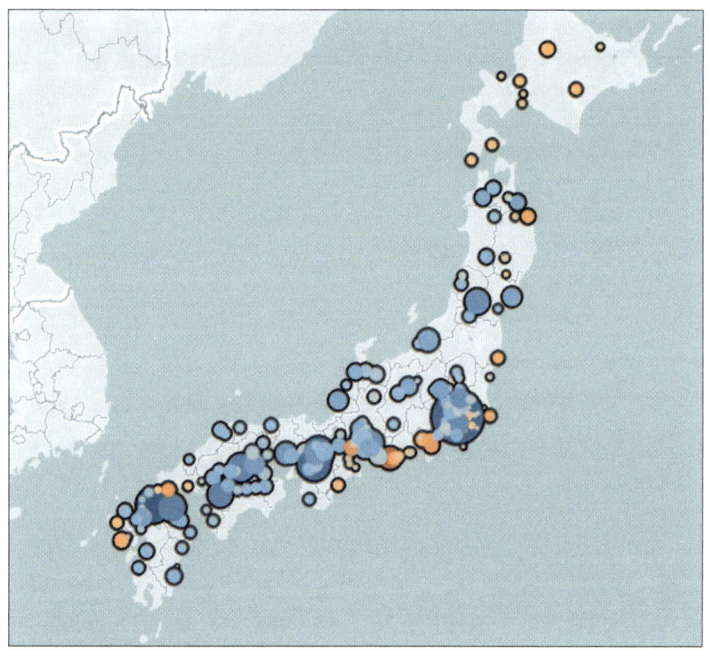

• 원에 검은색 외곽선을 더하다

A 테두리인가요?

M 외곽선인데 테두리와는 약간 달라요. 테두리는 원을 하나씩 구분해서 둘러싸는 것이며, 여기서는 후광 같은 형태로 외곽선을 덧붙였습니다. 서로 겹쳐진 데이터 포인트를 한 덩어리로 보고 그 뒤에 테두리를 넣은 형태예요. 원의 뒤에 빛을 더해서 후광처럼 보이게 하죠.

데이터 포인트 덩어리를 감싼 외곽선인 동시에 선보다 약간 두껍게 해서 조금이나마 주변 배경색을 똑같아 보이게 하는 효과가 있습니다.

검은 외곽선으로 둘러싸면 테두리를 기점으로 구분되는 인상이 강해집니다. 하지만 처음에 본 예처럼 배경색에서 많이 들뜨지 않는 정도로 색상 요소를 약화시킨 색(이번에는 흰색)을 넣음으로써, 부드럽게 구분하면서도 배경색이 고르게 보이는 효과를 얻을 수 있습니다.

✓ 색을 식별하는 감각의 다양성을 배려하다

M 다양한 시점으로 색에 대해 살펴봤는데 색을 식별하는 감각의 다양성에 대해서도 생각해봅시다.

A 색을 식별하는 다양성이라니, 처음 들었어요.

M 자신이 보는 대로 상대방이 색을 보고 있다고 반드시 단정할 수는 없습니다. 전 세계 여성의 1%, 남성의 10%가 색약이라는 통계가 있어요.
색약에는 여러 유형이 있는데 이와 같은 다양성을 가진 사람 모두에게 똑같이 보이는 건 아닙니다. 잘 알려진 바로는 '빨간색과 녹색을 식별하기 어려운' 유형의 색약이에요. 많은 사람들이 'KPI 달성은 녹색'으로, '미달성이나 위험한 상황은 빨간색'으로 표시하지 않나요?

A 저희 회사의 보고서에는 대부분 모든 KPI를 그 색으로 표시해요.

카테고리	출하 유형	2017	2018	2019	2020
가구	빠른 배송	11%	12%	20%	14%
	특급 배송-1단계	10%	13%	13%	5%
	특급 배송-2단계	12%	8%	20%	14%
	일반 배송	13%	13%	14%	8%
가전	빠른 배송	33%	-1%	10%	12%
	특급 배송-1단계	13%	13%	3%	9%
	특급 배송-2단계	14%	11%	12%	14%
	일반 배송	14%	10%	8%	14%
사무용품	빠른 배송	19%	18%	17%	9%
	특급 배송-1단계	17%	14%	7%	16%
	특급 배송-2단계	16%	11%	15%	14%
	일반 배송	15%	13%	11%	11%

• 녹색과 빨간색으로 표시된 보고서

M 색약인 사람에게는 일반적으로 사용되는 빨간색과 초록색의 보고서가 다음과 같이 보일 가능성이 있습니다.

카테고리	출하 유형	2017	2018	2019	2020
가구	빠른 배송	11%	12%	20%	14%
	특급 배송-1단계	10%	13%	13%	5%
	특급 배송-2단계	12%	8%	20%	14%
	일반 배송	13%	13%	14%	8%
가전	빠른 배송	33%	-1%	10%	12%
	특급 배송-1단계	13%	13%	3%	9%
	특급 배송-2단계	14%	11%	12%	14%
	일반 배송	14%	10%	8%	14%
사무용품	빠른 배송	19%	18%	17%	9%
	특급 배송-1단계	17%	14%	7%	16%
	특급 배송-2단계	16%	11%	15%	14%
	일반 배송	15%	13%	11%	11%

- 색약인 사람에게 보이는 예시

A 같은 계통의 색이 되는군요!

M 10명 중 한 사람에게 이렇게 보인다면 이 색을 쓰는 방법은 그다지 유효하다고 할 수 없어요. 다른 색이라는 사실을 전하려면 주황색과 파란색의 대비를 사용하면 좋죠. 이렇게 배치하면 비교적 다양한 유형의 색약인 사람도 구분하기 쉬워져요.

카테고리	출하 유형	2017	2018	2019	2020
가구	빠른 배송	11%	12%	20%	14%
	특급 배송-1단계	10%	13%	13%	5%
	특급 배송-2단계	12%	8%	20%	14%
	일반 배송	13%	13%	14%	8%
가전	빠른 배송	33%	-1%	10%	12%
	특급 배송-1단계	13%	13%	3%	9%
	특급 배송-2단계	14%	11%	12%	14%
	일반 배송	14%	10%	8%	14%
사무용품	빠른 배송	19%	18%	17%	9%
	특급 배송-1단계	17%	14%	7%	16%
	특급 배송-2단계	16%	11%	15%	14%
	일반 배송	15%	13%	11%	11%

- 파란색과 주황색으로 표시된 보고서

카테고리	출하 유형	2017	2018	2019	2020
가구	빠른 배송	11%	12%	20%	14%
	특급 배송-1단계	10%	13%	13%	5%
	특급 배송-2단계	12%	8%	20%	14%
	일반 배송	13%	13%	14%	8%
가전	빠른 배송	33%	-1%	10%	12%
	특급 배송-1단계	13%	13%	3%	9%
	특급 배송-2단계	14%	11%	12%	14%
	일반 배송	14%	10%	8%	14%
사무용품	빠른 배송	19%	18%	17%	9%
	특급 배송-1단계	17%	14%	7%	16%
	특급 배송-2단계	16%	11%	15%	14%
	일반 배송	15%	13%	11%	11%

- 색약인 사람에게 보이는 예시

M 이처럼 강력한 색이기 때문에 자신과 다르게 보는 사람에게도 같은 임팩트를 줄 수 있을지 때로는 생각해봐야 해요.

특히 빨간색과 초록색의 문제에 관해서는 10명 중 한 사람에게는 영향이 있다는 점을 유념해 둡시다.

물론 빨간색과 녹색 모두 중요한 색이기 때문에 아예 사용하지 않기는 어렵지만, 적어도 이 두 가지 색이 가능한 한 가까이 배치되지 않도록 궁리하기만 해도 충분히 식별하기 쉽게 만들 수 있을 겁니다.

✓ 장소는 반드시 지도로 표시하지 않아도 된다

M 감각 기억을 동작시키는 시각 속성을 이용한 예시를 다양하게 살펴봤습니다. 기본적으로는 가급적 설명하지 않고도 시각 속성 고유의 특성으로 나타내고 싶은 바를 해석할 수 있는 표현 방법을 선택하는 게 중요해요.

시각 효과에서 실제 세계를 가장 접하기 쉬운 예는 지도입니다. 지도 위에 직접 시각 효과를 넣음으로써 주변이 바다와 맞닿아 있는지, 내륙인지, 이

웃한 곳은 어디인지, 집중되어 있거나 한산한지 등을 한눈에 파악할 수 있어요.

그럼 '장소 속성이라면 반드시 지도를 사용해야 하는가'를 생각해봅시다. 광역 행정 구역[3]별 이익률을 지도에 표현했습니다.

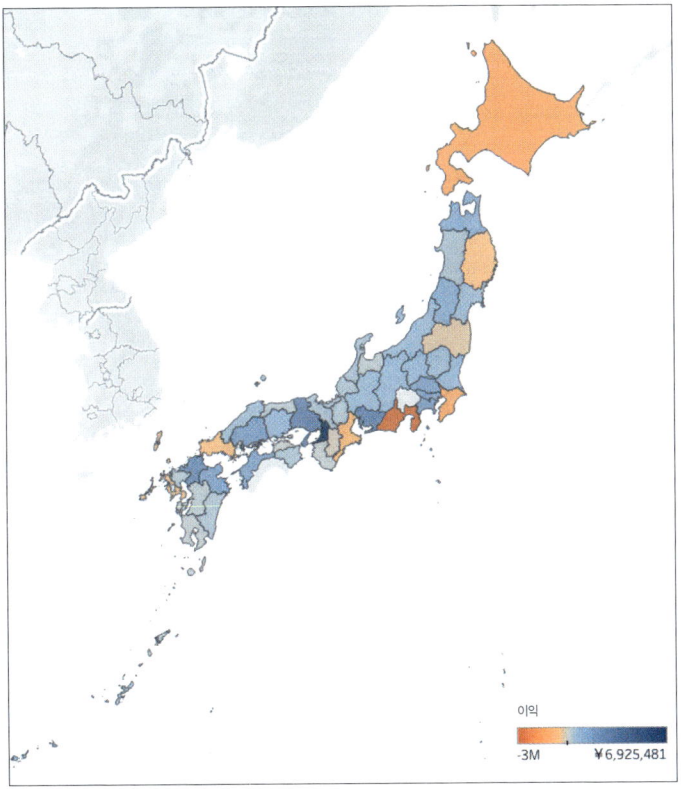

• 광역 행정 구역별 이익(지도)

3. 역주: 일본어로는 도도부현이며 이는 일본의 광역 자치 단체인 도(都 도, 도쿄도), 도(道 도, 홋카이도), 부(府 후, 오사카부와 교토부), 현(県 겐, 나머지 43개)을 묶어 이르는 말이나 이후 광역 행정 구역으로 표시합니다.

M 자, 그럼 이익이 2위인 지역은 어디일까요?

A 1위는 알겠지만 2위는 효고인지 아이치인지 헷갈려요.

M 그럼 이 이미지는 어떤가요?

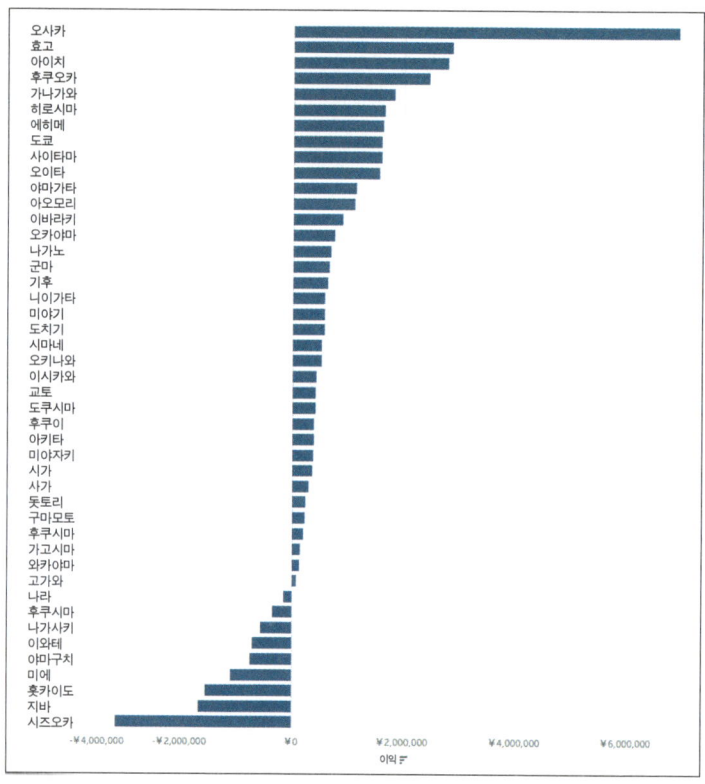

• 광역 행정 구역별 이익(막대 그래프)

A 효고군요.

M 이처럼 장소 정보를 표시하는 데 반드시 지도가 적절한 건 아니에요. 궁금하거나 표시하고 싶은 내용에 따라 표현을 달리 해야 합니다.

한편 첫 번째 지도에서는 이해할 수 있지만 막대 그래프에서는 판독할 수 없는 경우도 있습니다. 그건 '적자가 난 광역 행정 구역은 동해 쪽에는 거의 없고 태평양 쪽에 면해 있다'는 점이에요. 지도 표현 방식은 접해 있는 장소나 위치 관계를 보기에 좋지요. 표현 방법을 선택할 때 알맞은 상황을 표시할 주요 단어('접해 있다' 등)를 기억해두면 힌트가 됩니다.

✓ 비교를 통해 전하고자 하는 바를 강조한다

M 숫자가 정확하다고 하지만 때에 따라서 그 정확한 숫자의 의미를 이해할 수 없는 경우가 있습니다. 예를 들어 A씨는 스카이다이빙을 해본 적이 있나요?

A 아쉽지만 없어요.

M '128,000ft(39,105m)의 고도에서 스카이다이빙을 한다'고 들으면 어떤 생각이 드나요?

A 엄청난 높이일 거라는 생각은 들지만 감이 잡히지 않네요.

M 이건 2012년 10월에 스카이다이빙한 펠릭스 바움가트너 씨의 기록으로 당시 세계 최고 기록이에요. 2년 후에 기록을 갈아치우지만 어쨌든 이 '128,000ft'란 도대체 어느 정도의 높이인지 자세한 숫자를 들어도 뭔가 전혀 떠오르지 않죠. 그럼 이걸 보세요.

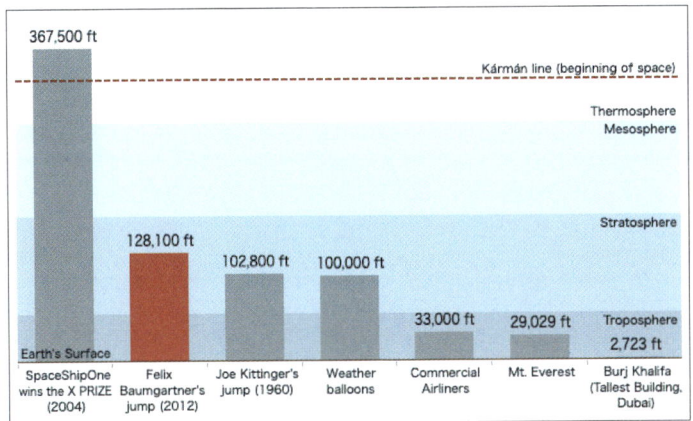

• 스카이다이빙 고도 기록의 비교

> **Fearless Felix (Tableau Public):** https://public.tableau.com/profile/ben.jones#!/vizhome/FearlessFelix/Fearles Felix

M 펠릭스 씨의 도전이 얼마나 용감했는지 알 수 있는 벤 존스 씨의 데이터 시각화 자료입니다. 이걸 보면 128,000ft가 얼마나 높은 건지 조금이라도 상상할 수 있죠.
펠릭스 씨는 종전 기록을 2만ft 이상 경신하며 세계에서 가장 높은 산은커녕 우리가 타는 여객 항공기의 고도보다 4배 높이에서 비행 장치도 없이 맨몸으로 뛰어내렸어요. 보통 사람이라면 대기권 밖으로 나갈 일은 거의 없겠지만 중간권에 가까운 성층권 상부에서 뛰어내린 겁니다. 마음 같아서는 거의 우주에서 지구를 향해 뛰어내린 것과 같지 않았을까요? 이 도전이 얼마나 과감했는지 그 스토리가 전해지지 않나요?

A 저는 절대 하고 싶지 않지만 엄청난 도전이라는 건 알겠어요.

M 이렇게 전하고 싶은 바를 명확하게 하기 위해서는 자신이 전하려는 내용을 기록한 데이터만 갖고는 알아주지 않을 수 있어요. 이런 때에는 상대방이 이해하기 쉬운 소재를 컨텍스트를 붙인 비교 대상으로 넣어서 제대로 이해할 수 있는 스토리를 구성하는 일도 중요합니다.

2-5 시각화 구성을 정리하다

스승 (Master) 시각 속성을 구사하여 어떤 식으로 시각화할 수 있는지 다양한 힌트를 드렸습니다. 이어서 이들을 어떻게 구성하고 정리할지, 즉 큰 방침이 될 생각을 배워봅시다.

시각 효과(이미지)를 봤을 때 어떤 생각을 할지 다시 한번 정리할게요. 어떤 아름다운 풍경을 전하고 싶을 때 말보다 사진 한 장이 더 빠르고 정확하기 전달하기 쉬웠죠. 하지만 한편 경치를 보고 내가 느낀 기분은 그 정보에 담겨 있지 않아요. 대신 상대방이 풍경을 보고 느낀 감상이나 의견이 생기겠죠. 풍경만이 아니라 감상을 전달하고 싶다면 예를 들어 사진에 세피아 색을 넣어 옛날 분위기를 냄으로써 풍경이 고향과 비슷하여 그리운 마음이 들었다고 전합니다. 그러면 "이 경치는 향수를 불러 일으킨다"는 의견을 전제로 상대방이 생각하겠죠.

✓ 시각화의 유형이 '탐색형'인지 '설명형'인지 파악한다

M 중립적인 입장에서 데이터를 시각화할지, 사실을 더해 의견을 기재하여 구성할지에 따라 상대방의 액션은 크게 달라져요.

시각화한 대시보드는 다음 두 가지로 구분됩니다.

> **탐색형**: 현황만 전해서 상대방이 생각할 수 있게 하는 대시보드
> **설명형**: 현황에 의견을 덧붙인 대시보드

시각 효과를 분석할 때 우선 어떤 유형의 대시보드를 만들지 명확히 해야

합니다.

제자 (Apprentice)   DAY 1에서 살펴본 것처럼 스토리텔링을 통해 뭔가를 전달하는 건 전부 설명형 대시보드인가요?

M   데이터 스토리텔링은 어디까지나 사람이 쉽게 이해하고 기억하기 위한 방법이에요. 대시보드를 탐색형이나 설명형으로 구성하는 관점과는 별개지요. 중립적으로 제시하든 자신의 의견을 명확히 하든 스토리텔링 방법(4W, 기승전결 등)으로 이야기를 구성하는 것 자체는 이해도를 높이기 위해 중요합니다.

탐색형 대시보드와 설명형 대시보드의 예를 보면서 생각해봅시다. 먼저 탐색형 대시보드의 예예요.

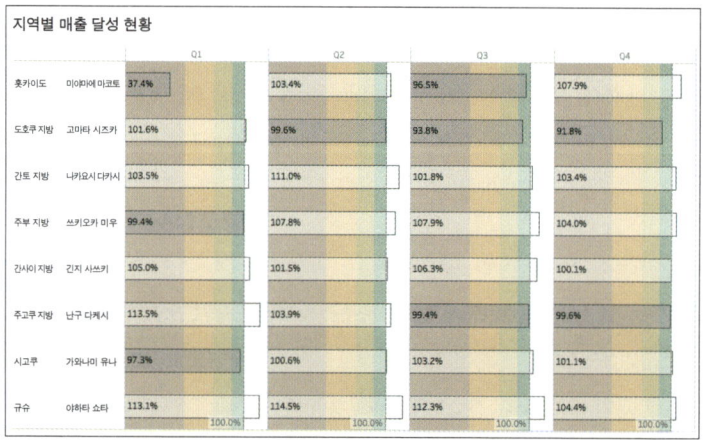

• 탐색형 대시보드의 예

M   이건 각 지역의 매니저가 분기별로 설정한 매출 목표 도달 현황을 확인하기 위한 대시보드예요.

A   흔한 유형의 대시보드네요.

M   네. 누가 언제 목표를 달성했는지 간단하게 알 수 있죠. 이런 대시보드는 대상자에 따라 반응이 달라집니다. 예를 들어 다음과 같아요.

> **경영진**: 전체를 보고 달성하지 못한 곳이 있으면 지역 매니저에게 연락을 한다.

> **각 지역 매니저**: 우선 본인의 지역 현황을 확인하고 달성 여부를 확인한다. 그다음 다른 지역 매니저의 실적을 보고 투지를 불태우기도 한다.

> **매니저 휘하의 현장 조직원**: 다른 지역에 관심을 갖는 경우는 적으며 본인 지역을 확인하는 데 그친다. 담당 범위에 관한 내용을 설명할 준비를 한다.

이처럼 전하고 싶은 의견을 배제하여 대시보드 자체를 본 사람의 시점으로 탐색할 수 있습니다.

참고로 중립적인 관점의 탐색형도 '언제(분기)', '어디서(지역)', '누가(지역 매니저)', '무엇을 달성했는지'로 스토리텔링이 성립한다는 사실을 알 수 있어요.

그럼 이제 설명형 예시를 보겠습니다.

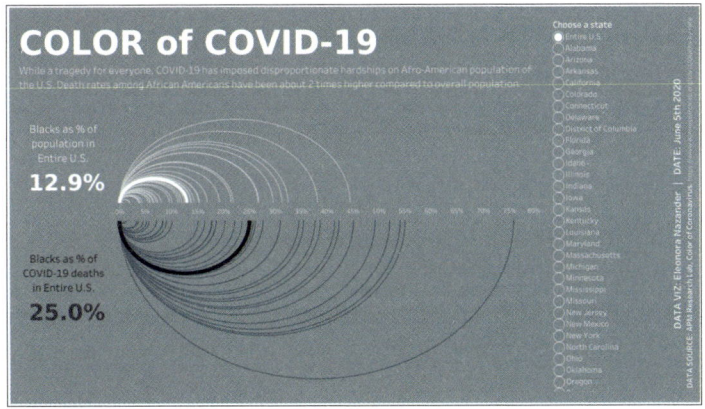

> 탐색형 대시보드의 예

> **The Color of COVID-19(Tableau Public):** https://public.tableau.com/en-us/gallery/color-covid-19?tab=viz-ofthe-day&type=viz-of-the-day

M 이건 엘레노라 나잔더(Eleonora Nazander) 씨가 만든 데이터 시각화 자료입니다. 미국 내 신형 코로나 바이러스로 돌아가신 분 가운데 아프리카계 미국인의 비율이 미국 전체 인구 비율 대비 약 두 배 높았다는 결과를 시각화한 거예요.
이걸 보고 A씨는 어떻게 느꼈어요?

A 인종에 따라 사망률이 높아진다는 불평등성에 대해 인지하고 문제를 제기하고 있다는 인상을 받았어요.

M 그렇군요. 이 시각화 자료를 보고 단순히 통계 결과를 제시했다고 생각하는 사람은 없을 거예요. '색'을 이용해서 미국에 사는 흑인들이 타 인종 대비 더 큰 피해를 입었다는 문제를 제기하고 정치나 사회 문제를 질문하는 데이터 시각화 자료입니다.
이처럼 설명형 대시보드는 데이터를 기반으로 사실부터 제시하고 싶은 의견이나 방향성까지 명확하게 표현한 거예요.

A 회사 업무에서는 이런 표현을 쓰진 않을 것 같아요. 설명형 대시보드는 대중에 공개하는 인포그래픽에서 사용하는 데 그치나요? 제가 시사 관련 데이터에 관해 문제를 제기할 일은 없을 것 같아요.

M 회사의 실무에도 설명형 대시보드를 효과적으로 사용할 수 있습니다. 다음 예를 보세요.

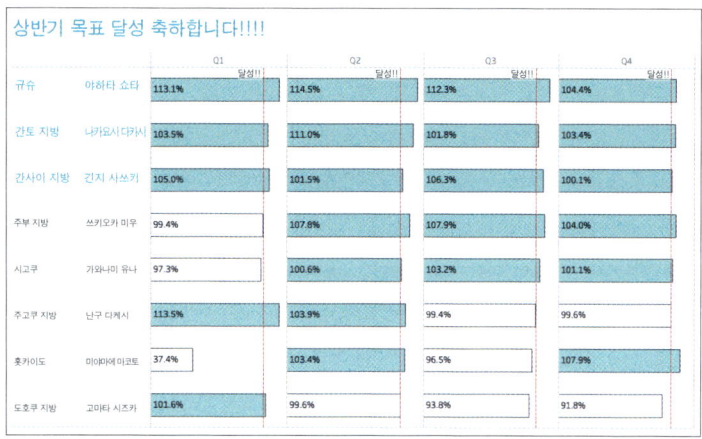

- 설명형의 매출 목표 달성 상황

M   앞의 탐색형 대시보드와 수치는 동일하지만 어떤가요?

A   분기별로 목표를 달성한 사람을 칭찬하는 것 같아요.

M   맞아요. 이걸 본 사람은 야하타 씨와 나카요시 씨와 긴지 씨의 실적을 칭찬하게 되겠죠.

단순한 수치의 통계가 아니라 여기에는 '열심히 한 사람을 기린다'는 의미가 명확하게 포함되어 있습니다. 이렇게 업무에도 설명형 대시보드의 특징을 잘 활용할 수 있어요.

실무에서 이런 대시보드를 구축하는 빈도는 낮을 수도 있어요. 하지만 일 년에 한 번 정도는 이런 대시보드를 접해도 괜찮겠죠.

조심해야 할 요점은, 어떤 용도로 사용할지 제대로 생각하고 만들어야 한다는 겁니다. 그렇지 않으면 목적에 맞지 않는 형태로 사용할 수 있어요.

예를 들어 연말에 이 대시보드를 전 사원들이 본다면 모두 축하하겠죠. 하지만 똑같은 숫자가 보인다고 해서 이 대시보드를 매일 조회하는 용도로 쓴다면 신입들은 반기지 않을 거예요. 일상적으로 본인의 진척을 확인하기 위해 보는 대시보드에는 타인의 의견이 있으면 안 됩니다.

이처럼 대시보드는 '누가 언제 보는지' 잘 생각하고 그에 맞춰 탐색형과 설명형 중에서 선택하여 구성하는 것이 중요해요.

✓ 타이틀과 색의 포인트

M 그럼 탐색형과 설명형 각각의 대시보드를 구성하는 타이틀과 색의 요점를 파악합시다.

■ 타이틀과 색의 요점

시각 효과 요소	탐색형	설명형
타이틀	표시하는 데이터의 의미를 단적으로 표현한다.	전하고 싶은 의견을 명확하게 기재한다.
색	동일한 요소를 같은 강도의 색으로 맞춘다(예를 들어 가구는 빨간색, 가전은 흰색으로 하면 가전이 약하게 보이기 때문에 좋지 않다. 파란색과 주황색 등 동일한 강도의 색상을 선택한다. 또한 색상이 변해도 한쪽이 극단적으로 채도가 옅어지면 안 된다).	눈에 띄게 하고 싶은 카테고리에만 색을 부여해, 강조하고 싶은 부분을 명확하게 표시한다.

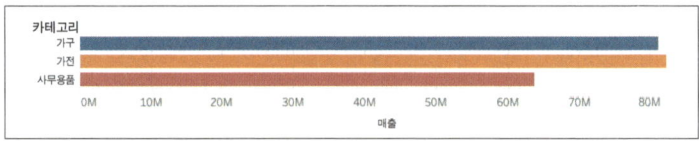

- 탐색형의 색 설정: 좋은 예(균등한 색상)

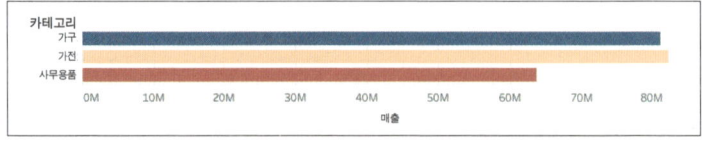

- 탐색형의 색 설정: 나쁜 예(가전만 극단적으로 채도가 옅어서 중요도가 낮다고 오해할 수 있다)

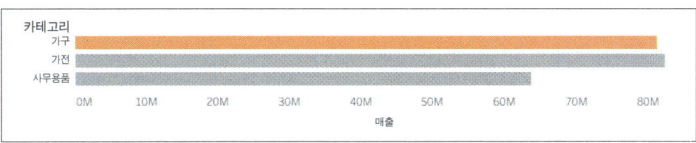

- 설명형의 색 설정(가구에 주목해야 할 경우): 좋은 예(가구를 주목할 수 있도록 다른 카테고리에 색을 넣지 않는다)

M 탐색형에서는 상대가 탐색할 수 있는 여지를 다소 남기는 것이 중요합니다. 탐색형 대시보드는 필터가 많은 경향이 있어 조작할 수 있는 요소가 많아요.

설명형에서는 전하고자 하는 의견과 무관한 요소는 판단할 수 있을 정도로만 최소한의 수준으로 표시합니다. 앞의 예에서 연간 달성을 축하하는 설명형 대시보드에서는 달성 여부가 중요해요. 그래서 50%, 75% 달성률을 강조하고자 배경색을 넣지 않았어요.

✅ 상대가 '원하는 바'가 아닌 '내가 하고 싶은 것'을 바탕으로 한다

M DAY 2에서는 시각 속성을 통해 감각 기억을 사용하고, 의미 있는 고찰을 하는 데 단기 기억을 사용하기 위한 시각화 표현 방법이나 사고 방식을 배웠어요. 다양한 예를 살펴봤지만 한마디로 정리하면 '생각하지 않아도 알 수 있는 자연스러운 디자인을 지향'합니다.

보자마자 알 수 있는 내용은 읽지 않아도 돼요. 우리의 기억력을 충분히 발휘해서 읽지 않아도 되는 내용은 구태여 읽지 않도록(보자마자 알 수 있게 한다), 기억하지 않아도 되는 건 기억하지 않도록 해서 사색하는 데 뇌의 힘을 집중하는 것이 중요합니다.

안타깝게도 이런 기본적인 시각 반응에 대해 많은 사람들이 잘 몰라요. 그래서 지금부터 다양한 관점을 배운 A씨가 대시보드를 만들 때는 상대방에게 '어떤 걸 원하는지' 물으면 안 됩니다.

A 상대방에게 묻지 않고 만들면 상대의 요구사항을 반영할 수 없어서 쓸모 없는 대시보드가 되지 않을까요?

M 상대방의 요구사항에 맞추지 않는 게 아니라, '어떤 게 필요한지' 물어서는 안 된다는 거예요.

예를 들어 극단적인 예지만 메이지 시대부터 현재에 이르기까지 시간 여행을 한 사람이 있다고 칩시다. 난처해 보여서 "무엇이 필요한가요?"라고 물었더니 "마차가 필요하다"고 대답했어요.

현대에 마차를 준비하기는 어렵죠. 마차로 뭘 하려는지 묻자 "도쿄에서 하리치까지 서둘러서 이동해야 한다"고 해요. 이런 목적이라면 신칸센을 타면 더 빠르게 이룰 수 있겠죠.

필요한 것을 물으면 상대방은 본인의 지식 범위 내에서 답을 합니다. 신칸센을 본 적 없는 메이지 시대의 사람이 신칸센을 타겠다고 할 리는 없죠. 하지만 상대가 모르는 범위에서 보다 효율적으로 목적을 달성할 수 있는 방법이 있을 수도 있어요.

오늘 배운 시각화의 의미를 모르는 사람이 떠올릴 수 있는 데이터 리포트는 분명 이런 형태겠죠.

• DAY 2 서두의 알아보기 어려운 데이터 리포트 예

A 제가 숙제로 만든 거군요. 이젠 부끄러워요.

M 몰랐던 걸 부끄러워할 필요는 없어요. 중요한 건 항상 새로운 지식을 흡수할 기회를 놓치지 않고, 새로 얻은 지식을 자신의 것으로 만들어야 한다는 겁니다.

그리고 배운 지식을 아직 모르는 주위 사람들에게 전하고자 노력하는 것도 중요합니다.

A씨는 "이 리포트에서는 읽어낼 수 없는 게 있다"고 주위에 바르게 전달해야 돼요. 그러기 위해서는 상대가 원하는 바를 A씨가 고안한 데이터 시각화 방법으로 표현해서 상대를 이해시켜야 합니다. 이 목표를 달성하기 위해 A씨는 상대방에게 이렇게 질문하세요. "당신은 무엇을 하고 싶습니까?"라고요.

✅ 시각화의 표현 방법은 무한하다

A 긴 하루였어요. 앞으로 제 시야에 들어오는 모든 게 어떤 전주의적 속성인지 생각하는 나날이 될 것 같아요.

M 아주 좋은 자세예요. 머리가 터질 것 같겠지만 오늘의 마지막은 데이터 시각화를 더 알고 싶은 마음이 들도록 마무리해볼게요.

데이터를 표현하기 위해 사용하는 차트의 종류는 몇 개가 있을까요?

A 음, 막대 그래프나 선 그래프 같은 걸까요? 20개? 더 있을까요? 생각이 안 나요.

M 무한합니다.

A 무한하다고요?

M 감각 기억이 인식할 수 있는 전주의적 속성의 조합으로 시각 효과를 만들고 이들을 자유자재로 다룰 수 있다면 실제 시각화의 패턴은 무한해요.

우리는 데이터를 사용해서 데이터가 기록된 순간의 세계와 대화하고자 합니다. 사람과 사람 간의 대화 패턴이죠. 마찬가지로 대화의 패턴은 무한히 많아질 수 있어요.

'열 개의 단순한 속성을 사용해서 표현을 무한하게 만드는' 일이란 꽤 흥미롭지 않나요?

A씨가 지금부터 만들어낼 무한한 표현에는 어떤 게 있을지 즐겁게 지켜볼게요.

숙제

1 시각화 분석에 대한 사고방식을 본인의 조직에 어떻게 퍼뜨릴지 계획을 세운다.

- 현재의 상황을 정리한다.
  - ▶ 관계자(대시보드 작성자, 참조자)를 정리한다.
  - ▶ 관계자별 시각화에 대해 생각(긍정적? 부정적?)한다.
  - ▶ 대시보드 작성자의 기술 역량, 지식을 정리한다.
  - ▶ 대시보드 참조자의 데이터 이해력(경험)을 정리한다.
  - ▶ 시각화 분석이 일상화되면 업무 방식이 어떻게 바뀔까?
  - ▶ 관련 내용을 퍼뜨리려면 어떤 행동을 해야 할까?
  - ▶ 구체적인 행동과 일정
  - ▶ 방해 요소

2 오늘 배운 내용을 바탕으로 지금까지 작성한 본인의 데이터 시각화 방법을 수정한다.

- 무엇을, 어떻게, 왜 변경하는가?
- 어떤 데이터 유형에 어떤 전주의적 속성을 사용했는가?

DAY 3

분석 플랫폼

3-1 데이터를 사용할 수 있는 환경을 공유하다

스승
(Master) 이번 주도 오셨군요. 숙제도 꼬박꼬박 하셨네요. 토론 결과는 어땠나요?

제자
(Apprentice) 네. 토론하기 전에 우선 스승님이 가르쳐주셨던 시각화 사용해서, 뇌의 기억 구조에 맞게 생각할 수 있는 전주의적 속성부터 이야기하기 시작했어요. 모두들 들어보지 못한 이야기여서 모두 열심히 들어준 것 같아요.

M 바로 주위 사람들에게 전하셨군요. 행동력이 좋네요.

A 고맙습니다. 하지만 조금 곤란한 일이 있었어요.

M 뭔가요?

A 스토리와 시각화의 힘을 사용해서 저는 이전보다 데이터로 전하고 싶은 바를 잘 전달할 수 있게 됐어요. 그래서 주위 사람들의 반응도 긍정적이였구요. 하지만 그것뿐이에요. 뭐라고 하면 좋을지, 독선적인 느낌도 들어요. 저는 변했지만 회사가 바뀐 건 아니니까요.

M A씨는 문화 조성의 본질을 보기 시작한 거에요. 매우 중요한 부분이니까 명확하게 언어로 표현합시다. 왜 독선적이라는 생각이 들었나요?

A 저는 매일 데이터를 봄으로써 어떤 일이 일어날지 예전보다 훨씬 많이 알게 됐어요. 다른 사람들도 그 효과를 얻을 수 있도록 스터디 모임도 열었어요. 참가자들의 이해도는 결코 나쁘지 않은 것 같았어요.
하지만 모임에서 "재미있었다"고는 해도 다음 날 아무도 제가 가르쳐준 내용을 활용해서 데이터를 보지 않아요.
그리고 데이터에 대해 궁금한 게 있으면 다들 저한테 와서 "이런 걸 하고 싶다"고 하더라구요. 원하는 것이 아닌 하고 싶은 걸 말하는 건 좋지만, 어쨌든 저는 매일 다른 사람들이 말한 걸 하는 것만으로도 벅찹니다. 이게 데이터 드리븐 문화인가요?

M   문화란 집단 내의 공통된 행동입니다. A씨의 행동만 변한 거라면 아직 데이터 드리븐 문화가 조성된 건 아니에요.

A   역시 그렇군요. 지금 상태라면 제가 없거나 다른 일을 맡으면 순식간에 아무도 데이터를 보지 않겠죠.

M   A씨는 학습과 실천을 함께 하면서 훌륭하게 깨닫고 있어요. 스토리텔링이나 시각화 방법을 아무리 배우고 실천하더라도 혼자만 하는 상태에서는 단순히 개인의 전문 지식을 향상시켰을 뿐입니다. 주위 사람들이 함께 실천하고 활용하지 못한다면 결코 문화가 될 수 없어요.

✓ 데이터 드리븐 문화에 필요한 세 가지 요소

M   주위 사람들이 A씨처럼 실천할 수 있게 하려면 무엇이 필요하다고 생각해요?

A   제가 스승님께 배웠듯이 배울 수 있는 환경이 아닐까요?

M   정답이지만 그것만으로는 부족해요. 실제로 A씨는 다른 사람에게 가르쳤지만 아직 문화를 조성하는 데까지 이르진 못했지요.

문화를 이루려면 세 가지 요소가 필요합니다.

> - 교육
> - 플랫폼
> - 커뮤니티

A씨가 말한 대로 교육은 하나의 중요한 요소예요. 하지만 지금부터 문화를 일구려면 교육뿐만 아니라 플랫폼이나 커뮤니티도 만들어야 합니다. 플랫폼이란 데이터 드리븐을 실천하는 사람들을 지탱하는 토대가 됩니다.

또한 커뮤니티는 데이터 드리븐을 실천하는 사람들이 정보를 교환하거나 서로 돕거나 역량을 키우는 장소며, 문화의 발신지라고도 부를 수 있어요. 오늘은 데이터 드리븐을 실천하는 사람들을 지원하는 플랫폼이 도대체 어떤 것이며 왜 필요한지, 어떻게 만들지를 생각해봅시다.

✓ 분석 후 데이터 공유하기

M   A씨가 회사에서 데이터를 바탕으로 분석한 후 그 결과를 어떻게 공유했나요?

A   '어떻게'라니요?

M   분석 결과 파일을 만들었죠? 그걸 상대방에게 어떻게 공유하고 보여주셨어요?

A   아, 사람마다 사용할 수 있는 환경이 달라서 다양해요.

> » 회의에서 화면으로 보여주기만 한다.
> » 메일로 분석 결과 파일을 보낸다.
> » 태블로 라이센스가 없는 사람을 위해 파일을 PDF로 변환해서 보낸다.
> » 종이 자료가 좋다는 사람에게는 출력해서 건네준다.

우리 회사에서는 컬러 인쇄를 하려면 승인을 받아야 해서 흑백으로 인쇄했지만요.

M   색으로 얻을 수 있는 시각 효과에 대해 DAY 2에서 시간을 많이 들여 설명했죠. 흑백 인쇄라면 의미가 없어져요. 하지만 플랫폼 문제가 해결되면 이건도 자연스럽게 해결됩니다.

그런데 여기서 가장 큰 문제는 '공유해야 할 상대의 환경이 다르다'는 점이에요. 데이터 드리븐 조직에서는 사람에 따라 사용할 수 있는 환경이 달라서는 안 돼요. A씨가 직면한 문제는 새로운 도구를 이용해서 개인별로 지금까지보다 데이터를 이해하기 쉬운 형태로 보고 처리하기 쉬워진 직후 흔히 볼 수 있는 광경입니다. 따라서 개인이라는 범위를 넘어서 조직 내에 퍼지려면 공유할 수 있는 토대 즉, 플랫폼을 갖춰야 해요.

플랫폼을 성공적으로 만들면 데이터 드리븐 문화를 조성할 수 있는 길이 활짝 열립니다. 반대로 말하면 플랫폼이 없다면 독단적으로 데이터를 계속 분석하고 공유하게 되어 조직으로서 성과를 낼 수 없어요. 그리고 데이터 드리븐 프로젝트는 실패했다는 평가를 얻게 될 거예요.

지금까지 배운 스토리텔링이나 시각화 방법을 반영한 분석 리포트는 주위 사람에게 이전보다 더 강한 임팩트를 줄 겁니다. 하지만 리포트가 A씨의 손을 통해 공유되는 경우 그 효과는 어디까지나 '순간적인 인기'만 얻을 거예요.

특별한 전문가(예를 들어 A씨와 같은 지식이 있는 사람)가 만든 자료로 규정되어 사고의 근거인 문화로서 일상적으로 자리잡지 못합니다.

A씨가 제시한 현재의 공유 방법을 이미지로 만들어서 문제점을 살펴봅시다.

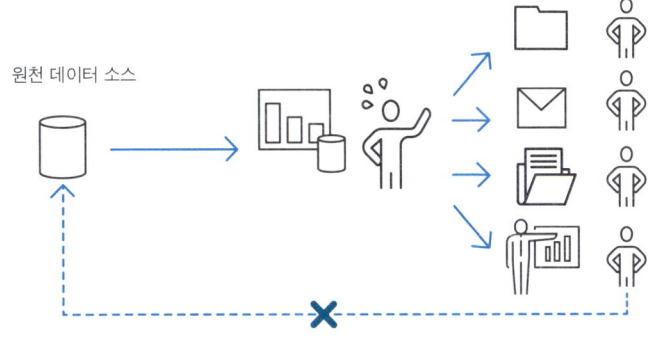

• 문제가 있는 데이터 공유 방법

M 우선 데이터를 분석할 때 A씨는 시각화 분석 사이클에서 Get Data 단계

에 따라 데이터에 접속합니다. 이때 접한 데이터를 원천 데이터 소스라 해요. 리포트의 바탕이 되는 데이터라는 의미죠. 여기서 문제는 A씨만 원천 데이터 소스에 제대로 접근할 수 있고 A씨의 손을 통해서만 주위 사람들에게 데이터가 공유된다는 점이에요.

파일 서버에 분석 결과 파일을 두고 공유한다면 A씨는 데이터가 갱신될 때마다 다운로드받아서 파일 서버에 다시 업로드해줘야 합니다. 메일이라면 파일을 여러 번 수정해서 재송신해야 하고, 종이에 출력한다면 여러 번 새로 인쇄해서 나눠줘야겠지요. 발표용 자료로만 사용하면 회의가 끝난 후에는 상대방이 더 볼 수 없어요.

어느 방법이든 다른 사람들이 데이터를 참조하게 하려면 A씨가 고생해야만 해요. A씨가 공유했다고 생각한 상대는 실제로 데이터를 공유받았다기보단 A씨로부터 단편적인 정보를 얻은 거나 마찬가지인 셈이에요. 그들은 데이터를 참고하려 해도 직접 데이터에 접할 수 없는 상태입니다.

A 메일이나 출력 자료라면 확실히 그럴지도 몰라요. 하지만 그들 중에는 직접 데이터를 보고자 저한테 데이터 자체를 요구하는 사람들도 있어요. 그렇다면 데이터를 공유하는 것 아닌가요?

M A씨는 데이터를 보고 싶다고 요구하는 사람들에게 뭘 제공했나요?

A 모두 데이터에 직접 접근할 수 있는 구조가 아니라서 CSV 파일을 다운로드해서 전달했어요.

M 그렇다면 앞의 경우와 다르지 않아요.

여기서 중요한 건 데이터베이스에서 추출되어 나온 건 원천 데이터 소스와는 다른 복제품이며 이제는 별개의 것이 되었다는 사실을 확실하게 인식하는 거예요.

원천 데이터 소스에서는 데이터가 추가, 변경, 삭제될 수 있습니다. 그때 다운로드한 CSV는 어떻게 될까요?

A 매일 갱신되는 데이터이기 때문에 예전 데이터는 사용할 수 없어요. 저는

매일 다운로드해서 새로운 CSV 파일을 제공합니다.

M 즉, A씨가 전달하는 CSV 데이터는 데이터 소스와는 별개네요. A씨가 수작업으로 갱신, 관리, 운영하는 거죠. 여기에는 큰 문제점이 있습니다. 데이터를 다운로드해서 제공했지만 일단 분리된 데이터는 본래 다음과 같이 검증해야 해요.

> › 정말 최신 데이터인가?
> › 값이 정확한가?
> › 누가 갱신하는가? 등

이런 요소를 확실하게 검증하지 않는다면 보고 있는 데이터를 오판할 수 있어요. 정확한 데이터라는 사실을 보장하지 않으면 데이터에 입각한 의사 결정을 내릴 수 없습니다.

스토리텔링과 시각화의 힘을 사용하면 리포트의 이해도와 임팩트가 크게 올라가고, 그에 비례하여 원천 데이터 소스의 신뢰도도 더욱 중요해집니다. 불명확한 데이터로 분석하면 모처럼 얻은 인사이트를 신뢰할 수 없게 될 수도 있어요.

최악의 경우에는 경영진 대상 신규 리포트의 첫 시연에서 신뢰도가 낮은 데이터를 사용하는 바람에 스토리텔링이나 시각화마저 저평가받게 될 수도 있습니다.

따라서 반드시 지금 보고 있는 데이터가 어떤 데이터인지, 신뢰할 수 있는지를 보장할 수 있는 상태에서 분석해야 해요.

애초에 데이터가 필요하다는 요청 자체가 문제입니다. 그 사람은 누군가에게 요청하지 않으면 필요한 걸 얻을 수 없는 상태겠죠.

데이터가 있는 저장소와 지연 없이 연결되는 시스템을 통해 필요한 사람이 쓸 수 있어야 진정으로 공유한다고 말할 수 있어요. 여기서 안전하고 올바른 데이터를 제공하는 토대가 되는 장소를 '분석 플랫폼'이라 명명합시다.

이번 예에서는 A씨만 분석 플랫폼에 접속할 수 있고 다른 사람들은 불가능한 상황이에요.

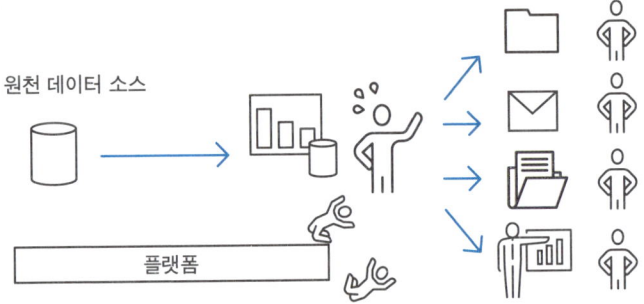

- 다른 사람은 플랫폼에 접근하지 못한다

✓ 모든 데이터와 사람은 같은 토대 위에 있어야 한다

M 분석 플랫폼은 데이터를 사용하는 모든 사람을 지원하는 토대예요. 즉, 데이터 드리븐 문화를 지향하려면 A씨는 모든 사람이 분석 플랫폼을 사용할 수 있는 환경을 제공해야 합니다.

최초의 리포트는 A씨가 만들 수도 있어요. 하지만 그다음에는 다른 조직원들도 분석 플랫폼에서 직접 참고할 수 있어야 해요. 데이터를 직접 조회하거나 자동 갱신된 리포트는 A씨가 일일이 손대지 않아도 항상 최신 데이터로 반영됩니다. A씨가 손대는 부분은 리포트에 새로운 요소를 추가하는 경우예요. 분석 시점을 새로 더하거나, 설명이나 디자인을 변경해서 사용하는 사람들이 쓰기 쉽도록 고안해야 하죠.

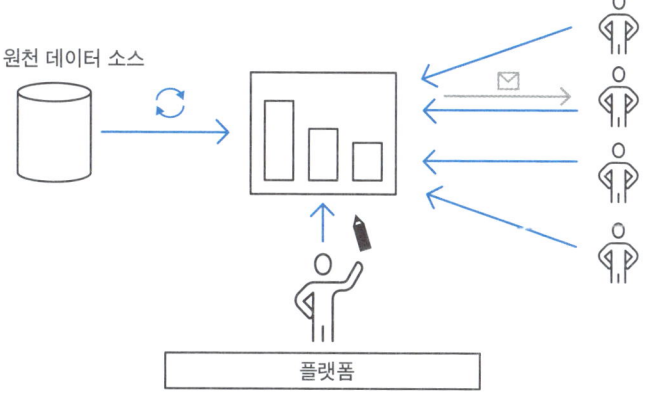

- 모든 사람이 플랫폼을 이용할 수 있다

M 열람한 사람이 최종적으로 회의 자료로 사용하든, 잊지 않도록 자동으로 메일을 보내도록 설정하든, 출력하든 권한이 있는 범위 내에서 자유롭게 사용할 수 있습니다.
어떤 식으로든 자유롭게 원천 데이터 소스에 바로 접할 수 있는 환경이 필요해요.

✅ 데이터베이스와 분석 플랫폼은 별개다

A 잠시만요. 조직 전체를 데이터 드리븐으로 만들려면 모든 사원에게 데이터베이스 접근 권한을 부여해야 할까요? 그건 너무 위험해서 시행하기 어려워요.

M 데이터베이스 접근 권한은 없어도 돼요. 필요한 건 '원천 데이터 소스' 접근 권한입니다. 당연히 부서나 직책에 따라 접근 권한을 관리해야 해요.

A 데이터베이스 접근 권한과 데이터 소스의 접근 권한은 똑같은 것 아닌가요?

M 달라요. 데이터베이스 시스템(데이터 저장소)은 지금까지 데이터를 관리해

온 사람들에게는 그다지 어렵지 않을 거예요. 하지만 그 외의 사람들은 데이터베이스, 스키마, 테이블과 같은 개념을 이해하지 않으면 데이터에 접근할 수 있더라도 데이터를 사용할 수 없습니다.

중요한 건 다음 두 가지예요.

> › 필요한 데이터가 목록으로 구성되어 있어야 한다.
> › 데이터가 올바르다는 점이 보장되며 안전해야 한다.

사용하고자 하는 데이터 관점에서 그 데이터가 어디에 저장되어 있는지 (서버명이나 데이터베이스 아이디와 암호, 저장된 스키마명과 테이블명 등)와 같은 정보는 그다지 중요하지 않아요. 덧붙이자면 데이터가 있는 장소가 저마다 다른 곳에 있으면 원하는 데이터를 찾아도 사용하지 못하고 포기하는 사람도 많을 거예요.

이런 정보와 데이터를 사용하려는 사람이 모여서 필요한 데이터나 인사이트를 얻을 수 있는 장소가 바로 플랫폼입니다.

✓ 이상적인 분석 플랫폼

M 분석 플랫폼 구축 초기 단계에는 아까 본 이미지와 같은 상태에서 참조자가 늘어나는 형태입니다. 하지만 데이터 드리븐 조직이 진화하는 과정이라면 다음과 같은 형태가 되겠죠.

DAY 3 분석 플랫폼

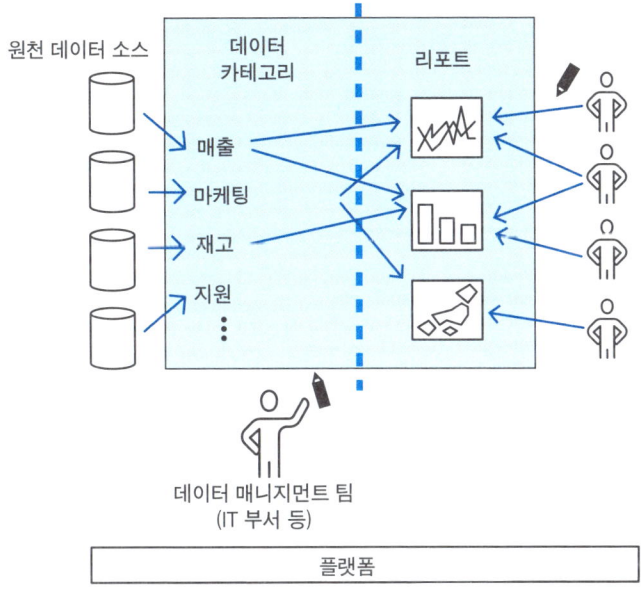

• 이상적인 분석 플랫폼 이미지

M 데이터 드리븐 문화가 확산되면 분석하고 싶은 데이터 양과 종류가 증가하고 데이터를 참조하는 사람도 늘어납니다. 그러한 진화에 맞춰서 A씨가 혼자 리포트를 만드는 상태에서 나아가 더 많은 사람이 직접 분석하고 리포트를 작성하게 돼요. 경우에 따라 A씨와 같이 초기에 리포트를 만들던 사람은 직접 만드는 역할에서 물러나고 다른 사람이 작성한 리포트를 회사 전체에서 이용하도록 승인하거나 원천 데이터 소스를 관리하는 역할로 전환될 수도 있어요.

계속 늘어나는 데이터와 사람들을 모두 분석 플랫폼의 토대 위에 올려야 합니다. 이는 유동적으로 계속 변하는 데이터와 사람을 대상으로 하기 때문에 매우 어려워요. 실현하기 위해서는 유연성이 높은 플랫폼을 준비해야 해요.

✓ 데이터 카탈로그를 준비한다

A 이미지에 있는 '데이터 카탈로그'는 뭔가요?

M 데이터를 바탕으로 한 리포트 유형은 용도에 맞춰서 늘어납니다. 하지만 대상 원천 데이터 소스는 리포트의 수보다 적을 거예요. 예를 들어 '지역별 매출 리포트'와 '제품별 매출 리포트'는 시점이 다른 리포트지만 원천 데이터는 전부 매출 데이터죠.

이런 경우 다시 처음부터 일일이 데이터 접속 설정을 하려면 번거롭습니다. 필요한 데이터를 선택하고 미리 해석한 계층 구조, 잘 사용한 계산식, 서식 설정 등 사전에 정의한 데이터 소스 등을 '데이터 카탈로그'에 등록해두면 분석을 위한 소요 시간을 단축할 수 있어요. 이 카탈로그에 원하는 데이터가 목록으로 분류된 상태가 이상적입니다.

게다가 이 데이터 카탈로그에는 장점이 하나 더 있어요. 어느 리포트에 어떤 데이터가 사용되었는지, 몇 번 참조되었는지 원천 데이터 소스 단위로 알 수 있기 때문에 어느 데이터를 개선하거나 유용한 데이터를 추가할지 등 다음 데이터 전략을 검토할 근거가 됩니다.

A 리포트의 조회수 순위와 다른가요?

M 비슷하지만 달라요. 예를 들어 다음과 같은 조회수 순위가 있다고 합시다.

> » **1위(조회수 10,000)**: 산여 새고 리포트(재고 데이디로 작성)
>
> » **2위(조회수 6,000)**: 지역별 매출 리포트(매출 데이터로 작성)
>
> » **3위(조회수 5,000)**: 제품별 매출 리포트(매출 데이터로 작성)

리포트 단위로 보면 재고가 1위지만 참조된 원천 데이터 단위로 보면 재고 데이터의 조회수가 10,000이고 매출 데이터는 11,000(6,000 + 5,000)입니다. 매출에 관해서는 열람자의 시점이 다르기 때문에 보는 리포트가 다르겠죠. 하지만 가장 많이 본 데이터는 매출이라는 사실을 알 수 있어요. 데이터가 제대로 카탈로그화되어 있지 않으면 이런 인사이트를 얻을 수 없습니다. 접속 이력을 리포트에 반영해야만 얻을 수 있는 인사이트죠.

✅ 분석 플랫폼의 접근 권한을 명확하게 정한다

A 분석 플랫폼에서 모든 데이터 소스와 리포트에 접속할 수 있다면 확실히 편리하겠네요.
하지만 한편으로는 누구나 동일한 분석 플랫폼에 접속해서 데이터가 노출되는 상태는 우려스럽긴 합니다.

M 물론 데이터는 귀중한 자산이므로 누구에게나 모조리 노출되는 상황은 반드시 피해야 해요. 분석 플랫폼은 '개인별로 누가 접속하는가'를 명확히 정해 둬야 해요.

A 그렇군요. 이 분석 플랫폼에 개인 단위로 로그인하면 그 사람의 권한에 맞는 데이터 리포트나 데이터 카탈로그를 참조할 수 있다는 말씀이군요.

M 맞아요. 분석 플랫폼은 반드시 개인 단위로 식별할 수 있는 상태에서 접근할 수 있어야 해요. 누가 무엇을 다룰 수 있는지 권한 관리 측면에서도 유효한 데다 실제로 어떤 리포트나 데이터가 사용되는지 분석하는 데도 사용할 수 있습니다.

A 분석 플랫폼 자체가 데이터 드리븐이군요.

M 그럼요. 사용자 아이디를 그룹으로 공유해서 관리하는 조직이 있어요. 흔히 'BI 운영 관리자'와 같은 명칭으로도 부르지만, 이는 매우 위험합니다. 감사 등의 관점에서 개인 단위로의 접근을 관리, 보고해야 한다면 애매한 정보가 돼요.
또한 개인 단위로 접근을 관리하면 누가 무엇을 보고 의사 결정을 내리는지 알 수 있는 중요한 단서가 됩니다. 이 리포트는 전체적으로 몇 번 조회

되었으며 유니크 유저(unique user)가 몇 명인지와 같은 통계 정보를 활용하는 데 '어떤 리포트를 집중해서 개선해야 할지', 반영할 때 '어느 정도의 범위로 영향이 미칠지' 감안해서 플랫폼상의 콘텐츠를 발전시키는 데 지침도 줘요.

✅ 분석 플랫폼에 필요한 요건을 갖춘다

M 그럼 지금까지 설명한 내용을 포함해서 분석 플랫폼에 필요한 조건을 갖춰봅시다.

• 분석 플랫폼에 필요한 요건

요건	설명
보안	보안·컴플라이언스[4] 요건 준수. 암호화나 개인 정보 보호 등. 외부로의 누설을 방지하고 데이터를 보호한다.
데이터 접근	다양한 장소에 있는 데이터에 접근할 수 있으며 서버 정보나 인증 정보를 일원화하여 관리한다.
데이터 준비	필요에 따라 데이터 갱신이나 가공 플로우를 관리·운영한다.
거버넌스[5]	사용할 수 있는 범위를 관리(참조 권한 및 조직 권한)하고 데이터를 올바르게 할당한다.
콘텐츠 검색	사용자가 필요한 리포트나 데이터 소스를 검색할 수 있다.
분석	사용자가 필요한 분석을 할 수 있다.
콜라보레이션 (collaboration)	적절하게 커뮤니케이션을 하고 새로운 아이디어를 낸다.

---

4. compliance, 역주: 기업 경영이 법규, 규정, 윤리 또는 사회 통념에 맞도록 하는 내부 통제
5. governance, 역주: 데이터의 보안, 개인정보 보호, 정확성, 가용성, 사용성을 보장하기 위해 수행하는 모든 작업

• 필요 요건을 통해 얻을 수 있는 효과

기대 효과	설명
자동화	데이터 갱신이나 알림이 자동화된다. 간단하고 반복적인 일은 사람이 하지 않는다.
퍼포먼스	여러 명이 여러 번에 걸쳐서 재사용 가능한 데이터에 관해 질문하지 않도록 컴퓨터 자원을 효율적으로 사용할 수 있다.
투명성	사용 빈도, 사용자 등과 같은 내용을 향후 정책을 결정하는 근거로 삼을 수 있다.
추천	분석 플랫폼에 축적된 데이터를 기반으로 AI 등을 통해 사용자 측에 제안할 수 있다.

A   추천이 뭔가요?

M   최근 AI 혹은 머신 러닝에 의한 예측이나 권장 기능이 많이 활용되고 있어요. 예를 들어 e커머스 사이트에서 A씨가 사려는 물건을 샀던 다른 사람이 관심을 가졌던 다른 추천 제품을 표시하죠. 분석 플랫폼에도 이걸 활용할 수 있어요. 즉, 평소 동일 조직, 동일 역할 등 가까운 사람이 자주 활용하는 리포트나 데이터 소스가 무엇인지 축적된 정보를 통해 로그인한 사람에 따라 유용하거나 잠재적으로 찾을 법한 콘텐츠를 분석 플랫폼에서 제안합니다. 이건 데이터를 활용하는 사람이 같은 플랫폼을 써야 실현할 수 있어요. 모든 사람을 플랫폼상에 배치해야 유효하죠. 물론 AI나 머신 러닝이라도 원천 데이터를 만드는 건 인간이기에, 이러한 추천은 사람과 사람 간의 협업 결과라고 생각합니다.

✓ 분석 플랫폼을 활용한다

M   데이터를 다루는 다양한 팀원들은 할 수 있는 한 각자의 역할에 집중하는 편이 바람직하기에 이런 식으로 분석 플랫폼을 지원합니다. 여기에서는 분석 플랫폼의 활용에 대한 역할별 시점부터 다시 정리해봅시다.
먼저 각 팀원의 역할을 세 그룹으로 분류할게요.

> **열람자**: 작성된 리포트에 기반한 의사 결정에 따라 행동을 하는 실무자 및 경영진
> **분석가**: 데이터를 바탕으로 깊이 있게 분석하는 팀원
> **관리자**: 데이터 및 환경을 관리하고 운영하는 팀원

데이터가 필요한 각 분석 팀원이 분석 플랫폼에서 어떻게 해결할 수 있을지 다음 세 가지 경우로 나눠서 생각해봅시다.

> **케이스1**: 각각의 분석 결과를 어떻게 제공하는가?
> **케이스2**: 데이터가 갱신되었는가?
> **케이스3**: 데이터의 보안과 컴플라이언스가 잘 지켜지는가?

- 케이스1: 각각의 분석 결과를 어떻게 제공하는가?

역할	문제	해결 방안
열람자	매일 정해두고 보려는 필터 조건을 수동으로 설정하기 수고스럽다.	정형화된 리포트의 필터 조건만 본인 전용으로 저장해서 리포트를 최적화한다.
분석가	필터 조건별 분석 결과를 사전에 준비해서 제공하면 수정을 위한 리소스가 많이 든다.	열람자가 최적화할 수 있으므로 범용 리포트 한 개로 충분하다.
관리자	같은 분석 결과를 대량으로 보관하려면 용량을 압박한다. 다음 날 완전히 동일한 데이터를 갱신하려면 데이터베이스에 불필요한 부하가 발생한다.	실제 리포트는 하나뿐이기 때문에 리포트와 데이터 모두 일원화해서 관리할 수 있다.

- 케이스2: 데이터가 갱신되었는가?

역할	문제	해결 방안
열람자	데이터가 정상적으로 갱신됐는지 알 수 없다는 불안감으로 열람하고 싶지 않다.	데이터의 갱신 일자나 관리자 정보가 같이 기록되어 안심하고 사용할 수 있다. 만약 데이터가 갱신되지 않았어도 해당 정보를 바탕으로 판단할 수 있다.
분석가	수동으로 갱신해야 하는 경우 작업을 잊어버릴 위험성이 있다. 갱신 작업 시간이 아깝다.	갱신 작업이 번거롭지 않다.
관리자	누가 언제 갱신하는지 알 수 없다. 데이터가 정말 필요한지, 유지보수를 해야 하는지 모르겠다.	언제 누가 입력한 데이터인지, 누가 사용하는지 명확하여 유지보수 방침을 세울 수 있다.

- 케이스3: 데이터의 보안과 컴플라이언스가 잘 지켜지는가?

역할	문제	해결 방안
열람자	언뜻 보기에는 전송해도 문제 없이 정리된 통계 리포트지만 실제로는 가려진 데이터가 포함되어 있어 기밀 정보였음에도 외부에 송부했다.	데이터를 다운로드할 수 없는 구조로 만든다.
분석가	실수로 데이터를 전송하지 않도록 사전에 데이터를 전부 노출 및 확인하여 처리하는 데 엄청난 시간이 들지만 실무에서는 분석하는 데 전혀 사용할 수 없다고 거부한다.	위와 동일
관리자	데이터 이용 상황을 수동으로 추적해야 한다(사실상 불가능함).	분석 플랫폼의 접속 로그를 추적하여 조사할 수 있다.

자주 일어나는 세 가지 경우를 살펴봤어요. 분석 플랫폼을 활용하여 현재 데이터 이용·활용 상황과 이용자, 책임자가 명시됩니다. 신뢰할 수 있는 환경을 구축하는 것이 가장 중요해요.

3-2 데이터의 자유도와 보호 사이의 균형

제자 (Apprentice) 지금까지 데이터를 통해 자유롭게 표현하는 방법을 배웠지만 스승님께서는 데이터를 다루는 것 이상으로 데이터를 보호해야 한다고 말씀하셨지요.

스승 (Master) 그렇습니다. 하지만 데이터를 지키기 위해 거버넌스를 너무 엄격하게 적용하면 다양한 사람들이 직접 분석을 하려는 요구사항에 맞출 수 없어요. 데이터 거버넌스(데이터 보호)와 셀프 서비스 분석(데이터를 자유롭게 사용할 수 있다)은 충돌이 잦다고들 하죠. 하지만 원래 둘 다 필요하고 중요하며 이 두 개의 바퀴는 멈추지 않고 맞물려 돌아야 해요.

이를 통해 현대적인 분석 플랫폼이란, 거버넌스와 셀프 서비스 분석을 유연하게 연결하여 모든 사람이 데이터를 마음껏 활용하는 무대라고 할 수 있습니다.

✓ 예전 플랫폼과 비교하여 현재 플랫폼의 변화

M 현재의 분석 플랫폼의 전신에 해당하는 건 엔터프라이즈 리포팅 플랫폼이라 부릅니다. 이전 데이터 리포팅 툴은 데이터를 순식간에 집계함과 동시에 시각화를 하는 소프트웨어가 아니므로, 데이터로 리포트를 만들려 해도 사전에 모델 정의가 필요하며, 리포트 개발에 엄청난 공수가 소요됐어요. 따라서 주로 IT 부서나 개발 전문 회사에 맡겨서 만들곤 했어요.

하지만 현재는 어떤 사람이든 간단한 조작으로 순식간에 시각화하고 직접 분석을 할 수 있는 도구가 대두되고 있지요. 데이터를 직접 분석하는 사람이 많아지고 있습니다. 그렇게 되면 비즈니스 도메인에 대한 지식을 갖춘 사람이 직접 데이터를 열람할 수 있어요.

리포트 작성 전문 지식만으로는 데이터 배후에 잠재된 스토리를 찾기 어렵습니다. 기존의 난해한 리포트 툴을 활용한 분석의 문제점은 데이터의 배후에 있는 실제 세계나 현상을 알 길이 없는 전문가(툴을 조작하는 사람)에게 분석을 맡긴다는 점입니다. 원래는 데이터를 통해서 얻어야 하는 정보임에도 불구하고, 궁금한 점이 있는 의뢰인과 리포트 작성자 사이에 리포트가 왔다 갔다 하면서 '다시 되물어 보는' 형태로 진행됩니다.

하지만 현재의 분석 플랫폼에서는 IT 전문 지식이 없어도 데이터를 분석할 수 있어요. 누구나 분석할 수 있어서 IT 전문가는 아니지만 데이터가 만들어진 상황을 잘 아는데다 비즈니스 도메인 지식을 가진 사람이 데이터를 분석하면 더 깊고 유용한 통찰을 얻기 쉬워집니다.

✓ 데이터를 보호하는 것만으로는 오히려 위험해진다

M 이전의 엔터프라이즈 리포팅 플랫폼에서는 데이터를 견고한 거버넌스를 통해 관리할 수 있었어요. 하지만 제약이 심한데, 결과적으로 데이터가 유출된 예가 '그림자(Shadow) IT' 문제입니다.

앞서 말씀드렸듯 데이터를 다루는 건 일반인이 이해하기 어려운 전문 분야였어요. 또한 데이터의 유출은 매우 큰 문제이기 때문에 데이터를 관리하는 사람들은 데이터에 자유롭게 접근하지 못하도록 제한합니다.

관리자는 '데이터를 사용하고자 하는 사람의 요청을 받아서 필요한 정보를 제공'하는 방법으로 처리해요.

그 결과 데이터에서 알아내려는 내용, 즉 의문을 가진 사람(의뢰인)과 답을 가진 사람(데이터 관리자)이 다르죠.

데이터 관리자는 질문의 당사자가 아니기에 제시하는 데이터나 분석 리포트가 정확하지 않은 경우도 많아요. 데이터를 여러 번 수정하거나, 의뢰가 데이터 관리자에게 집중되면 작성해야 할 리포트가 산더미처럼 쌓이겠죠. 마치 리포트 의뢰를 받아서 계속 만들어내는 리포트 공장이 되는 셈이죠. 의뢰인의 대기 시간은 점점 늘어나고 데이터를 활용하는 사람들은 이런 환경에서는 필요한 정보를 필요한 때 얻을 수 없다고 느끼게 돼요. 이때 실무자 중 'IT 소속은 아니지만 IT를 잘 아는 사람'이 데이터를 제공해주게 됩니다. 제공되는 데이터는 접근 제한이 있는 데이터 웨어하우스에 들어가기 전의 데이터 복사본이에요. 사람이 생성한 데이터가 기반이 되는 원천 데이터를 복사한 거죠.

자, 그럼 여기서 문제점은 뭘까요?

A 문제가 있나요? 입력 시스템은 접근 권한 내의 범위인 거죠? 곤경에 처해 있는 사람을 두고 볼 수 없는 데다 기술 역량이 있고 친절하고 우수한 사람이라 생각해요. 제 동료 중에도 이런 분이 있어요.

M 이 사람이 친절하고 우수하다는 데는 동의해요. 하지만 이 예에서는 데이터 드리븐 문화를 조성하는 데 방해가 되는 몇 가지 문제점이 있습니다.

> 데이터가 관리되는 원천 데이터 소스에서 분리되어 복제된 파일로 존재한다.
> 복제 데이터는 갱신 및 유지보수되지 않는다. 또한 갱신 가능하더라도 정말 정확한 데이터인지 보증할 수 없다.
> 리포팅 플랫폼에서 적절하게 관리되지 않아 관련자가 아닌 사람이 데이터를 참조할 위험이 있다.
> 누가 어떤 데이터에 접속했는지 알 수 없는 상태다.

이와 같이 얼핏 보면 데이터 활용을 하는 데 큰 도움을 주는 것처럼 보일 수 있으나 귀중한 자산인 데이터를 엄청난 위험에 빠트리는 결과가 됩니다. 이처럼 회사의 정책과는 별도로 독자적인 기술을 써서 마음대로 데이터 플로우를 만드는 사람을 '그림자 IT'라고 불러요.

데이터 드리븐 문화를 조성하는 데 그림자 IT는 위험한 존재예요. 그림자 IT를 통해 이용되는 데이터는 어떻게 사용되는지 전혀 알 수 없어서 보호

할 수 없는 위험한 상태이기 때문입니다. 한시라도 빨리 이런 상황을 벗어나야 해요. 어떻게 하면 좋을까요?

A 애플리케이션에서 데이터를 다운로드할 수 없도록 하면 어떨까요?

M 그러면 다시 데이터를 활용할 수 없게 되어 실무자들의 불만이나 원성이 더욱 IT 부서로 집중되겠죠. 그리고 결국 아무도 IT 부서가 하는 바를 따르지 않는 최악의 사태에 이를 수도 있어요.

기존의 문제는 질문 당사자가 직접 해답을 찾을 수 없어서 타인에게 의뢰해야 답을 얻을 있다는 점이죠. 반복해서 다시 묻는 형태의 메시지 게임은 진행하기 매우 어렵습니다.

이 상황에서 벗어날 수 있는 방법이 하나 있는데, 질문 당사자가 직접 데이터를 보게 하는 거예요. 즉, 보다 많은 사람들에게 지금까지 개방하지 않았던 데이터에 접속하도록 하는 거죠. 다만 데이터는 보호되는 상태란 점이 전제돼야 합니다.

✓ 데이터를 보호하면서도 개방한다

A 보호하면서도 자유롭게 개방하다니, 이런 일이 가능한가요? 이렇게 하면 안 되기 때문에 엄격하게 제한한 것이 아닌가요?

M 예전에는 그랬습니다. 하지만 이제 기술의 진화에 힘입어 더 유연성 있는 시스템을 갖게 되었어요. 그게 바로 현대적인 분석 플랫폼이에요.

하지만 갑자기 '모든 데이터를 개방'해도 누구나 원활하게 사용할 수 있는 건 아닙니다. 사용해본 적 없는 대규모 데이터나 본 적 없는 화면을 별안간 접하더라도 초기에는 예전 방식이 더 좋다는 사람이 많을 거예요.

A 그럴 리가요!

M 일상에 도입한 새로운 것을 사람들에게 친숙하게 만드는 건 그 정도로 어려운 일입니다. 갑자기 대량의 데이터가 개방되더라도 모두 따라오지 않

으면 의미가 없어요. 그렇기 때문에 주위 사람들의 성장 속도와 조직의 단계에 맞춰서 변화에 유연하고 애자일[6]한 프로세스에 따라 데이터를 개방해 나가야 해요.

A   그럼 뭐부터 시작하면 좋을까요?

M   어렵게 생각하지 마세요. 우선 수중에 있는 스프레드시트 파일을 대상으로 데이터 시각화와 스토리텔링 방법을 사용해서 지금까지 몰랐던 걸 깨우치고, 주위 사람과 공유하는 단계부터 시작합시다. 바로 DAY 1~2에서 우리가 배운 내용이에요.

분석 결과, 즉 리포트의 공유 장소로서 활용할 플랫폼을 지정합니다. 그리고 분석 결과를 반영해서 비즈니스 의사 결정을 내리는 데 사용하는 빈도나 중요한 의사 결정 근거로서의 중요도가 올라가면 리포트만이 아니라 데이터 소스 자체를 관리해야 해요. 다음과 같은 순서죠.

> ❶ 리포트의 공유 장소로 활용할 플랫폼을 만든다.
> ❷ 데이터 소스 자체를 관리하기 위한 플랫폼을 만든다.

데이터 소스를 관리하는 분석 플랫폼 내에는 메타 데이터를 관리하는 '데이터 카탈로그'가 필요합니다. 3-1의 이상적인 분석 플랫폼에도 나오죠.

A   메타 데이터는 뭔가요?

M   메타 데이터는 '다른 차원의 시점'이란 의미입니다. 원래 데이터 자체에는 어떤 값이 존재하지만 이 데이터를 다른 차원에서 보는 경우 메타 데이터라 부릅니다.

'데이터의 내용을 설명하기 위한 데이터'죠.

메타 데이터에는 다양한 차원이 있지만 분석 플랫폼에 필요한 메타 데이터로는 다음 항목을 고려할 수 있습니다.

---

6. agile, 역주: 소프트웨어 방법론의 하나로, 바로바로 피드백을 받아서 유동적으로 개발하는 방법이다.

- 항목명
- 데이터 유형
- 데이터 소스를 어디에서 가져왔는가(데이터 소스, 스키마, 테이블 정보, 파일명, 이들 일부가 결합되어 있는지 등)
- 항목의 카디널리티(cardinalty)
- 데이터의 갱신 스케줄과 이력
- 관리자의 연락처 등

A 카디널리티요? 모르는 용어를 찾아볼 때마다 모르는 용어가 더 나오는 함정에 빠지네요.

M 데이터에 관한 기본적인 지식에 대해서는 DAY 4에서 배웁니다. 여기서 분석 플랫폼에 필요한 메타 데이터란, 데이터를 보는 사람이 데이터를 사용하고자 할 때 도움이 되는 데이터입니다.

A 즉, 다음과 같은 내용을 알 수 있는 데이터란 말씀이군요.

- 이 데이터는 무엇을 정의하는가?
- 어떻게 사용하면 좋은가?
- 누가, 언제, 어떻게 관리하는가?

M 맞아요.

데이터 드리븐 문화의 초기를 지탱하는 플랫폼은 우선 누군가가 알게 쉽게 표현한 걸 보여주는 데서 출발합니다. 하지만 문화가 확산되면서 참여자가 증가하지요. A씨가 초기에 가져온 숙제처럼 사람이 늘어나는 와중에 누군가 한 사람이 데이터를 이해하여 대신 만드는 상태는 본질적으로 과거의 상태와 크게 달라지지 않아요. 데이터 시각화 표현력이 늘어날 뿐입니다.

최종적으로 모든 사람이 데이터에서 인사이트를 얻게 하려면 더 많은 사람이 직접 데이터에서 답을 얻어야 해요. 그러려면 데이터를 어떻게 사용해야 할지 지침이 되는 메타 데이터, 데이터의 카탈로그도 매우 중요한 역할을 하게 되죠.

✅ 분석 플랫폼은 폭포수 방법론보다 애자일 방법론을 따른다

M 이전의 BI 플랫폼에서는 데이터 모델링과 리포트 작성, 애드혹 분석[7]과 가시화는 다양한 틀로 설정되어 있어 각각 전문성이 높은 지식을 갖춘 경험자만 다룰 수 있었어요. 따라서 최초 분석을 위해서는 그때마다 각 전문가와 일정을 조정하여 정해진 순서에 따라 진행하는 폭포수 방법론을 취해야 했습니다.

하지만 데이터 분석 시점에서는 매출 데이터를 보면서 마케팅 데이터가 필요해지거나, 막대 그래프보다 선 그래프가 상황을 파악하기 더 좋다거나, 결과를 변경해보거나 추가하고 싶은 경우가 산더미처럼 생겨요. 그 과정 자체가 인사이트를 얻는 과정이기 때문에 왔다 갔다 하면서 진행하는 것이 매우 중요합니다.

그래서 이런 애자일한 과정을 유연하게 반영할 수 있는 플랫폼이 필요하죠.

✅ 문화 조성 초기 단계에 진행할 파일럿 영역을 정한다

M 데이터가 궁금한 사람과 답을 아는 사람이 다른 구조는 조직 내의 여러 영역에 있어요. 따라서 단숨에 해결해주긴 어려운데도 초기에 욕심껏 일을

---

[7] ad-hoc analysis, 역주: 특정 목적으로 분석을 하고 싶을 때만 수작업으로 하는 일회성 데이터 분석으로, 데이터 레이크 등에 직접 연결해서 처리

벌여서 한 번에 진행하려 하면 늘어난 사람들의 업무를 처리하지 못해서 결국 '적용할 수 없다'는 평가를 받고 실패하게 됩니다.

초기부터 갑자기 회사 전체를 대상으로 확장하기보단 데이터 드리븐 문화 조성을 위한 파일럿 조직을 선정해서 작게 시작해야 해요.

A 파일럿 조직은 어떤 곳이 적절한가요?

M 계획적이며 상상력과 추진력이 있고 긍정적인 기질을 가진 조직이 좋죠. 스스로 본인의 질문에 대한 답을 찾으려면 누군가의 지시를 기다리기보단 능동적으로 일해야 해요. 게다가 새로운 문화를 만들려는 개척지로 향하는 만큼 강한 의지와 행동력을 가진 사람들을 뽑아야 합니다. 직접 데이터에서 답을 찾고자 강하게 원하고 실제로 능동적으로 일하는 조직을 선정하세요.

파일럿 조직은 어느 정도 본인의 능력으로 불분명한 부분을 해결하거나, 새로운 구조의 토대나 방안을 제시해야 합니다. 앞으로 그들의 뒤를 따라갈 사람이 많을 거예요. 이런 사람들을 위해 길을 터주는 사람들이어야 하죠.

이들은 개척자가 되어 데이터 드리븐이란 어떤 건지 직접 수행하면서 추진하고, 본인들의 성장 프로세스를 따라가며 조직 전체로 범위를 넓힐 때의 전략이나 절차, 누구를 어떻게 끌어들일지, 어떤 기술을 선택할지 결정합니다.

✅ 데이터 드리븐 문화를 회사 전체로 넓힌다

M 파일럿 조직과 함께 만든 프로세스를 수평적으로 전개하여 회사 전체 규모로 확장시켜 나갑니다.

A 파일럿 조직은 대개 긍정적인 사람들로 구성돼 있지만, 조직 내에는 그렇지 않은 사람도 있어요. 예를 들어 그림자 IT는 실무에서 매우 존경받고 있기에 그들의 역할을 빼앗아서 분석 플랫폼을 제공하면 난처한 일이 생길 수도 있을 것 같아요.

M 그건 매우 좋은 관점이네요. 그림자 IT의 활동은 실무에서 중요한 경우가 많아서 무조건 그들의 일을 부정하면 반발을 살 가능성이 높아요. 원래는 자신의 기술을 남을 위해 활용하려 하는 동료이며 실무 현황도 잘 알고 있기에 현재의 데이터를 설명하고 빠른 시일 내에 그들을 아군으로 만드는 건 어떨까요? 그들을 파일럿 조직으로 발탁할 수 있다면 든든한 존재가 될 거예요.

A 기술에 대해 부정적인 사람들이 있으면 어떻게 해야 좋을까요?

M 새로운 기술을 배우기를 포기하고 과거에 습득한 경험만을 활용하여 변화를 거부하는 사람들의 경직된 문화를 변화시키기란 매우 어려워요.
그런 사람과 만나면 취해야 할 방법이 몇 가지 있습니다. 우선은 그런 사람을 우회해서 다른 사람과 대화하는 게 일반적이죠.
처음엔 싫어하다가도 주위가 변화함에 따라 나중에 자연스럽게 따라가는 사람이 많아요.

A 그런데도 따라가지 않는 사람은 어떻게 하면 좋을까요?

M 다소 의견이 맞지 않는 사람이 있는 정도라면 내버려둬도 괜찮다고 생각해요. 하지만 상대가 경영진 등 회사 선체를 대상으로 진행할 때 장벽이 될 사람이라면 정면 돌파하는 수밖에 없어요.

A 의외로 공격적이군요.

M 싸움은 좋아하지 않지만 필요할 때는 해야죠. 반발을 한다는 건 상대도 어떤 세계관을 갖고 있다는 말이기 때문에 서로의 신념이 충돌할 수 밖에 없어요. 상대의 생각을 풀어 나가면서 다가가거나, 때론 자신의 생각과 부딪치면서 시간을 들여 알아가야 해요.

하지만 가진 신념을 표현할 수 있는 사람인 만큼 손을 잡고 같은 방향으로 나아간다면 더할 나위 없이 든든한 동료가 될 거예요.

✅ 문화 조성은 끝이 없는 여정

M 회사 전체로의 범위 확대가 끝나고 조직 내의 질문을 가진 사람 모두가 데이터에서 답을 찾을 수 있는 분석 플랫폼이 제공되면, 목표로 해야 할 데이터 플랫폼 문화를 조성하는 데 일시적인 목적지에 도착한 셈입니다.

A 어마어마하게 거대한데, 이게 최종 목적지가 아닌가요?

M 계속 진화하는 기술과 세계, 그리고 삶의 근본인 문화에 끝이 있을까요? 끝이 있어 도달한다 해도 아마 다음으로 이루고자 하는 비전이 계속해서 생기겠죠.

또한 세계의 진화 속도는 너무나도 빨라서, 지금 여기서 전하고 싶은 바를 추진하는 도중에 이미 케케묵은 생각이 될 수도 있어요.

하지만 배운 게 헛지지는 않아요. 저는 이런 주제를 받아들이면서 스스로 생각할 수 있는 토대를 쌓기를 바랍니다. 다양한 기술이 옛 것이 된다 해도 인간의 근본적인 호기심은 결코 사라지지 않을 거예요. 제가 전하는 내용을 A씨가 승화시키고 갈고닦으며 때론 버리거나 파괴하면서 새로운 세계를 만들어 나갈 소재가 되면 좋겠습니다. 이런 활동은 저와 A씨 한 사람 한 사람의 삶이 끝나는 그날까지 계속 이어져야겠지요.

3-3 데이터를 개방하여 사람들을 움직이는 활용 사례

스승
(Master)

지금까지 분석 플랫폼에 대해 개념적인 내용을 설명했습니다. 이상적이며 공상을 하는 듯한 분위기도 있었지만 실제로 분석 플랫폼을 활용한 덕분에 데이터 드리븐 기반이 된 어느 조직에 대해 이야기해봅시다.

이상적인 청사진을 내건 후 실제 현상은 각각의 조직 및 소속된 사람들에 따라 다른 형태로 드러날 거예요. 제가 체험한 사례를 통해 청사진과 실제 간 차이를 느끼고, A씨의 조직에서 이상적인 분석 플랫폼을 구체적으로 확대 및 적용해 나갈 때 어떻게 하면 좋을지 실마리를 얻을 수 있으면 좋겠습니다.

✅ 목표를 달성하기 위해 체험 세미나를 개선한 사례

M 예로 들 조직에서는 고객에게 제품의 장점을 알리기 위해 두 시간 정도 기본적인 조작법을 배울 수 있는 체험 세미나를 개최합니다. 거의 2년 정도 지속적으로 개최했다고 칩시다.

세미나는 마케팅 이벤트로 개최되어 체험 콘텐츠를 개선하면서 영업에 활용하기 위해 완료 후 반드시 수강자로부터 설문을 받았어요. 설문은 종이에 작성하도록 해서 회수한 다음 영업 담당자가 수작업으로 기입했습니다. 하지만 당연하게도 종이 설문 데이터는 공유하기 어렵죠.

복사해서 사원 전원에게 나눠줄 정도의 데이터는 아니기에, 사실상 종료 후 영업 담당자에게 건네주고 끝납니다.

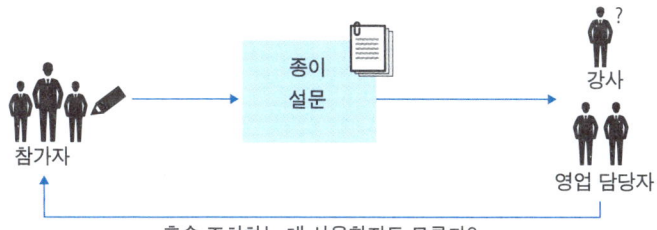

- 종이 설문의 데이터 흐름

M   설문 항목에는 강사나 콘텐츠에 대한 항목과 이후의 영업 지원 연락 여부가 있으며 크게 다음 두 가지 데이터를 포함합니다. 하지만 실제로는 영업 담당만 데이터를 볼 뿐이에요.

> 강사가 봐야 할 데이터
> 영업 담당이 봐야 할 데이터

여기서 '현재의 체험 콘텐츠는 너무 쉬운 건 아닐까', '두 시간 동안 더 많은 내용을 전할 수 있지 않을까' 생각하는 강사가 나타납니다. 체험 안내 콘텐츠는 당시부터 '매우 꼼꼼하고 이해하기 쉽다'는 평판을 받았지만, 어떤 수준의 사람이든 알 수 있는 내용이므로 전달할 수 있는 내용이 한정돼요. 하지만 이 체험은 많은 사람이 제품과 처음 접하는 기회입니다. 강사는 그저 따라가다가 끝나는 체험보다는 강렬한 인상으로 기억에 또렷하게 남기는 게 중요하다고 생각했어요.
강사는 현재의 체험을 두 가지 콘텐츠로 변경했습니다.

> ❶ 퀴즈 형식으로 진행해서 스스로 생각할 수 있는 시간을 마련하며, 사고의 흐름을 만들어서 강한 인상을 남긴다. 그리고 처음 접하지만 할 수 있다고 체감하도록 한다.

> ❷ 다양한 기능이나 개념을 퀴즈의 답을 해설하면서 소개하며, 제품의 장점과 가능성을 느끼게 한다.

지금까지 가르치던 방법과는 확실히 달라서 정말 참가자들이 따라갈 수 있을지 의심이 들었어요. 하지만 강사는 수준을 올려야겠다고 생각했습니다. 간단한 체험 세미나에서 강사가 설명하는 바를 어느 정도 이해한 참가자는 긴장을 풀고 메일을 확인하는 등 세미나 자체에 집중하지 않게 됐거든요. 이 세미나는 마케팅 행사 중 하나며, 어디까지나 제품을 소개하는 자리입니다. 세미나를 들은 사람이 '본인의 조직으로 돌아가서 행동'하도록 하는 것이 목표죠. 그러기 위해서는 간단한 체험 세미나로 끝내기보다는 가능성을 느낄 수 있는 기능을 되도록 많이 소개해야 참가자들이 이후 행동함으로써 이어지겠지요.

이 세미나에 참가한 사람은 기본적으로 조직을 대표해서 제품을 선정하는 사람일 거예요. 따라서 참가자들과 두 시간 동안 완성된 콘텐츠로 세미나를 하면 이후 영업에 더욱 공헌할 수 있다고 생각했습니다.

✓ 주위를 설득할 수 있는 데이터를 분석 플랫폼에 포함시킨다

M   하지만 일부에서는 새로운 방식에 반발했어요. 강사의 방식이 너무 어렵고 대부분의 초보자는 따라가지 못할지도 모른다는 우려가 있었죠.

강사는 강의를 끝낸 후 수강자들의 밝은 표정을 보고 우려할 점은 없다고 느꼈지만, 자신의 강의가 너무 어려워서 수강자의 만족도가 낮을 거라는 데에 반박할 수 없었어요. 왜냐하면 수강자의 표정이나 분위기는 그 자리에 없었던 사람들에게는 전할 수 없기 때문입니다.

현재의 강의 내용에서도 수강자의 높은 만족도를 증명하기 위해, 강사는 우선 수강자한테서 강의나 콘텐츠에 대한 솔직한 피드백과 평가를 받고 싶다고 생각했어요. 하지만 이를 실현하려면 영업 담당이 설문을 회수하기 전에 강사가 데이터를 받아야 했죠. 이 데이터를 강사가 활용하려면 몇 가지 요구사항이 있습니다.

> 각 회차별 수강자 전체의 평가 통계 정보
> 시간의 경과에 따른 통계 정보의 변화(개선 여부)
> 매우 좋은 평가나 매우 좋지 않은 평가를 준 사람들의 상세 정보

그래서 영업에 설문을 넘기기 전에 데이터를 어딘가에 기록해두고 싶다고 생각했어요. 여기서 강사는 종이로 받은 설문지 전부를 스마트 시트(Smartsheet)라는 스프레드 시트에 수동으로 입력 후 집계하고 시각 효과를 줬습니다.

이렇게 처음 시각 효과를 준 설문 데이터는 태블로 서버라는 분석 플랫폼에 넣었습니다. 필요한 사람은 누구나 볼 수 있는 형태가 됐어요.

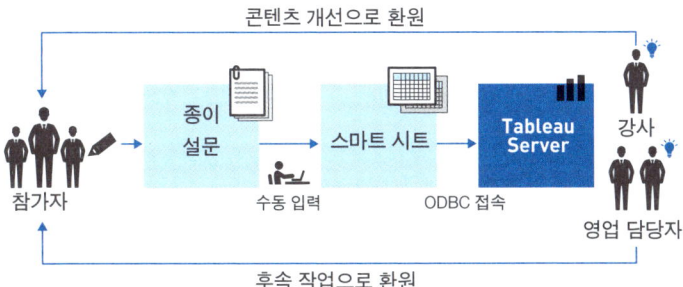

- 설문 데이터를 플랫폼에 반영한다

M 사실 여기서 두드러져야 할 존재는 이 애자일 형태의 분석 플랫폼 관리자인 IT 부서 담당자입니다. 당시 분석 플랫폼에는 두 가지 과제가 있었습니다.

> ❶ 권한 설정상 국내에 있는 구성원 전원이 공유해야 하는 분석 결과를 노출할 장소가 없다(글로벌 기업이기에 세계의 영업이나 마케팅 부서 전부가 볼 수 있는 곳이 있지만, 국내 담당 영업과 마케팅 담당자가 데이터를 공유하고 볼 수 있는 곳이 없었다).
> ❷ 스마트 시트는 분석 플랫폼인 태블로 서버에 특수한 드라이버를 설치하지 않으면 접속할 수 없었다.

이 두 가지 문제를 해결하기 위해 강사는 IT 부서와 직접 교섭했습니다. 이때 어떻게 됐을 것 같나요?

A 당연히 거절당하지 않았을까요? 기존 환경에 손대는 거잖아요. 회사 전체 규모의 프로젝트도 아닌데 일반 사용자가 요청한다고 해서 변경할 수 있을 리 없죠.

M 그렇게 됐다면 이 이야기는 여기서 끝났겠죠. A씨의 생각은 바로 폭포수 방법론 프로젝트 형태예요. 면밀하게 언제 무엇을 적용할지 계획을 세워서 구현하는 방식입니다.

하지만 IT 조직이 실무 이용자의 제한적인 요구사항에 유연하게 대응하여 새로운 권한 설정을 부여한 툴을 마련하고 스마트 시트에 접속하기 위한 드라이버도 도입함에 따라 강사와 영업 담당 전원이 데이터를 공유할 수 있었어요.

성공하는 데 중요한 건 현장에서 필요한 태스크를 해결하고 실행하는 겁니다. IT 부서는 실무자를 도울 수 있지만 '무엇을 하고 싶은지' 실무에서 제안하지 않으면 아무것도 할 수 없어요.

분석 플랫폼을 제대로 활용하려면 현장의 동료가 궁금해하는 걸 데이터를 통해 답을 찾을 수 있도록 행동하고, 데이터 드리븐으로 의사를 결정하고 기술을 연마해야 합니다. 그렇게 된다면 IT 부서는 이런 실무자들을 지원하는 좋은 동료가 될 수 있어요.

자, 이렇게 해서 약 한 달간의 체험 세미나 설문조사 결과가 저장되었고,

그 기간 동안의 통계 결과를 보고 이후 어떻게 세미나를 진행할지 논의를 마쳤습니다. 결과적으로 강사가 봤던 수강자의 표정이라는 감성적인 측면이 정확했음이 증명됐죠. 데이터를 바탕으로 한 결과로는 시험삼아 다양하게 수행했던 콘텐츠 중 어느 정도 고도의 기술을 전할 수 있도록 파고드는 쪽의 평가가 더 좋았어요.

✅ 데이터는 사람을 움직인다

M 이런 데이터의 시각화를 통해 애초에 강사의 방식에 반대하던 팀원도 데이터를 보고 납득하고 지원하게 됐어요. 그때까지는 어느 쪽의 의견이든 본인의 감각에 의지해서 판단하며, 감정이 충돌하면 논의가 평행선을 이루게 되어 건설적이지 않습니다. 게다가 수강자들의 시점을 강사가 추측하면 결국 콘텐츠를 제대로 평가할 수 없어요.

하지만 여기서 수강자가 생각하는 바가 수치로 표시되는 데이터로 게재되어 서로 이성적인 판단을 할 수 있게 됐습니다. 데이터 덕분에 올바르게 수강자들의 입장을 생각할 수 있게 됐죠. 이건 어느 쪽이 타협하거나 다수결로 정하는 것과는 완전히 다른 차원의 이야기이며 전원이 이해하고 동일한 방향으로 나아갈 수 있도록 데이터가 한몫을 했습니다.

단 두 달간의 일이지만 모두 큰 교훈을 얻었어요. 데이터를 잘 보여주면 사람을 움직일 수 있다는 것을요.

✅ 수작업이 많이 필요한 데이터는 활용할 수 없다

M 데이터를 활용하기 시작하면 일어나는 불가사의한 현상이 있어요. 이미 한 번 본 데이터라도 추후 비슷하거나 더 높은 품질을 원하는 요구가 생길 거예요. 하지만 이 데이터를 통해 체험 세미나를 개선한 프로젝트에서는

그대로 데이터를 계속 수집하는 데 문제가 있었어요. 그건 데이터를 수동으로 입력해야 한다는 점입니다.

종이로 설문을 했기 때문에 어쨌든 수작업을 해야 했어요. 당시 이미 기술적으로 온라인 폼으로 입력받을 수도 있었지만 체험 세미나 회장의 인터넷 접속 환경이 열악해서 참가자가 설문을 할 수 없는 상황이 생길까 우려했습니다.

종이로는 누구든 회장에서 바로 작성할 수 있어서 무료 체험 세미나를 수강한 사람이 설문을 하지 않고 떠난 경우는 거의 없었어요. 하지만 온라인으로 작성하는 방식은 접속할 수 없다는 이유로 인해 설문을 하지 않는 사람이 늘어났어요. 귀가한 후 설문을 할 가능성은 매우 낮으므로 수강자 일부만 답변한 데이터, 즉 많이 누락된 데이터는 의미가 없다고 판단했죠.

이 종이 설문을 받은 영업 담당자가 입력하기로 했지만 그들도 다른 업무가 급하면 우선순위가 낮은 데이터 입력은 나중에 하려고 미루기도 하죠. 그 결과 누락된 데이터는 강사가 확인하고 보완하게 됐어요. 강사만이 설문 정보 개수(수강자 수와 답변한 설문지 수), 즉 데이터 레코드 건수가 몇 건이어야 정확한지 파악할 수 있었습니다.

하지만 일단 설문의 목적을 달성했기에, 다음에 할 행동은 '이후에도 기회가 있으면 콘텐츠를 개선'하는 정도의 부차적인 것이었어요. 그래서 큰 목적을 놓친 설문 데이터의 수집 자체가 태스크가 된 거예요. '체험 콘텐츠를 더 잘 만들고 싶다'는 본래의 태스크는 없어지고 완션히 쓸모 없는 작업이 됐습니다.

필요한 데이터가 제대로 모이지 않은 데이터를 바탕으로 시각화를 한다 해도 의미가 없어요. 그렇다면 이 설문 결과 대시보드를 계속 사용할 의미가 있는지 의문을 갖게 되죠. 결국에는 데이터를 입력하지 않게 돼요.

이처럼 자동화할 수 있는 작업을 수동으로 하면 데이터를 활용할 수 없게 됩니다.

데이터가 아름다워진다

M 많은 사람이 데이터를 다양한 시점으로 활용하면 데이터 자체도 진화합니다.

방금 전의 체험 세미나 예시는 인터넷 접속 문제가 해소돼서 종이에서 구글 설문 폼으로 형식을 변경했어요.

여기서는 설문 내용이 그대로 이행된 건 아니에요. 대략 두 가지가 변경됐습니다.

첫 번째는 자동화가 어려운 데이터 항목은 제거했어요. 사실 그 데이터는 유용해서 데이터 집계와 유지보수를 담당한 강사는 제거하길 주저했습니다. 하지만 팀원 중 한 명이 '해당 내용은 틀림없이 유용하지만 매번 직접 보고 집계하고 유지보수할 시간을 들일 정도의 가치와 인사이트가 없다'고 조언했고, 자신이 데이터 관리 자체에 집착한다는 사실을 깨달았어요.

두 번째로 다음과 같이 다섯 단계의 설문 평가 내용을 변경했어요. 이건 다른 팀원이 제안했습니다.

> [변경 전] **콘텐츠 분량**: 매우 좋다 ← 적당하다 → 나쁘다
> **토픽의 난이도**: 매우 좋다 ← 적당하다 → 나쁘다

> [변경 후] **콘텐츠 분량**: 많다 ↔ 적당하다 ↔ 적다
> **토픽의 난이도**: 어렵다 ↔ 적당하다 ↔ 쉽다

이 평가값은 매우 유용했지만 막상 변경하니 과거의 집계치와 정합성이 맞지 않는다는 점이 문제였어요.

이 조직에서는 집계하기 시작한 지 3개월이 된 데다 이후 개선하는 데 과거 데이터와 비교하는 게 그다지 유용하지 않을 것 같다는 점을 감안하여 설문 데이터를 자동화하는 타이밍에 같이 반영하기로 했죠.

이 의견을 계기로 팀 내에서 활발하고 의미 있게 의견을 모으는 토론을 해서 평가 항목을 변경하고 채점 규칙을 신설하게 됐어요.

이렇게 폼으로 구성하면서 단순히 데이터를 자동으로 등록할 뿐만 아니라 체험 콘텐츠를 개선하는 데 도움이 되기 쉬운 데이터로 만들 수 있었습니다.

지난 2년여 동안 아무도 의심하지 않고 계속 사용한 콘텐츠의 평가 항목이 왜 갑자기 변해야 한다는 결론에 도달했을까요? 그건 많은 사람의 눈에 띄었기 때문이에요. 다수에게 보여줌으로써 단 2개월간 데이터가 성장한 겁니다.

✅ 도구와 같이 진화하는 분석 플랫폼

M 그래서 참가자가 입력하면 자동으로 데이터가 갱신되는 간단한 시스템이 탄생했어요. 강사는 세미나에 집중하고, 세미나가 끝나면 자동으로 참가자들의 피드백을 받을 수 있으며 영업 담당자는 관리하는 고객에게 이후 어떤 식으로 접근할지 실마리를 얻을 수 있어요.

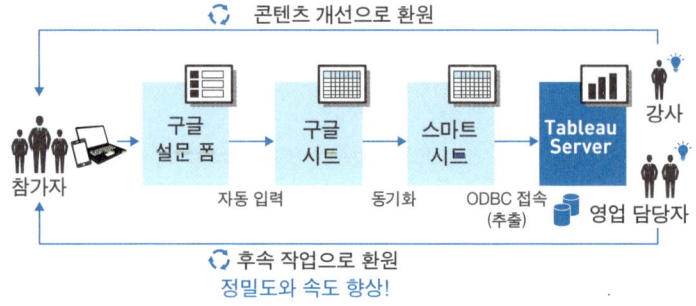

• 설문 자동화 후의 플랫폼

A 이 이미지를 보면 구글 시트에서 스마트 시트로 동기화가 이뤄지는 건가요? 구글 시트에서 태블로 서버로 직접 접속할 수는 없나요?

M 좋은 지적입니다. 당연히 그들도 그 사이의 동기화 관계가 복잡하다고 생각했어요. 하지만 당시의 태블로 서버는 구글 시트 드라이버가 없었기 때문에 연동할 수 없었어요. 구성은 복잡하지만 연속으로 연동할 수 있어서 우선 그대로 진행해도 무방하다고 판단했습니다.

이렇게 해서 자동으로 갱신되는 데이터 결과를 잘 활용하면 강사가 기초적인 체험 학습을 가르치는 걸로 그치지 않고 상급자 대상으로 새로운 콘텐츠를 제공하며 체험 콘텐츠를 진화시키거나 확충할 수 있습니다.

하지만 어느 순간부터 구글 시트 → 태블로 서버 간 접속이 불안정해졌어요. IT 부서에서도 상세한 내용은 모른 채 태블로 서버 업그레이드가 끝날 때까지 기다리는 편이 좋다고 판단하여 일시적으로 데이터 갱신이 이뤄지지 않았습니다.

모두가 이 무렵에는 체험 설문 결과 데이터 열람에 꽤 능숙해져서 '갱신되지 않은 데이터'로 분석 결과를 작성한 강사에게 문의가 쇄도했어요.

여기서 다시 큰 전환점이 찾아옵니다. 태블로 버전 업으로 구글 시트와 직접 접속할 수 있는 커넥터가 추가된 거예요.

이렇게 해서 설문 답변 작성 결과가 기록되어 있는 구글 시트에 직접 접속해서 데이터를 바로 확인할 수 있게 됐습니다.

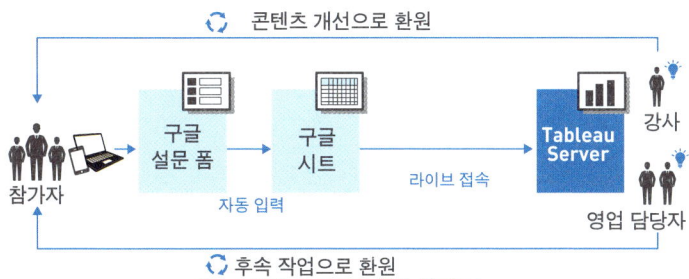

- 도구가 진화함에 따라 이상적인 분석 플랫폼으로 진화한다

M 그 결과 패치 작업으로 갱신된 데이터를 수강자가 설문을 입력한 순간 바로 참조할 수 있게 되어 데이터의 신선도가 향상되었습니다.

이는 분석 플랫폼 자체가 시대와 함께 진화하여 도움을 준 예입니다. 함께 하는 기술을 선택할 때 항상 진화하는 프로젝트인지도 중요해요. 자주 사용하는 데이터를 얼마나 빠르게 얻을 수 있을지, 새로운 비전이 우리를 다음 데이터 활용 단계로 이끌어줄 수 있을지, 이 도구 자체가 진화하고 있는지 잘 보고 결정하는 것이 중요합니다.

✓ 분석 플랫폼이 지원하는 세 가지 역할

M 그런데 이 일련의 설문 분석에서 분석 플랫폼은 여러 가지 역할을 해냈습니다.

이 조직의 예에서 설문 결과 분석을 한 리포트 저장소는 사실 최초에는 종이 설문지를 수동으로 입력할 때부터 한 번도 변한 적이 없어요. 즉 리포트가 있는 URL은 항상 동일했습니다.

이와 같이 데이터나 리포트가 진화한다 해도 분석 플랫폼은 반드시 변함없이 지지해주는 토대가 돼야 해요.

그리고 이 분석 플랫폼은 역할이 다양한 사람들을 유연하게 지원해야 합니다.

그렇다면 분석 플랫폼과 관련된 사람들의 역할에는 어떤 종류가 있을지 정리해봅시다.

크리에이터(creator) = 데이터 준비, 초기 분석 설계자

자신뿐만 아니라 주변 사람들에게 어떤 데이터가 분석에 필요한지 생각하고 데이터 소스 접속 정의부터 준비하는 사람으로, 대시보드의 초기 설계나 회사 전체 대상 적용 대시보드의 구축에도 관여하는 등 이른바 '파워 유저'입니다.
이들은 분석 플랫폼에 접속하는 데이터의 앞단에 대한 설정을 변경할 수 있기 때문에, 데이터의 저장 위치와 입력 방식을 논의해야 합니다.
이번 예에서는 초기에 체험 콘텐츠를 개선하자고 제안한 강사입니다.

익스플로러(explorer) = 대시보드 생성자 및 데이터 탐색자

준비된 데이터로 본인의 궁금증을 풀기 위해 데이터를 시각화하고 대시보드를 작성하는 사람으로, 이들은 카탈로그로 정리된 데이터를 참조하기 때문에 데이터를 조회하는 방법을 신경 쓰지 않아도 되며, 대시보드의 레이아웃에 전념할 수 있습니다.
이번 예에서 강사는 크리에이터 역할과 겸임합니다.

뷰어(viewer) = 관람자, 실행자

크리에이터나 익스플로러가 작성한 대시보드를 보고 판단하며 실제로 행동하는 사람으로, 이들은 매일 동일한 대시보드를 보고 있을 뿐인데 어느새 데이터가 빠르게 갱신되거나 외형이 개선되어 있기에 더 많이 활용하고자 합니다.
이번 예에서는 영업 담당이나 다른 세미나 강사들입니다.

M 어때요? A씨의 조직에도 적용할 수 있지 않을까요?
A 글쎄요. 참고로 이다음에는 어떻게 됐나요?
M 실은 설문 결과만으로 분석을 하면 고객 만족도는 올릴 수 있지만 영업 활동에 대한 기여도는 알 수 없기에 크게 방향을 전환하게 됐어요. 그 결과

수강자의 피드백과 영업 실적을 완벽하게 연동하기 위해 고객이 지정한 팀원들을 3개월에 걸쳐 육성하는 전대미문의 부트캠프를 열게 되는 이야기의 서막이 됩니다. 이 이야기는 다음 기회에 하기로 하죠.

분석 플랫폼은 다음과 같은 효과를 가져옵니다.

> - 데이터를 항상 볼 수 있으며 시각적으로 깔끔해진다.
> - 시각화한 데이터는 사람을 움직인다. 아이디어가 생기고 비즈니스를 변경하는 과정이 반복된다.
> - 우수한 분석 플랫폼은 모든 사람과 같이 진화한다.

데이터와 함께하는 영원한 진화로의 여행이 시작되는 겁니다.

A 역시 그렇군요. 스승님의 귀중한 체험담을 들어서 좋았어요.

M 그런가요.

3-4 데이터를 보기만 하는 사람은 없다

스승
(Master)

자, 이상적인 형태와 과거의 사례를 보니 분석 플랫폼이 어떤 환경을 지향해야 하는지, A씨의 조직에 필요한 분석 플랫폼이 어떤 건지 떠오르나요? 오늘은 마지막으로 데이터를 둘러싼 환경의 역사적인 변천을 알아보고 미래의 분석 플랫폼이 무엇을 목표할지 생각하며 마무리합시다.

지금부터 20년 전으로 거슬러 올라가면 아직 데이터를 활용하려는 사람이 드물었어요. 물론 당시에도 데이터를 사용하려는 사람은 있었지만 아직 전문직에서 벗어나지 못했어요.

하지만 기술의 진화에 따라 보다 간단하게 누구나 데이터를 볼 수 있는 도구가 대두되었지요. 그런데 간단하게 사용할 수 있는 도구라도, 대상자는 직접 데이터를 사용하고자 하는 비즈니스 유저입니다. IT 개발 전문 지식은 없지만 데이터의 힘을 통해 과제를 해결할 수 있다고 생각하는 열정과 행동력을 지닌 사람이 대상이죠. '누구나 사용할 수 있다'는 말은 거짓말이기도 하고 진실이기도 해요. 조작이 간단한 것은 틀림없지만 모든 사람이 이 도구를 사용해서 변혁을 일으킬 수 있는지 여부는 다른 이야기입니다.

이처럼 유연하고 간단하게 사용할 수 있는 분석 플랫폼은 사람을 키웁니다. 결과적으로 반드시 데이터를 사용해서 뭔가를 달성하려는 의지가 아직 없는 사람들을 도와서, 데이터 드리븐 사고방식을 키우는 방향으로 진화해야 한다는 필요성이 대두됐어요.

✓ 세 가지 역할을 분석 플랫폼에 반영하다

M   분석 플랫폼에 반영된 역할 세 가지를 복습합시다.

> » 크리에이터 = 데이터 준비, 초기 분석 설계자
> » 익스플로러 = 대시보드 작성자, 데이터 탐색자
> » 뷰어 = 관람자, 실행자(크리에이터와 익스플로러 외 모든 사람)

과거 분석 플랫폼은 직접 능동적으로 분석하는 크리에이터와 익스플로러를 위한 장소였습니다. 뷰어는 분석 플랫폼에서 지원하지 못하여 다른 리포트 플랫폼을 사용하거나 최악의 경우에는 데이터를 보지 않고 행동했어요.

모든 사람이 데이터를 보고 이해할 수 있는 세계를 만들려는데 일부 사람을 지원하지 않는다면 문제가 돼요. 기존의 데이터를 사용하여 탐색, 즉 직접 대시보드를 작성할 수 있는 사람만이 데이터 드리븐 문화의 대상으로 보는 경우겠지요.

하지만 모든 사람이 데이터를 알기 위해 대시보드를 작성하는 세계가 정말 데이터 드리븐이라 할 수 있을까요? 정말 중요한 건 데이터를 바탕으로 의사 결정을 내리고 행동하는 겁니다.

따라서 크리에이터나 익스플로러가 찾은 인사이트로 의사 결정을 내리고 행동을 하는 실행자(=뷰어)도 매우 중요한 역할이에요. 뷰어에게 공유한 데이터도 동일한 플랫폼에 반영해야 해요.

데이터를 다루는 모든 이를 지원하는 분석 플랫폼은 어느 누구도 누락돼서는 안 됩니다.

✅ 세 가지 역할이 담당하는 시각화 분석 분야

제자
(Apprentice)
전원이 분석 플랫폼을 이용하면 라이선스 비용이 부과됩니다. 조회만 하는 사람에게도 부과된다는 점을 설득하는 건 어려울 것 같아요.

스승
(Master)
조회만 하는 사람으로 해석하는 건 큰 실수예요. 시각화 분석 사이트를 보면 다음과 같은 역할을 담당합니다.

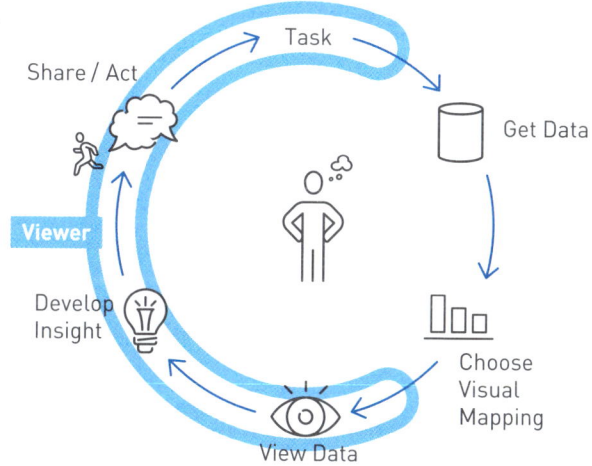

M 중요한 건 뷰어도 태스크(Task)가 존재하며 공유(Share)된 데이터를 보고 행동(Act)할 의무가 있습니다. 결코 데이터를 보기만 하는 사람이 아니에요. 뷰어 역시 이 시각화 분석 사이클의 연쇄 내에 존재합니다.

그런데도 같은 분석 플랫폼에서 데이터를 볼 수 없으면 크리에이터나 익스플로러가 뷰어를 위해 매번 데이터를 추출해서 다른 장소로 옮기는 식의 귀찮은 작업을 해야 해요. 예시에서 살펴봤듯 창의적이지 않은 작업은 금방 사라져서 공유가 제대로 안 되겠죠. 회사 업무라면 잊지 않겠지만 인적 비용이 많이 드는 작업이므로, 공유되는 정보의 양이 심하게 줄어들고 원래 공유해야 하는 데이터지만 공유되지 않은 상태로 넘어갈 수도 있어요.

크리에이터, 익스플로러, 뷰어 모두가 각각의 역할을 다하여 스스로 할 수 있는 한 최선을 다하여 일을 하는 것이 가장 중요합니다. 이걸 지원하는 토대가 바로 분석 플랫폼으로, 저마다 시각화 분석 사이트 내에서 담당한 분야를 파악하고 능력을 발휘하는 겁니다.

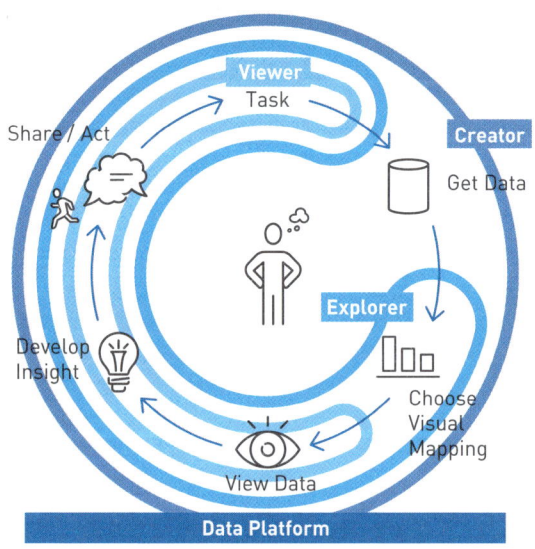

M 물론 여기에는 뷰어 스스로의 다짐과 창의성이 크게 필요하겠죠. 간혹 직접 데이터를 검색해야 하는 크리에이터나 익스플로러보다 뷰어 쪽이 데이터에 관한 지식이 부족할 수 있어요. 하지만 뷰어도 최소한 데이터를 보고 이해할 수 있는 능력이 필요하며, 무엇보다 이해한 결과를 사용해서 새로운 비즈니스를 만들어내야 하기 때문에 실행력이 가장 중요한 역할이에요.

저는 데이터 드리븐 문화를 조성하는 데 뷰어가 취하는 행동이 가장 중요하다고 생각해요. 뷰어가 자각을 하고 데이터 드리븐 문화를 이루려 결심할 때야 비로소 조직의 데이터 드리븐 문화가 비약적으로 이뤄질 수 있어요.

데이터 원시 시대에서 데이터 문명 시대로 진화하다

M 우리는 오랫동안 데이터를 얻거나 보기 쉬운 형태로 가공하는 데 노력을 기울여야만 데이터를 활용할 수 있는 데이터 원시시대에서 살았어요. 하지만 이런 분석 플랫폼이 등장함에 따라 데이터 카탈로그를 만들고 분석 결과를 공유하며 많은 사람이 누군가 준비한 결과를 혜택으로 받을 수 있도록 진화했습니다.

슬슬 준비된 데이터를 사용해서 이후 무엇을 할지 생각해봅시다.

IT 기술은 아직 처음부터 전부 준비하는 단계를 탈피할 수 없지만 이제 데이터는 우리가 의사를 결정할 때 반드시 필요한 인프라가 됐어요. 대표적인 인프라를 수도라고 생각해 보죠. A씨는 매일 목이 마를 때를 대비해서 물을 뜨러 가나요?

A 그럴 리가요! 언제든 수도를 틀면 물이 나오니까요.

M 그런 시설이 있는 곳에서 사는 건 행운이죠. 사람은 물을 마셔야 살 수 있으니, 수도가 없는 지역에 살고 있는 사람들은 매일 병으로 물을 뜨러 갈 시간을 계산해요.

강이 멀리 있으면 가는 데만 하루가 걸리는 지역도 있겠죠. 그렇기에 다른 건 고칠 생각을 할 겨를도 없이, 생존하기 위해 매일 물을 뜨러 가요. 창의성을 발휘할 여력이 없겠죠. 데이터는 이미 오랫동안 기술의 세계에 존재하고 있지만 아직 수로가 정비되지 않은 물과 같아요. 사용하고 볼 때마다 개개인이 준비해야 쓸 수 있죠. 그 결과, 모두 데이터를 준비하는 일을 태스크라고 착각합니다. 기존의 데이터가 의미하는 바를 보고 무엇을 결정할지가 가장 중요한데 말이에요.

데이터 원시 시대에서 벗어나 데이터 문명 시대로 가야 해요. 데이터와 관련된 모든 사람은 작업자가 아닌 창조자가 돼야 합니다. 사람은 원래 창조적인 생물이에요. 그 능력을 마음껏 발휘하기 위해 모든 사람이 안심하고 살아갈 수 있는 땅인 데이터를 준비합니다. 이것이 바로 분석 플랫폼이 가져다 줄 세계예요.

> **숙제**
>
> **1** 분석 플랫폼을 조직에 도입하는 의의를 설명한다.
>
> **2** 소속되어 있는 조직의 분석 환경을 정리한다.
> - 현재 자사의 분석 환경 상태(분석 플랫폼이 완성됐는지, 구축 중인지 여부)
> - 새로운 환경으로 전환하는 데 장애가 되는 요소(사람, 시스템 등)
> - 목표 일시(구체적인 일시 명시)와 변경 계획

DAY 4

데이터란 무엇인가

4-1 데이터 어원과 역사를 되돌아보다

스승 (Master) 눈 깜짝할 사이에 한 달이 지났네요. 기술 강의로는 오늘이 마지막입니다. A씨의 조직은 바뀌었나요?

제자 (Apprentice) 네. 스승님 덕분에 데이터에서 스토리를 이끌어내고 최대한 시각화해서 전하고 많은 사람에게 평등하게 제공할 수 있도록 분석 플랫폼의 중요성을 설파하여 사내 시스템을 개발하는 중입니다.

M 다행이군요.

A 하지만 저는 가면 갈수록 마음이 답답해져요. 확실히 데이터를 보고 스토리를 찾아내거나 시각화하면 저도 이해하기 쉽고 다른 사람도 이해시킬 수 있다는 점은 알게 됐습니다. 하지만 제가 데이터를 볼 때 한 발자국도 나아가지 못하거나 데이터가 표시하는 상황이 어떤 형태인지 모른 채 무산되는 경우가 있어요.

M 성장이란 끝이 없는 법이에요. 그런 고민은 A씨가 앞으로 나아갔기 때문에 이를 수 있는 성장의 증명이라고도 할 수 있어요. 분명한 것은 A씨는 데이터를 이해하는 능력을 얻었습니다.

A 그런가요? 하지만 저는 찜찜한 상황을 떨치고 앞으로 나아가고 싶어요. 조금만 더 하면 분명해질 것 같은 기분이에요.

M 좋습니다. 한 달 동안 A씨는 기초적인 데이터 문해력과 데이터를 접하는 방법을 배웠어요. 누구나 이해해야 할 기본에 대해 대부분 전달했습니다. 사실 오늘이 마지막 날이지만, 오늘 직전까지도 A씨에게 말씀드려야 할지 고민했어요. 왜냐하면 내용을 알려드리면 마지막이 아니라 다시 시작의 문이 열리기 때문이에요.

하지만 A씨는 이미 각오를 하신 것 같아요. 데이터와 마주할 심연의 여행을 결심했다면 저도 A씨에게 전할 내용이 있습니다.

이제 A씨는 데이터를 보는 능력이 생겼어요. 하지만 아직 데이터의 본질적인 의미에 대해서는 알지 못하는 상태예요.

A 왜죠? 이 정도로 데이터를 보는 능력을 키워도 데이터가 무엇인지 모를 수가 있나요?

M 네. 하지만 많은 사람은 데이터를 보고 의사 결정하는 데 사용하는 걸로 충분합니다. 다만 앞으로 나아가고 싶고 어떤 데이터를 접해도 순식간에 자신의 힘으로 해석할 수 있는 힘을 얻고 싶다면 더욱 전진해야 해요. A씨는 어떻게 하고 싶은가요?

A 좋아요. 여기까지 와서 더 이상 물러설 수는 없죠. 이쯤 되면 오기로라도 데이터가 무엇인지 이해하고 싶어요!

M 훌륭한 마음가짐이에요. 그럼 오늘은 A씨가 여기까지 죽 접한 데이터란 대체 무엇인지 찬찬히 짚어봅시다.

✅ 데이터(data)의 어원에서 의미를 이해하다

M 자, 우리는 '데이터'라는 용어를 진지하게 생각한 적이 있을까요? A씨는 데이터란 대체 어떤 의미라고 생각해요?

A 데이터는 데이터 아닌가요?

M 단어의 의미를 깊게 이해해야 우리는 유의어 등을 구사하고 바꿔서 설명할 수 있습니다. 데이터를 바꿔서 설명한다면 무엇일까요?

A 음...

M 그럼 질문을 바꿀게요. 데이터는 원래 어떤 단어죠?

A 영어로 data죠. 그 정도만 알아요.

M 그렇죠. 외국어를 일본에서 가타카나[8]로 쓰면 의미가 변하는 경우도 있지

---

8. 역주: 일본에서 사용하는 음절 문자 중 하나로, 외래어, 의성어 등 특정 발음의 발음을 표기할 때 사용

만 데이터는 동일한 의미로 쓰입니다. 원래의 어원인 data의 뜻을 알아두면 중요한 단서가 될 거예요.

그럼 data는 단수형일까요? 복수형일까요?

A 의식한 적은 없지만 단수형 아닌가요?

M data는 복수형입니다. 단수형은 datum이에요.

데이터 분석은 여러 값의 집합을 비교하거나 집계한 것으로 단일한 datum을 보고 뭔가를 하는 경우는 없어요. 따라서 데이터로만 알려져도 무리는 아니죠. 일본어로는 외국어 발음대로 간단하게 가타카나로 쓸 수 있어, 의미를 제대로 이해하지 않은 채 사용됩니다. 이 정도로 많은 사람이 근본적인 의미를 이해하지 않은 채 '데이터를 활용'한다고 하는 게 문제예요.

단어가 없다는 건 개념이 없다는 의미죠. 예를 들어 메이지 시대에 서양에서 온 society는 일본어에 '사회'라는 새로운 단어를 만들었습니다. 그 결과 우리는 사회라는 개념을 알게 됐어요.

단어의 의미를 진지하게 생각하는 건 새로운 개념을 문화로 받아들이는 절차로서 매우 중요합니다.

자, 그럼 이 데이터를 바꿔서 말한다면 어떤 단어가 좋을지 잠깐 생각해봅시다.

영어의 data라는 어원을 더욱 거슬러 올라가면 라틴어의 'dare'라는 단어에서 기원을 찾을 수 있어요. 이 dare라는 라틴어는 '주다'란 의미가 있어요.

A 그럼 스승님은 데이터가 '주다'란 의미라고 생각하세요?

M 단어는 사용하면서 시대와 함께 의미도 변합니다. 물론 현대 사회에서 '데이터 = 주다'라는 의미라고 할 수는 없어요.

하지만 data가 '주다'라는 동사의 어원을 가진 명사이므로, 데이터는 항상 주어진다는 의미라고 생각할 수 있지요.

데이터가 주어진다는 건 이해할 수 있을 거예요. 데이터는 항상 주어지지만 그 데이터에서 어떤 의의나 가치를 찾아내는 건 모두 우리 자신의 몫입니다.

✅ '데이터'와 '정보'를 구별하다

M   데이터에 대한 흥미로운 고찰은 데이터가 영어에서 유래했다는 사실을 안 다음에도 계속됩니다. 즉, '데이터'와 '정보'의 구별입니다.

A   데이터와 정보는 같은 것 아닌가요?

M   헷갈리기 쉽지만 아닙니다.

> **데이터**: 어떤 사실이나 그 사실을 기록한 자료
> **정보**: 데이터를 바탕으로 의미를 해석할 수 있는 형태로 정리한 것

데이터는 주어지는 것이며 특별한 의미나 의도가 없습니다. 그저 사실일 뿐이에요. 하지만 정보는 데이터에서 필요한 내용을 취사 선택하고 상대방에게 필요한 해석을 덧붙여 전하는 겁니다. 특별한 의미가 없는 '데이터'를 활용할 수 있는 형태로 가공한 것이 '정보'라 할 수 있죠.

A   혹시 제가 데이터를 시각화하면 데이터를 정보로 변환한다고 할 수 있나요?

M   맞아요. 우리는 지금까지 데이터를 정보로 만드는 기술을 계속 배웠어요. 우리가 하고 싶은 건 데이터 값을 속속들이 아는 게 아닙니다. 우리는 눈앞에서 발생하지 않은 현상이 데이터라는 형태로 주어졌을 때 직접 겪은 것처럼 이해하고 다음 행동에 대한 의사 결정을 해야 합니다.

✅ 주어진 것을 '기록'하면 데이터가 된다

A   그럼 데이터란 세상에 어떤 일이 일어날 때마다 그냥 주어지고, 정보는 의도적으로 가공한 건가요?

M   데이터가 그냥 주어지는 건 아닙니다. 데이터와 정보는 다르지만 사람들이 그 사이에 있다는 점은 같아요. 정보는 취사 선택된 가치가 부가됐지만 데

이터 역시 아무것도 하지 않아도 자연스럽게 그냥 쌓이는 건 아니에요.

A 그렇군요. 계속 늘어나거나 종류가 많은 데이터를 어떻게 보관할지 고민하고 있습니다.

M 만약 세상에서 일어나는 다양한 현상 모두를 데이터로 만들 수 있다면 지금까지보다 더 많이 알아낼 가능성을 얻을 수 있죠. 그리고 데이터에서 정보를 만드는 기술을 가진 사람이 많아질수록 그 가능성도 높아집니다. 데이터 자체에 의의나 의도는 없지만 세상의 현상을 어떠한 매체를 사용해서 기록하려면 인간의 의사나 힘이 필요해요.

데이터란 일어난 현상 그 자체는 아닙니다. 현상을 이후에 참조할 수 있도록 기록한 거죠. 우리는 기술이 진화하는 과정에서 기록과 실제 현상을 한없이 가깝게 만들기 위해 노력해왔습니다. 즉, 보다 세밀하고 정밀하게 실시간으로 기록하는 겁니다. 그 결과 데이터의 종류나 양이 늘어났어요.

데이터를 다른 용어로 바꾼다면 저는 '기록'이라고 생각해요. 우리는 '기록'에서 '정보'를 만드는 기술을 배우고 있죠.

✓ 인류의 가장 오래된 데이터는?

M 데이터란 단어의 의미에 대해 깊이 생각해봤는데 이어서 데이터가 언제부터 생겨났는지 생각해봅시다.

인류의 가장 오래된 데이터는 언제 등장했다고 생각하나요?

A 컴퓨터가 나온 때인가요?

M 데이터를 통해 당시 상황을 상상할 수 있는 기록으로 본다면 약 3만 5천 년 전에 그려진 동굴 벽화가 가장 오래된 인류의 데이터라고 할 수 있어요.

A 동굴 벽화요?

M 기원전 3,300년경에는 문자가 등장하여 점토판에 기록됐어요.

모두 어느 시점에 일어난 일을 나중에 참고할 수 있도록 보관된 기록이죠. 점토판 이후에는 파피루스나 양피지, 종이가 등장해서 다양한 매체에 데이터로 기록됐습니다. 과거에 모든 데이터는 기록된 걸 한 번에 공유할 수 없었어요. 복제하려면 근본적으로 정성스럽게 누군가가 한 자씩 손으로 옮겨 써야 하고 그 사람만이 보관할 수 있었습니다. 공유해야 하는 데이터도 있겠지만 비용이 매우 많이 들었어요.

인쇄 기술이 등장해서 동일한 내용을 많이 복제할 수 있게 되자 그 양상은 조금 달라졌습니다. 같은 데이터를 많은 사람에게 동시에 전달하는 기술이 널리 퍼졌어요. 인쇄 기술로 인해 책을 가진 사람이 늘어나고 문자를 읽을 수 있는 사람도 늘었어요. 이렇게 종이에 기록된 데이터는 이전보다 더욱 증가했죠.

✓ 종이 매체에 기록된 데이터의 네 가지 문제점

M 하지만 복제 기술이 진보해도 종이 매체에 기록된 데이터에는 몇 가지 제약이 있었어요.

❶ 보관 장소

종이에 인쇄할 수 있는 데이터는 한정됩니다. 아무리 글자를 작게 인쇄해도 사람이 읽을 수 있는 크기에는 한계가 있어요. 결과적으로 문자(데이터) 양이 증가하면 종이 양이 증가합니다. 종이를 많이 보관하려면 넓은 공간이 필요해요. 또 종이는 찢어지거나 더러워지기도 하고, 눅눅해지거나 벌레가 먹는 등, 다양한 위험에 노출되는 섬세한 매체이기에 보관할 때도 조심해야 합니다.

❷ 공유 방법

아무리 많이 복제해도 인쇄지 수보다 읽고 싶은 사람 수가 많다면 그 데이터를 공유할 수 없습니다.

도서관 책의 반환 및 재고의 운송, 출판 증쇄 대기 등 '기다리면 된다'고 생각할 수 있지만, 데이터는 특정 순간에 봐야 의미가 있는 경우가 많아서 그 시점에 볼 수 없다면 이후에 인쇄된다 해도 의미가 없어요.

❸ 검색 방법

같은 내용을 많이 인쇄해서 원하는 사람 모두에게 공유할 수 있게 됐어요. 하지만 종이는 많으면 많을수록 본인이 원하는 정보에 도달하기 매우 어렵습니다. 우선 어떤 책이 있는지, 책의 어느 페이지를 봐야 할지 알기 힘든 경우가 있으며, 목차나 색인이 있어도 양이 많아질수록 어려워지고 놓쳐 버리는 경우도 많아질 거예요.

❹ 데이터의 신선도

종이에 인쇄되면 새로운 데이터를 추가하거나 갱신하기 어렵습니다. 인쇄 당시의 데이터라는 관점은 명확하지만 데이터란 기본적으로 증가하며 갱신이나 오류 수정 등이 필요합니다. 이런 때 한 번 인쇄된 종이에는 반영할 수 없으므로 교환하는 수밖에 없어요.

> ✅ **컴퓨터와 데이터의 진화**

M 근본적으로 종이 매체의 특성은 인쇄되어 한 사람에게 전달되며 한 장의 종이는 다른 사람에게 동시에 공유할 수 없었어요. 그리고 늘어날수록 찾기 어렵고, 신선도를 유지하기도 힘든 매체입니다. 이 문제는 컴퓨터가 등장하며 해결됐어요.

'닭이 먼저냐 달걀이 먼저냐'란 말이 있지만 컴퓨터가 생기면서 데이터가 늘어났고, 늘어난 데이터로 인해 컴퓨터도 진화했습니다.

현대까지 이어진 기술 혁신의 원천이 된 컴퓨터는 1946년에 탄생했어요. 데이터는 '기록'이라는 말로 대체할 수 없는 이유는 우리가 지금 생각하는 데이터가 주로 컴퓨터에 의해 생성됐다고 생각하기 때문인 것 같습니다. 데이터와 컴퓨터는 떼려야 뗄 수 없는 관계예요.

1940년대에 나온 컴퓨터는 매우 거대하고 고가여서 극히 일부의 사람들만 사용할 수 있는 기술이었습니다. 1956년 IBM사의 하드디스크 드라이버는 5MB였어요. 지금 A씨의 PC에 있는 파일을 보지 않아도 약간의 이미지나 자료 파일의 크기는 가볍게 5MB를 넘을 거예요. 당시엔 컴퓨터 전체 용량이 5MB여서 A씨의 파일 하나 열 수 없을 겁니다.

하지만 컴퓨터가 진화하면서 소형화 및 범용화되어 많은 사람이 가까이 두고 사용하게 됐습니다. 현재 개인이 소유하는 컴퓨터라도 1TB 이상의 데이터를 보관할 수 있어요. 컴퓨터 이외에도 클라우드 스토리지에 보관하는 기술 역시 발전했죠.

또한 비즈니스 세계에서는 PB(페타바이트) 클래스의 데이터가 보관되며 세상의 데이터를 합치면 ZB(제타바이트) 클래스의 데이터가 보관된다고 합니다.

- 데이터 용량을 나타내는 단위

단위	용량
B(바이트)	1B = 8b(비트)
KB(킬로 바이트)	1KB = 1,024B
MB(메가 바이트)	1MB = 1,024KB
GB(기가 바이트)	1GB = 1,024MB
TB(테라 바이트)	1TB = 1.024GB
PB(페타 바이트)	1PB = 1.024TB
EB(엑사 바이트)	1EB = 1.024PB
ZB(제타 바이트)	1ZB = 1.024EB

✓ 현대 사회는 데이터 포화 상태

M DAY 2에서 배웠듯이 사람은 수가 적은 쪽을 더 잘 인지합니다. 그리고 DAY 1에서 배웠듯 사람은 사물에 스토리를 만들어서 인식하려고 하죠. 바로 인식할 수 있는 내용 사이의 빈 공간은 스토리로 메꾸기 위해 상상합니다. 즉 우리는 근본적으로 적은 단편적인 사실에서 의미를 찾아 나가는 것이 특기인 존재들이에요.

점토판이나 종이로는 포화 상태가 될 정도의 데이터가 만들어지지 않았어요. 지금까지 겨우 접한 데이터는 소량이지만, 사람은 필사적으로 창조력을 발휘하고 검증해서 문명이나 문화를 구축했습니다.

하지만 우리는 이제 인류 역사상 처음으로 데이터가 포화 상태가 된 세계로 돌입했어요. 필요할지 모르는 대량의 데이터가 갑자기 밀려오는 거예요. 지금까지 데이터는 희소했기 때문에 갑자기 생긴 대량의 데이터 전부 필요하다고 생각하기 쉬워요. 우리는 데이터를 버리는 데 익숙하지 않습니다. 그래서 모든 데이터를 사용하려고 하거나, 너무 많은 데이터를 다루려고 고민하는 사이에 대규모 데이터에 매몰될 수 있어요.

A 너무 많은 데이터에 익숙하지 않다라, 확실히 우리가 안고 있는 문제를 정확하게 말씀하셨네요.

M 포화 상태에 익숙하지 않아서 본능적으로 눈앞에 있는 걸 이해하려고 하는지도 몰라요. 버리는 용기를 내는 일은 언제나 항상 어려운 법입니다.

4-2 데이터를 관리하고 활용하는 시스템 구조

✓ 정확하고 빠르게 입력하기 위한 데이터

 컴퓨터와 데이터는 끊을래야 끊을 수 없는 관계로 진화했는데, 그 이유는 컴퓨터는 데이터를 정확하고 효율적으로 기록하는 데 매우 적합하기 때문이에요.

컴퓨터는 인간이 지시한 계산을 몇 번이고 지정된 횟수만큼 정확하게 수행합니다. 인간은 복잡한 절차나 똑같은 작업을 반복하는 데 능숙하지 않아서, 이런 일을 컴퓨터에게 맡기면 능률이 좋죠. 반대로 컴퓨터는 자신의 의사로 뭔가를 선택하거나 판단할 수 없기에 인간이 판단합니다.

컴퓨터가 계산하도록 하려면 계산의 바탕이 되는 데이터가 있어야 해요. 몇 번이든 처리하며 원천 데이터나 계산 결과를 재사용할 수 있습니다. 게다가 비즈니스에서 사용한다면 처리 효율을 낮추지 않은 채로 데이터들을 확실히 기록하고 보관해야 해요.

거기서 데이터베이스가 탄생했습니다. 현재 대부분의 데이터는 관계형 데이터베이스(RDB)라는 DB에 저장돼요. 여기에 이르기까지 약간의 변천이 있지만 상당히 초기부터 있었다고 봐도 됩니다. 관계형 데이터베이스는 '행과 열이라는 2차원으로 데이터를 저장한다', '필요에 따라서 고객이나 제품 등 주요 정보의 관계를 설정하고 동적으로 참조한다'는 생각에서 만들어졌어요.

이렇게 컴퓨터가 처리한 결과를 기록한 데이터가 탄생하게 된 거죠.

컴퓨터에서 처음 만들어진 데이터는 처리 결과 및 일어난 일을 정확하고 신속하게 기록할 수 있어야 한다는 점을 기반으로 등장했습니다.

예를 들어 A씨가 은행 ATM기로 10만 엔을 입금했는데 컴퓨터가 고장 나서 기록되지 않으면 난처하겠죠. 입금 후 돈은 수중에 없고 앞서 입금한 10만 엔은 A씨의 것임을 증명할 수 없게 되는 거예요.

제자
(Apprentice) 그렇게 되면 난리가 나겠죠.

M 당연하게 사용하고 있지만 사실 우리 주변에서 다양한 데이터가 만들어집니다. 예를 들어 스이카[9]나 파스모[10]로 지하철을 이용할 때를 떠올려주세요. 다음 세 가지를 순식간에 처리하기 위해 매우 정교하게 고속으로 동작하는 기술이 사용됩니다.

> 카드가 기계에 닿는 순간 잔고가 있는지 확인한다.
> 게이트를 연다.
> 구간에 맞춘 비용을 뺀다.

특히 돈과 관련된 데이터는 무를 수도 없고, 기록이 지연되면 안 됩니다. 은행 거래 신용 카드나 현금 결제를 생각하면 돼요. 아주 섬세한 고도의 기술을 요구하는 데이터입니다.

정확하게 대응해야 하는 금융 정보인 만큼, 처리하는 데 무리가 따르는 수작업을 하기보다는 컴퓨터로 처리하는 편이 편리하죠.

우리는 우선 돈에 관한 정보를 컴퓨터로 처리하여 데이터로 만들었어요. 구매 이력 정보는 가장 이해하기 쉬운 데이터지요. 팔리는 상품은 정해져 있기 때문에, 나머지는 언제(경우에 따라서는 누가) 몇 개 샀는지 돈과 상품 정보를 정확하게 기록해야 합니다. 불규칙한 데이터가 발생하기 어렵기 때문에 패턴을 적용하기가 가장 쉬워요.

---

9. suica, 역주: JR 동일본에서 발행 및 운영하는 선불형 교통 카드
10. (PASMO, 역주: 비접촉식 IC 방식의 대중교통 카드로 특정 지역의 철도, 버스에서 사용할 수 있다.

컴퓨터와 데이터의 진화는 이런 형태의 데이터를 가장 간단하게 입력하는 방법을 모색하는 데서 시작했습니다. 효율적인 입력 위주의 사고방식에서 데이터가 탄생했어요.

✓ 정규화를 통해 입력 데이터 양을 최대한 줄인다

M 효율적으로 입력하려면 어떻게 해야 할까요? 컴퓨터 성능을 높이는 것도 방법 중 하나겠지만, 사용할 수 있는 기술이나 비용에는 한계가 있어요. 데이터를 효율적으로 처리하고자 '입력 양을 최대한 줄이는 방법'을 생각하기 시작했습니다. 관계형 데이터베이스에 의한 데이터 정규화죠.

A 정규화가 뭔가요?

M 예를 들어 슈퍼스토어 데이터를 보면 동일한 사람이 여러 번 상품을 구입하거나 동일한 상품이 여러 번 팔립니다.

A 그건 당연하죠.

M 그때마다 제품명이나 카테고리, 고객명이나 주소를 반복해서 등록해야만 할까요? 입력해야 할 정보가 많아져서 데이터 양이 증가합니다.
하지만 제품이 속해 있는 카테고리나 고객 주소 정보는 기본적으로 매번 바뀌지 않아요. 이런 경우 정규화해서 저장하고 다른 관계형 테이블을 만들어서 참조하는 방법을 씁니다.
예를 들어 다음과 같은 형태에요.

> **매출 테이블 항목:**
> 제품ID, 고객ID, 구입 일시, 수량, 매출 금액

> **상품 마스터 테이블 항목:**
> 제품ID, 제품명, 하위 카테고리, 카테고리

> **고객 마스터 테이블 항목:**
> 고객ID, 고객명, 주소, 우편번호, 광역 행정 구역, 지역

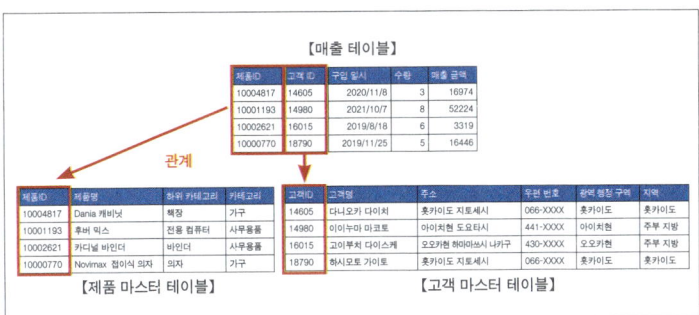

- 제2 정규화

M   실제로는 카테고리나 지역도 ID를 쓰지만 여기서는 문자열로 들어갑니다. 이렇게 해서 매출이 일어날 때 매출 테이블에만 행을 추가하면 돼요.
'언제, 어디서, 누가, 무엇을, 얼마만큼 샀는지' 최소한으로 기록할 수 있죠. 특정 제품을 구매한 고객의 주소 정보는 이후 필요할 때 참조하면 되므로 효율이 좋은 방법이에요.
덧붙여 앞의 예는 '제2 정규형'이라고 하며 더욱 정규화시킨 '제3 정규형' 도 있습니다.
제2 정규형에서는 하위 카테고리의 부모 카테고리가 변경될 때 제품 마스터 내의 카테고리 필드를 전부 변경해야 해요.
최대한 효율적으로 갱신하는 제3 정규화는 다음과 같은 형태입니다.

> **매출 테이블 항목:**
> 제품 ID, 고객 ID, 구매 일시, 수량, 매출 금액

> **제품 마스터 테이블 항목:**
> 제품 ID, 제품명, 하위 카테고리

> **제품 하위 카테고리 마스터 테이블 항목:**
> 하위 카테고리, 카테고리

> **제품 카테고리 마스터 테이블 항목:** 카테고리

> **고객 마스터 테이블 항목:**
  고객 ID, 고객명, 주소, 우편번호

> **우편번호 마스터 테이블 항목:**
  우편번호, 광역 행정 구역

> **광역 행정 구역 마스터 테이블 항목:** 광역 행정 구역, 지역

> **지역 마스터 테이블 항목:** 지역

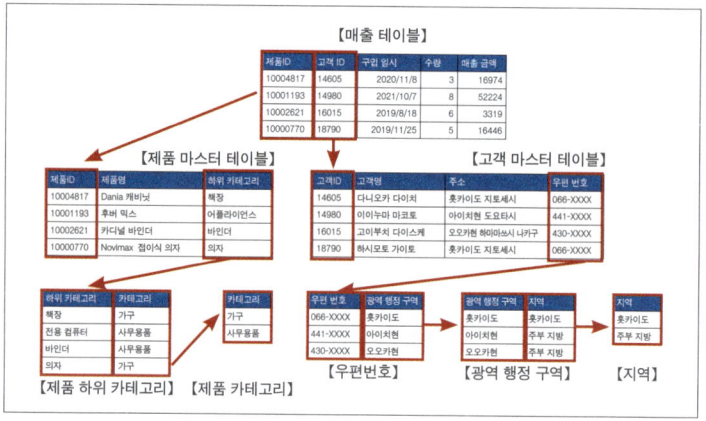

• 제3 정규화

정규화를 하면 입력할 데이터의 양이 줄어들 뿐만 아니라 무결성이 갖춰집니다. 입력한 데이터를 참조할 때 자주 발생하는 문제인 데이터의 중복이나 누락이 발생하지 않고 정보의 카탈로그처럼 활용할 수도 있어요.

A 그럼 모든 데이터는 제3 정규화시켜도 되나요?

M 그렇다면 이 세상의 모든 데이터는 정규화되어 있겠죠. 하지만 실제로는 그렇지 않은 경우도 많아요. 너무 정규화를 고집하면 참조할 때 여러 개의 테이블을 함께 조인(join)해야 필요한 정보를 조회할 수 있기 때문에 성능이 떨어지는 문제가 생깁니다. 또한 팩트 테이블[11]과 마스터 테이블에 엄격

---

11. fact table, 역주: 비즈니스 측정값과 같이 변경할 수 없는 팩트 레코드가 있는 테이블

한 의존 관계를 만들면 마스터 테이블에 등록되지 않은 제품을 넣을 수 없기 때문에 시기 적절하게 데이터를 입력할 수 없어요.
반드시 제3 정규화를 해야 하는 것은 아니며, 실무에서는 상황에 맞춰서 선택합니다.

✅ 운영 시스템과 데이터 활용

M 초기에 탄생한 시스템은 우선 신속하고 정확하게 데이터를 기록하는 데서 시작했어요. 컴퓨터에 의한 처리와 이력 기록으로 보관된 데이터는 운영 시스템이라 하며, 기업의 중추로서 없어서는 안 될 존재가 되었습니다.

운영 시스템 = 컴퓨터 처리 + 기록으로 보관된 데이터

이들을 추진한 데에는 글로벌화의 영향도 있었겠죠. 지금까지는 지역 밀착형으로 눈길이 닿는 범위 내의 비즈니스만 성립했지만, 많은 사람이 지역을 넘어 전 세계인을 상대로 비즈니스를 하며 관련자와 거래량 모두 늘어났습니다. 계속해서 종이 장부에 기록된 데이터로 비즈니스를 하기가 어려워졌어요.

비즈니스의 중심인 운영 시스템이 멈추면 비즈니스도 같이 멈추는 구조이기 때문에 비즈니스 크리티컬 시스템이라 하며, 수많은 IT 회사가 우선적으로 운영 시스템을 안정적이며 효율적으로 무중단 운영하는 데 주력합니다.

그런데 거래 기록으로 처리하기 위해 수집한 데이터가 단지 저장되어 있을 뿐이면 스토리지에 부담만 줘요. 데이터를 저장하는 스토리지가 중요했던 시대에는 데이터의 유지만으로 요금이 막대하게 들기 때문에 오래된 데이터는 버리고 싶겠죠. 하지만 특정 시기의 거래 기록을 확인해야 하기에 쉽게 버릴 수 없어요.

그런 와중에 데이터 자체에 주목한 사람들도 나타났어요. '어차피 보관해야 한다면 어딘가에 활용할 수 없을까?'라는 고민을 하게 됐죠. 축적된 데이터는 과거의 기록이에요. 데이터를 보고 과거에 일어난 일을 파악하고, 현재 의사 결정을 하는 데 활용하려는 움직임이 거세졌습니다.

그래서 운영 시스템과 '정보 시스템'을 같이 구축했어요. 이후 '데이터를 어떻게 활용할지' 도전하는 나날이 시작되었죠.

✅ 데이터를 정보로 만들기 위한 정보 시스템

A 운영 시스템은 자주 사용하지만 '정보 시스템'은 처음 들었어요.

M 시스템 엔지니어들이 사용하는 용어로, 의미가 매우 넓어서 사람마다 구체적으로 어떤 것을 가리키는지가 다를 수 있습니다. 옛날에는 의사 결정 지원 시스템이라고도 하기도 했고 BI(Business Intelligence) 시스템을 정보 시스템이라고 생각하는 사람도 있어요. 다음 세 가지 세트를 정보 시스템이라 칭하는 사람도 있습니다.

> » ETL(Extract Transform Load) 시스템
> » DWH(Data warehouse) 시스템
> » BI 시스템

A 시스템 엔지니어들은 알파벳 축약어를 너무 즐겨 쓰네요.

M 그렇긴 하네요. 보다 쉽게 정리하면, 정보 시스템은 '데이터를 정보로 만들기 위한 시스템'입니다. 데이터를 정보로 만들려면 주로 다음 세 가지 구조가 필요하며, 시스템명이 구조에 대한 설명인 셈이에요.

› **운영 시스템 등에서 데이터를 얻는다**: ETL
› **취득한 데이터를 모아두기 위한 장소**: DWH
› **모아둔 데이터를 조회해서 참조한다**: BI

즉, 이들은 모두 정보 시스템의 일부입니다.

A 그럼 정보 시스템은 'ETL/DWH/BI' 세트군요.

M 꼭 그렇다고 장담할 수는 없어요. 이 세 가지가 메인 구조임에는 틀림없지만, 데이터를 정보로 만들려면 해야 할 작업이 많아졌습니다. 예를 들어 머신 러닝이나 AI를 활용한 예측 분석 등을 하려면 이 세 가지에 데이터 사이언스 시스템도 필요하죠.
정보 시스템이란 특정 툴이나 구조가 아니라 데이터를 정보로 만들기 위해 기업이 필요로 하는 구조를 통틀어서 가리킵니다.

✅ 정보 시스템 필수 요소

M 범위가 넓지만 어떤 구조를 사용하든 시스템으로써 갖춰야 할 요소를 크게 나누면 다음과 같습니다.

› ❶ 사용자가 데이터를 사용해서 인사이트를 얻을 수 있는 구조다.

  ⓐ 가능한 한 과거에서 최신까지 장기간에 걸친 데이터를 누락 없이 사용할 수 있도록 저장해둔다.

  ⓑ 조회하고 싶을 때 조회할 수 있다(데이터의 위치가 명확하고, 사용자의 요구사항에 맞는 속도로 결과를 제공한다).

  ⓒ 시스템 측면에서 봐야 하는 내용이나 인사이트를 제공한다.

› ❷ 비즈니스 크리티컬한 운영 시스템의 데이터는 항상 문제 없이 입력되어야 한다.

A 이것뿐인가요?

M 네. 정말 간단하지만 이 두 가지 요구사항을 만족하기란 어려우며, 전 세계가 고민하는 사항 중 하나예요.

A ❶은 그렇다 치고, ❷의 운영 시스템 데이터가 항상 문제 없이 입력돼야 한다는 건 어떤 의미인가요?

M 좋은 질문이에요. 방금 전 은행이나 스이카의 예로 알아봤지만 비즈니스 거래 기록 관련 데이터가 입력되는 운영 시스템은 매우 섬세해야 하며, 절대 실패해서는 안 됩니다.

A씨는 개인 컴퓨터나 스마트폰 등에서 소프트웨어나 어플리케이션이 갑자기 반응이 없어서 어플리케이션이나 단말기를 강제 종료한 적이 있나요?

A 가끔 있었어요. 먹통이 되면 짜증이 나지요.

M 메일을 입력하다가 갑자기 어플리케이션의 반응이 없어서 강제 종료하면 입력하던 문자는 어떻게 될까요?

A 사라져요. 오랜 시간 동안 작성했던 메일이 싹 날아가면 울고 싶어요.

M 최근에는 자동 저장 기능이 있어서 완전히 사라지는 일은 줄었지만 그래도 일부 데이터는 사라집니다.

아무리 정확한 컴퓨터라도 한 번에 많은(특히 완전히 다른 종류의) 처리를 하긴 매우 어려워요.

하지만 거래 정보를 기록하는 운영 시스템은 입력돼야 하는 데이터가 누락돼서는 안 됩니다.

운영 시스템과 정보 시스템이 지향하는 바는 다음과 같습니다.

> 》 **운영 시스템**: 데이터가 누락되지 않도록 정확하게 기록한다.
> 》 **정보 시스템**: 저장된 데이터를 참조한다.

간단하게 생각해서 운영 시스템의 데이터를 바로 조회할 수 있다면 굳이 데이터를 복사하지 않고 실시간으로 데이터를 참조할 수 있겠죠.

하지만 이렇게 못하는 이유는 뭘까요? 앞서 컴퓨터의 예에서 살펴봤듯 다양한 요청을 처리하는 시스템의 리스크는 높습니다. 입력된 데이터를 참조하는 정보 시스템이 실시간으로 요청하면 운영 시스템의 처리에 영향을 주죠. 비즈니스 크리티컬한 시스템에 리스크가 생겨선 안 돼요.

그래서 정보 시스템은 일부러 원본 데이터를 복제 후 사용하도록 설계해서 데이터가 생성되는 시스템의 처리에 영향이 가지 않게 합니다.

방대해지는 데이터를 보관하기 위한 데이터 웨어하우스(DWH)

A 데이터를 복제해서 운영 시스템에 데이터가 문제 없이 입력되게 했군요. 그러고는 사용자가 데이터로 인사이트를 얻을 수 있는 구조를 만드는 데 주력한 건가요?

M 그렇습니다. 하지만 그 요구사항 하나를 이루기 위해 다양한 노력과 궁리를 계속해오고 있어요.

정보 시스템은 우선 운영 시스템과 분리된 복제 데이터베이스를 구축하기 시작했습니다. 하지만 바로 문제가 생겼어요. 저장된 데이터의 양이 너무 많아서 응답 속도가 기대보다 오래 걸리게 됐죠. 과거에서 현재까지 대부분의 데이터 관련 문제는 성능 문제에서 기인한다고 해도 과언이 아니에요.

컴퓨터 하드웨어가 진화하면서 이 부분은 개선되겠죠. 하지만 기술이 진화하는 속도보다 데이터가 더 빨리 증가하므로 결국에는 악순환이 이어집니다. 우리는 효율적으로 데이터를 참조할 수 있는 방법을 찾아야 합니다. 성능이 떨어지는 원인 중 하나는 극단적으로 정규화된 테이블에 있어요. 정규화는 테이블에 입력할 데이터 양을 최대한 줄이고 빠르게 처리하는 구조였는데 반대로 데이터를 조회할 때 여러 테이블을 조인해야 필요한 값을 찾을 수 있다는 문제가 있어요.

예를 들어 제3 정규형의 예시에서 살펴본 테이블을 사용해서 카테고리별로 매출 금액을 조회하고 싶다면 어떻게 해야 할까요?

> **매출 테이블 항목:**
> 제품 ID, 고객 ID, 구매 일시, 수량, 매출 금액

> **제품 마스터 테이블 항목:**
> 제품 ID, 제품명, 하위 카테고리

> **제품 하위 카테고리 마스터 테이블 항목:**
> 하위 카테고리, 카테고리

> **제품 카테고리 마스터 테이블 항목:** 카테고리

> **고객 마스터 테이블 항목:**
> 고객 ID, 고객명, 주소, 우편번호

> **우편번호 마스터 테이블 항목:**
> 우편번호, 광역 행정 구역

> **광역 행정 구역 마스터 테이블 항목:** 광역 행정 구역, 지역

> **지역 마스터 테이블 항목:** 지역

매출 테이블에서 '매출 금액'과 '제품ID'를 가져오고 '제품ID'로 찾은 제품 마스터 테이블의 '하위 카테고리'를 따라가야 제품 하위 카테고리 마스터 테이블의 '카테고리'를 겨우 조회할 수 있습니다. 그저 두 개의 데이터가 필요한데 이들을 조회하려면 여러 개의 테이블을 뒤져야 하죠. 그러면 성능을 올릴 수 없어요. 그 때문에 정보 시스템에서는 정규화된 데이터를 다시 비정규화해서 한 개의 큰 테이블을 만들었습니다.

정규화를 하지 않으면 가장 큰 테이블인 팩트 테이블의 행별 열 개수가 많아집니다. 제품명이나 카테고리 등의 열에 같은 값의 데이터가 여러 개 중

복돼서 들어가죠. 즉, 동일한 데이터를 제공하면서도 데이터 양은 증가하지요.
그 외에도 정보 시스템의 데이터가 커지기 쉬운 요인이 있어요.

보관 기간
운영 시스템은 최근 2년간 데이터 정도만 있으면 되지만 정보 시스템으로 과거 계절 트렌드 등을 분석하려면 최소 5년 또는 그 이상 장기간의 데이터가 필요합니다.

데이터 종류
분석 대상인 데이터는 기업 내에 있는 대외적인 거래 데이터뿐만 아니라 사내 재고나 공장 등의 상품 관련 데이터, 고객 문의, 조직 내 인사 데이터 등 다양해요. 예를 들면 거래 수, 재고 수, 생산 예정 상품 수 데이터를 감안해서 '앞으로 얼마나 판매할 수 있을지 계산'하려는 요구사항이 있을 수 있죠. 정보 시스템 데이터를 복제해서 관리하는 이유는 운영 시스템을 처리하는 데 영향을 주지 않으며, 여러 개의 시스템에서 생성된 데이터를 같이 보기 위해 한곳으로 모으려는 의도도 있습니다.

이와 같이 정보 시스템 데이터는 일반적으로 거대해지기 쉬워요. 정규화를 하지 않아서 양이 많아지는 데다, 기간도 길고 다양한 종류의 데이터를 한곳에 모아둬야 합니다.

그래서 정보 시스템의 데이터를 저장하는 장소를 '데이터 창고(warehouse)', '데이터 웨어하우스(DWH)'라고 부르죠.

✓ 방대한 데이터를 집계하고 시각화하는 BI툴

M 정보 시스템에 저장된 데이터는 종류와 양 모두 방대해요. 이 데이터를 이해할 수 있는 형태로 보여주려면 집계 및 시각화해야 합니다.

그래서 데이터 웨어하우스에 있는 데이터를 보여줄 수 있는 형태로 만들기 위한 어플리케이션이 나왔어요. 그게 BI툴입니다.

운영 시스템에서 DWH에 데이터가 들어가며, BI가 그 데이터를 참조하는 구조예요.

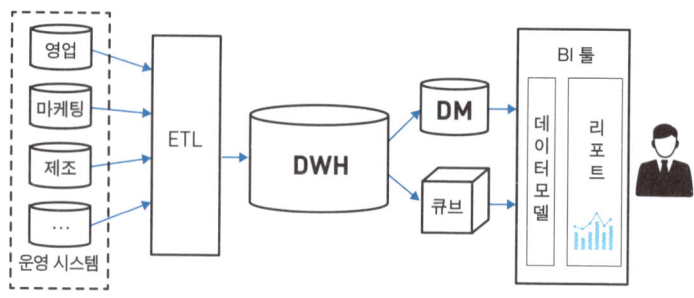

• 정보 시스템 구조

M 우리는 DAY 3까지 BI 툴로 리포트를 효율적으로 만드는 기술과 데이터를 보는 문화를 넓혀 나가는 방법에 대해 배웠어요.

✓ 운영 시스템에서 데이터를 변환 및 저장하는 ETL

M 조금 전의 정보 시스템 이미지에서 운영 시스템과 DWH 사이에 ETL이 있었어요. ETL(Extract Transform Load)은 운영 시스템에서 데이터를 추출(Extract)하고 변환(Transform)해서 DWH에 적재(Load)하기 위한 툴입니다.

A 변환이 구체적으로 뭔가요? 데이터를 그냥 넣으면 안 되나요?

M 매우 날카로운 질문이네요. 변환에는 다양한 처리 방법이 있는데, 대표적

인 예를 들어보겠습니다. 영업에서 취급하는 데이터에 쓰인 상품명과 마케팅이 만든 웹사이트에 게재된 상품명이 달랐던 경험은 없나요?

A 있어요. 왜 영업 데이터에 맞는 명칭을 쓰지 않는지 항상 궁금했어요.

M 마케팅 사람들도 A씨와 동일한 생각을 했을 거예요. 이름이 시스템에 따라 다른 건 어쩔 수 없습니다. 왜냐하면 목적에 따라 붙이고 싶은 이름이 다르기 때문이에요.

> **영업부**: 사내에서 이해하기 쉬운 상품명으로 데이터를 관리하고 싶다.
> **마케팅**: 고객 입장에서 매력적으로 느낄 수 있는 이름을 붙이고 싶다.

이름이 다르더라도 동일 상품이라는 걸 알면 되기 때문에 일반적으로 같은 ID를 부여합니다.

하지만 완전히 다른 두 개의 시스템에서 생성된 데이터인데 동일한 상품에 동일한 ID를 할당하려면 초기에 상당히 치밀하게 설계를 해야 해요. 최근에는 영업이나 마케팅 구조를 SaaS 서비스 등으로 아웃소싱하는 일도 많고 ID를 마음대로 붙이는 것 자체가 불가능한 경우도 많아요.

그러면 영업과 마케팅이 다루는 상품 데이터는 어떤 게 일치하는지 대조해 보아야 합니다. 또한 입력할 때 데이터가 자유로워서 동일하지만 다른 값으로 입력되는 일도 있어요. 예를 들어 입력 실수나 오타, 불필요한 공백 등입니다. 이렇게 오염된 데이터를 정리하거나 분류해서 보정해야 해요. 이런 처리를 '데이터 클린징(data cleansing)'이나 '명칭 변경'이라 합니다.

> **데이터 클린징**: 오염된 데이터를 정리하거나 분류한다.
> **명칭 변경**: 동일한 의미지만 다르게 등록된 데이터를 수정해서 사용하기 쉽게 명칭을 붙이는 전반적인 처리 과정

A 데이터 변환이 '명칭 변경'인가요?

M 아니요. 그 외에도 다양하게 변환 가능해요. 예를 들면 다음과 같아요.

> 어떤 조건을 만족한 행만 번호를 붙인다.
> 불필요한 데이터를 필터링해서 제거한다.
> 정규화된 테이블을 결합해서 비정규화한다.

DWH는 관계형 데이터베이스로 만들어져 있고 SQL이라는 언어를 사용해서 변환할 수 있습니다. 하지만 SQL 등에 의존하게 되면 고도의 숙련자가 작성한 쿼리를 재현할 수 없어서 특정인만 작업하거나 반대로 잘 짜지 못한 쿼리를 다른 사람들이 해석할 수 없어서 수정하지 못하는 블랙박스 시스템이 될 수 있어요.

여기서 이런 복잡한 처리를 GUI 기반으로 평준화, 가시화하여 처리하도록 한 것이 ETL 툴입니다.

✓ ETL/DWH/BI 툴은 명확하게 구분할 수 없다

M A씨는 싫어하지만 시스템 엔지니어가 좋아하는 알파벳 줄임말 명칭인 'ETL', 'DWH', 'BI'에 대해 설명해볼게요. 용어들을 해설하는 의도는 A씨가 이 용어를 사용해서 다른 사람에게 설명하길 바라서가 아니에요.

이들은 이 세상의 다양한 제품군을 정리한 '카테고리' 같은 겁니다. 일반적으로 다음과 같이 나눌 수 있으며, 각 제품은 각각의 카테고리 하위에 속한다고 알려져 있어요.

> **ETL:** Informatica PowerCenter, Talend Data Fabric, DataSpider Servista 등

> **DWH:** Amazon Redshift, Google Cloud Big Query, Snowflake 등
> **BI:** Microsoft Power BI, Qlik Sense, Motion Board 등

하지만 사실 각 제품은 해당 카테고리 하위에 속한다고 생각하지 않는 경우가 많아요. 주어진 역할에 주력하면서도 다른 카테고리의 역할로도 확장하는 경우가 있습니다.

예를 들어 태블로는 원래 BI의 기능을 중심으로 개발되었지만, 데이터 추출 기능을 개선해서 DWH를 보완하거나 데이터를 꺼내서 변환하여 적재하는 ETL과 같은 '태블로 프렙(Tableau Prep)'을 출시했어요. 저는 이런 태블로의 기능이 DWH나 ETL 시스템을 완전하게 대체한다고는 생각하지 않지만, 일부의 기능이라도 대체해서 활용하는 사람들도 있어요. 매우 편리한 기능임은 틀림이 없고, 데이터를 활용하는 데 새로운 방향을 제시한다고 생각합니다.

어쨌든 단순한 BI라는 카테고리의 범주를 명백히 넘어서고 있어요. 아주 작은 규모의 구조라면 태블로의 프렙과 하이퍼(Hyper, 텍스트 추출)를 사용해서 정보 시스템의 전반적인 기능을 충족하려는 사람도 있겠죠.

물론 각 제품의 특성과 한계도 이해해야 해요. 태블로의 추출 파일은 데이터베이스에 저장되지 않기 때문에 트랜잭션 관리나 행 단위로 갱신을 할 수 없어요. 그런 한계를 감안하여 DWH로 사용할지 말지는 사용자가 결정해야 합니다.

ETL/DWH/BI 세 가지 카테고리는 어떤 역할인지 바르게 이해하고 다음과 같은 관점에서 생각해 보아야 합니다.

> 지금 하려는 처리는 어디에 속하는가?
> 어떤 제품이 그러한 처리를 하는가?

> 제품이 처리 가능한 범위의 요청인가?
> 급성장하는 신규 제품들이 어떤 카테고리에 속할까?

정보 시스템을 처음부터 직접 개발하던 시대는 점차 끝나고 있어요. 본인이 원하는 바에 가장 맞는 제품을 신속하게 선택해서 다음 행동을 해야 하는 때입니다.

이런 식으로 방향을 돌리면 훨씬 효율적으로 데이터를 통한 기술을 구사한 의사 결정을 내릴 수 있겠죠.

✅ 데이터 입력값을 제어하다

M 그런데 잠시 다른 이야기를 하자면, '데이터 입력값을 가능한 한 제한'하는 건 입력을 담당하는 시스템에서 해온 노력 중 하나예요.

예를 들어 이름을 입력할 때조차 자유롭게 입력하면 이름 사이의 공백, 전각 또는 반각, 한자 또는 로마자 처리 또는 입력 실수 등을 감안했을 때 전원이 동일하게 입력하기는 어려워요. 입력 제한이 없으면 자유로운 반면 비용이 너무 비싸죠.

그래서 입력 양식에 규칙을 더하여 맞는 형식으로만 입력할 수 있는 구조를 갖춥니다. 예를 들어 전화번호는 전부 숫자만 적는지, 하이픈(-)까지 적는지 등, 어느 정도 규칙이 있는 입력 양식으로 제어할 수 있어요.

가장 어려운 것은 명칭입니다. 완벽하게 제어하려면 사전에 등록된 목록에서 선택하게 해야 하지만, 그렇게 되면 미리 저장하지 않은 값은 등록할 수 없다는 문제가 생깁니다.

그렇지만 입력을 자유롭게 허용하면 중복 입력되는 경우도 있어요. 데이터 입력과 데이터 클린징 과제는 언제까지나 계속됩니다.

가장 이상적인 건 '수동으로 입력하지 않아도 자동으로 감지해서 입력되는' 데이터예요. 최근에는 상품을 판매하거나 메일을 보내거나 하면 자동으로 등록되기도 하고, 프리 텍스트로 된 메일에서 입력을 유도하기도 합니다. 입력 제어나 자동화 관련 구조도 등장했어요.

데이터 입력 역시 데이터를 참조할 때와 마찬가지로 해결할 과제는 끝나지 않지만 이후 계속 발전하겠죠.

✓ DWH의 성능을 올리는 데이터 마트와 큐브

M   DWH에 저장된 데이터는 만성적으로 양이 많아서 이전의 컴퓨터 리소스로는 고속으로 처리하는 데 한계가 있어요. 데이터 양이 많아서 처리할 수 없으면 가능한 방법은 하나뿐입니다.

A   데이터 양을 줄이는 건가요? 하지만 그러면 분석하려고 대량의 데이터를 저장하는 의미가 없겠네요.

M   데이터를 줄이는 데는 대략 두 가지 방법이 있습니다.

> - 데이터를 필터링한다
> - 데이터의 크기를 줄인다

A   데이터의 크기요?

M   간단하게 말하면 집계하는 거예요.

예를 들어서 1초에 1회 기록되는 데이터가 2년치 들어 있으면 어떨까요? 2년 × 365일 × 24시간 × 60분 × 60초 = 63,072,000건이에요. 하지만 1일 단위로 보고 싶다면 '24시간 × 60분 × 60초' 단위의 데이터는 필요 없죠. 2년 × 365일 = 730건의 데이터만 있으면 돼요. 이러면 1/86,400로 줄일 수 있어요. 1일 단위로 집계한 730건의 정보가 필요한데 매회 6,300만건의 데이터를 집계하려면 컴퓨터 리소스를 써야 합니다.

이와 같이 DWH의 데이터는 집계해서 사용하는 경우가 많아요.

참조해서 사용하는 경우 세부 데이터보다 어느 정도 집계한 데이터를 봅니다. 그래서 데이터를 미리 집계해서 보관하는 일이 많아졌어요.

이런 데이터를 '데이터 마트(DM)'이라고 부릅니다. DWH에 대량으로 보관된 데이터를 그대로 사용하는 일은 어려우므로 저장소(웨어하우스)에서 데이터를 꺼내서 마트에서 사용할 수 있다는 의미예요.

장기간에 걸친 데이터는 집계치를 참조하지만 최근 2주간의 데이터는 초단위 상세 데이터를 보고 싶다는 요구사항이 있어서 특정 기간 동안의 데이터는 상세 데이터로 데이터 마트를 구성할 수 있습니다.

DWH는 다수의 시스템에서 데이터를 모은 통합 데이터베이스지만, 참조 요건에 맞춘 데이터 마트를 구성하는 경우도 있죠.

그리고 DAY 1에서 살펴봤듯이 다수의 분석가가 복수의 차원을 사용해서 분석하고자 복수의 차원을 조합해서 집계한 데이터를 저장하는 '멀티 차원(다차원) 데이터베이스'도 나왔어요. '큐브'라고도 불립니다.

A   큐브군요.

M   관계형 데이터베이스는 열과 행으로 이뤄진 이차원입니다. 큐브는 미리 지역과 시간, 사람 등 복수의 차원으로 구분해서 집계한 데이터를 저장하기 때문에 '다차원'이라고도 불러요. 평면적인 2차원의 관계형 데이터베이스와 반대로 다차원이며 입체적인 '큐브'를 통칭해서 가리킵니다. 선택된 차원에 따른 결과를 반환하는 데 특화된 '분석용 데이터베이스'죠.

DAY 1에서 설명한 드릴 다운이나 드릴 스루는 이 사고방식과 유사한 용어에요. 큐브 내를 뚫고 들어가거나 슬라이스 및 다이스와 같은 용어도 분명히 큐브를 이미지화한 겁니다. 원래 DWH는 모든 저장소의 데이터를 통합하기 위한 거죠. 하지만 성능이 안좋기 때문에 모처럼 정리한 데이터를 다시 복제해서 분리하는 건 비극이에요. 그렇다고는 해도 시간이 오래 걸리면 사고의 플로우가 단절돼서 인사이트를 얻을 수 없어요. 데이터에서 인

사이트를 얻기 위해서는 성능이 보장돼야 합니다.

✓ 데이터 마트와 큐브의 처리 한계

M 데이터 마트나 큐브는 성능 향상에 공헌했지만 곧 한계가 찾아왔어요. 데이터 마트나 큐브는 사전에 집계를 해둡니다. 따라서 사전 요구사항 정의, 설계, 구축, 테스트와 같은 시스템 개발 프로세스대로 처리할 수 없어요. 하지만 분석가는 데이터를 보다 보면 여러 가지 질문에 부딪힙니다. '카테고리별 매출은 가전이 1위인가. 가구도 잘 팔리는군. 하위 카테고리까지 드릴 다운하면 어떨까? 그런데 이 제품들의 하위 카테고리는 어떤 지역에서 팔릴까? 주부 지방의 매출이 좋은 것 같다. 그럼 광역 행정 구역까지 깊게 파보고 싶은데... 아니야. 광역 행정 구역 데이터가 없잖아? 어떡하지?' 집계된 값은 사전 정의된 단위 이상으로는 상세히 볼 수 없어요.

태블로처럼 누구나 자유롭게 분석할 수 있는 BI툴이 대두되면서 요구사항은 더욱 현저해 졌습니다. 이런 의문에 답하려면 가능한 한 모든 차원의 집계치를 갖고 있는 게 이상적이에요. 하지만 그러면 DWH에 있는 대량 데이터와 거의 비슷한 범위, 건수, 양이 필요하겠죠.

초기 설계에서는 분석에서 필요한 요구사항을 정의하는 데 합의했다 해도 실제로 사용하다 보면 새로운 항목이 필요한 질문이 생깁니다. 물론 데이터 분석이라는 건 그래야 해요. 분석을 하면서 새로운 의문을 가짐으로써 지금까지 본인의 경험만으로는 몰랐던 새로운 발견을 하거나 의사 결정에 도움이 되는 인사이트를 얻을 수 있습니다.

정보 시스템은 시시때때로 생기는 의문에 대한 답을 얻을 수 있어야 유용하게 활용할 수 있어요. 원래 존재하지 않는 데이터라면 모를까, 분명히 DWH에 있어야 할 데이터인데도 조회하지 못한다는 큰 딜레마에 빠지는 거죠.

새로운 요구사항이 있을 때마다 개발하는 데이터 마트로 인해 분석에 사용하는 테이블별 데이터 양은 줄어들 거예요. 하지만 DWH 시스템 자체에 저장된 데이터는 복제돼서 같은 의미를 갖는 데이터로 쓰일 스토리지 용량이 계속 늘어납니다. 개발 공수도 늘어나죠.

그래서 어떻게든 큰 데이터 그대로 처리할 수 있는 방법을 고민하게 됐어요.

✅ 대량 데이터를 직접 처리하기 위한 인메모리 데이터베이스

M 시스템이 진화함에 따라 쳇바퀴 돌듯 데이터 양이 증가하지만 하드웨어도 크게 진화했습니다. 컴퓨터 스토리지 용량뿐만 아니라 바로 처리하려는 데이터를 올려두는 메모리도 현격하게 커졌어요. 초창기에 메모리는 매우 비싸서 아주 적은 용량만 탑재할 수 있었지만 기술 혁신에 따라 개인 컴퓨터에도 16GB 정도는 당연하게 넣을 수 있으며 서버는 TB급 메모리도 들어갑니다.

메모리란 HDD 등의 스토리지와 달리 쓰고 읽는 속도가 엄청나게 빠른 구조예요. 처리하고 싶은 데이터를 모두 메모리에 담을 수 있다면 시스템을 빠르게 처리할 수 있습니다.

이처럼 처리할 대량의 데이터를 메모리에 올려두고 처리하는 인메모리 데이터베이스가 등장했어요. 지금도 다수의 최신 데이터베이스가 많든 적든 사용하고 있는 기술이죠.

✅ 열 지향과 행 지향

M 메모리 용량이 커졌다곤 하지만 가능하면 메모리에 올리는 데이터는 최대한 줄이고 싶어요. 그래서 효율적으로 참조하는 '열 지향' 방식도 등장했습니다.

데이터베이스는 원래 쓰기에 특화돼 있어요. 그렇기에 다음과 같이 극히 일부의 행에 대해 열 전체를 처리하는 '행 지향' 방식을 씁니다.

> 새로운 데이터를 입력하면 기본적으로 마지막 행을 기준으로 새로운 행을 추가한다.
> 추가할 때는 행에 있는 모든 열을 하나씩 입력한다.

하지만 DWH는 참조에 특화돼 있어요. 참조할 때 행에 있는 모든 열의 데이터를 보는 경우는 적습니다. 예를 들어 카테고리별 매출이라면 '카테고리'와 '매출' 두 열을 참조해요. 그 대신 전체 행을 참조하여 집계하는 경우가 많죠.
이렇게 조회에 필요한 열만 효율적으로 참조하는 방법이 바로 '열 지향'입니다. 현재 대표적인 DWH 특화형 데이터베이스 중 다수가 이 구조로 데이터를 저장해요.
게다가 열 지향에 특화된 압축 방법을 적용합니다.
카디널리티[12]가 낮으면 덜 압축되어, 보다 빠르게 데이터를 집계할 수 있어요.

✓ 카디널리티

A DAY 3 때도 들었는데 카디널리티가 뭔가요?

M 데이터를 접할 때 카디널리티는 매우 중요한 개념이에요. 여기서 짚고 넘어갑시다.
'카디널리티가 낮은 데이터'는 구체적으로는 카테고리와도 같은 데이터입니다. DAY 1의 샘플 데이터에서 '가구', '가전', '사무용품'이라는 세 종류의

---

12. cardinality, 역주: 전체 행에 대한 특정 칼럼의 중복 수치를 나타내는 지표로, 특정 데이터 집합의 유니크한 값의 개수를 가리킴

카테고리 데이터만 있었어요.
반대로 '카디널리티가 높은 데이터'는 제품 ID나 주문 ID 등 많은 종류가 들어간 데이터예요. 카디널리티의 크기는 데이터의 중복도로 바꿔 말할 수 있습니다.

> 카디널리티가 낮다 = 중복도가 많다
> 카디널리티가 높다 = 중복도가 적다

예를 들어 '연도' 데이터는 카디널리티가 낮고, '월' 데이터는 상대적으로 카디널리티가 높아져요.
스토리텔링에서는 우선 중복도가 큰 데이터(카디널리티가 낮은 데이터)부터 파악합니다. 제가 보여드린 DAY 1 샘플 데이터에서도 '카테고리' 데이터부터 봤죠. 카디널리티가 높은 '제품명'으로 갑자기 분석하려면 중복도가 적어서 전체를 파악할 수 없어요.
최적의 시각 효과 방법을 선택할 때 카디널리티를 기준으로 고려하는 건 중요해요. 카디널리티가 낮은 데이터를 차원으로 선택하면 표시할 마크 수가 적어지고, 한 개의 데이터 포인트에 대해 면적을 더 할당할 수 있습니다.
막대 그래프로 구분하거나 색상으로 설정하기도 좋아요.
DAY 2에서 국가가 아닌 지역을 색상으로 설정하니까 추세를 파악하기 쉬워진 예가 있었죠. 이는 바로 카디널리티가 높은 데이터보다는 낮은 데이터를 설정하여 데이터를 파악하기 쉬워진 거예요. 반대로 카디널리티가 높은 데이터는 분포도나 상자 플롯(box plot) 등으로 데이터 포인트당 공간을 줄여서 한 화면 내에 잘 표현할 수 있습니다.
처리 효율 측면에서 카디널리티가 낮은 데이터는 비교적 빠르게 집계할 수 있어요. 카디널리티가 높은 데이터를 참조하고 싶을 때는 갑자기 전체 데이터에서 차원 기준으로 집계하기보단 먼저 카디널리티가 낮은 데이터부터 참조합니다. 그중에서 적은 수의 값으로 좁힌 데이터를 대상으로 카디널리티가 높은 데이터로 드릴 다운해서 처리 대상의 데이터 양을 제한하여 보다 효율적으로 처리하는 거죠.

A 들어보니 스토리텔링이나 시각 효과를 처리하는 방법에 대한 베스트 프랙티스는 똑같군요.

M 제대로 이해하셨군요. 말씀하신 대로 모든 것은 다 이어져 있어요.

4-3 현대 정보 시스템의 진화

스승 (Master): 지금까지 시스템의 역사에 대해 이야기했지만, 오늘날의 정보 시스템을 다시 생각해봅시다.

✓ 데이터를 보관하고 변환하는 방법의 변화

M 현재의 정보 시스템을 구성하는 요소는 다음과 같은 형태로 전환되고 있어요.

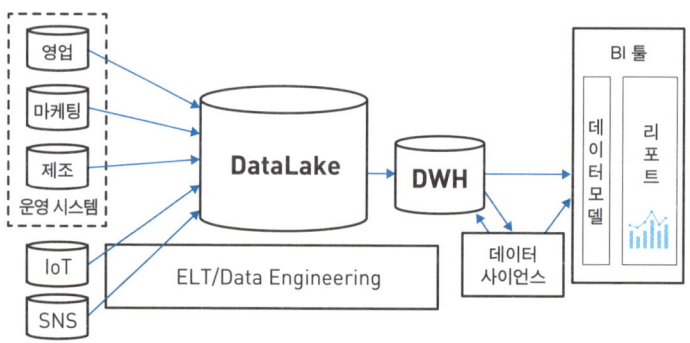

- 현재의 정보 시스템 구성

제자 (Apprentice): 아, 스승님. 'ETL'가 'ELT'로 돼 있어요.

M 이건 'ELT'가 맞아요.

A 엇, 또 새로운 알파벳 약자인가요?

M 'ETL'의 T와 L의 순서만 달라졌을 뿐 의미는 같아요. 다음과 같이 데이터를 추출하는 방법이 기존과 비교해서 변했습니다.

> **기존**: 데이터를 추출해서(Extract), 변환하고(Transform) 적재한다(Load)
> **현재**: 데이터를 추출해서(Extract), 적재하고(Load) 변환한다(Transform)

A 왜요? 변환해서 데이터를 깨끗하게 만들거나 불필요한 데이터를 제거한다고 생각했는데 오염되고 불필요한 데이터를 전부 그대로 넣는 건가요?

M A씨의 관점은 언제나 날카롭군요. 네, 맞습니다.
지금까지 DWH는 대량이지만 어느 정도 정리한 데이터를 수집하는 저장소로 활용됐어요. 하지만 앞에서 데이터 마트나 큐브가 잘 동작하지 않던 예를 생각해보세요.

A '다양한 시점으로 자유롭게 전환해서 분석하고 싶다'는 거였죠.

M 맞아요. 그리고 데이터를 실제로 분석하기 전까지는 어떤 데이터가 필요할지 모르죠. 기존의 DWH에도 세부 데이터가 있긴 했지만, 어떤 데이터가 필요한지 요구사항을 정리해서 개발한 데이터베이스라는 점은 데이터 마트나 큐브와 비슷해요.
운영 시스템 외에도 현재는 IoT 로그 데이터나 SNS 등 여러 곳에서 생성된 반정형 데이터[13]가 등장하여 데이터의 종류와 양은 계속 증가합니다. 그런 가운데, 어떻게 분석될지 모르는 데이터를 사전에 변환 처리해서 DWH에 적재해둔다면 수지가 맞지 않아요.
그래서 다음과 같이 DWH 앞에 데이터 레이크(data lake)를 두는 방식이 대두됐지요.

> 우선 원본 데이터에서 가공하지 않은 데이터(raw 데이터, 원시 데이터)를 모아둔다.
> 필요할 때마다 변환해서 쓸 수 있도록 준비한다.

---

13. 역주: 기존 데이터베이스 시스템의 스키마 형식에 맞는 데이터 모델을 준수하지 않는 데이터

'저장소(웨어하우스)'와 '호수(레이크)'는 관리 및 정리해서 저장하는 창고와 무엇이 들어 있는지 모르는 자연 그대로의 호수의 대비인 셈이죠.

이러한 시스템은 하드웨어 스토리지 비용이 극적으로 낮아졌기에 구현이 가능해졌어요. '전혀 안 쓰더라도 저장해 둬도 된다'는 생각을 할 수 있게 됐죠.

✅ 계속 늘어나는 다양한 데이터 종류에 대응하다

M 기존 정보 시스템에서 처리하는 데이터는 관계형 데이터베이스로 관리하는 정형화된 데이터를 대상으로 합니다. 하지만 IoT 로그 데이터나 SNS 등에서 생성되는 반정형 데이터가 등장하여 ELT나 데이터 레이크의 방식이 더욱 확장됐어요.

A 정형과 반정형 데이터는 뭔가요?

M 대략적으로 말하면 다음과 같습니다.

> › **정형 데이터**: 열과 행으로 정형화된 데이터. 관계형 데이터베이스에 저장할 수 있다.
> › **비정형 데이터**: 열과 행으로 정형화할 수 없는 데이터

반정형 데이터는 비정형 데이터의 일부라고 생각해주세요. 비정형 데이터에는 전혀 구조화할 수 없거나 어느 정도 규칙이 있는 형식으로 기록된 데이터(반정형 데이터)가 있습니다.

> › **비정형 데이터(전혀 구조화할 수 없는 데이터)**: 이미지, 동영상, 음원 등의 미디어 파일, 문서 등의 서류 파일 등
> › **반정형 데이터**: 로그 데이터, JSON 형식 데이터 등

BI 등에서 참조할 때는 정형화되어 있는 편이 사용하기 좋아요. 하지만 입력하는 경우에는 데이터가 비정형화된 형태인 경우가 있죠.

A 미디어 파일이나 문서 파일을 정형화하기 어렵다는 건 알겠는데 로그 데이터나 SNS 텍스트는 문자 데이터잖아요. 왜 정형화할 수 없나요?

M 저도 예전에는 이처럼 참조하기 어려운 데이터가 왜 있는가 했어요. 하지만 이는 컴퓨터가 예전보다 유연성이 높은 데이터를 다루게 됐다는 의미예요.

예를 들어 트위터(twitter)의 트윗 데이터를 떠올려보세요. 사람들이 트윗에 해시태그를 몇 개 달지 아무도 알 수 없죠. 하지만 해시태그 데이터를 기록해둬야 해요.

이때 데이터가 정형화돼 있다면 어떨까요?

해시태그 수를 예측할 수 없으니까 해시태그가 추가될 때마다 행을 추가하는 방법을 생각했죠.

하지만 이 방법으로는 한 개의 트윗에 대해 해시태그가 붙은 만큼 데이터 건수가 늘어나요. 트윗별 데이터 양이 해시태그 수에 따라 다른 상태로 기록되면, 그렇지 않아도 많은 사람들이 항상 트윗하는 플랫폼인데 데이터가 필요 이상으로 쉽게 많아집니다. '가능한 한 입력할 데이터 양을 줄인다'는 의도에서 벗어나죠.

이럴 때 JSON 데이터 등과 같은 반정형 데이터가 효과를 발휘해요. 괄호 { }로 둘러싸서 키(key)와 값을 넣거나, 때로는 배열을 포함해서 한 필드 내에 유연하게 여러 항목을 넣을 수 있는 형식입니다.

반정형 데이터는 완전히 자유로운 형식은 아니지만 어떤 값이 들어올지 모르는 상태에서 유연하고 효율적으로 틀을 마련할 수 있어요.

지금까지 살펴봤듯이 '입력할 때는 입력에 맞는 방법을, 조회할 때는 조회에 맞는 방법을' 쓰는 방식은 현 시점에서 최선의 방식입니다. 따라서 SNS처럼 규칙이 있긴 하지만 자유롭게 여지를 남기고자 반정형 데이터를 입력하고, 이후 조회할 때는 조회하는 측에 일임하는 거예요.

• 트위터의 데이터 예

조회 조건 예	조회 방법 예
특정 기간 동안 트윗한 사용자 수	목적 기간 동안의 사용자 수를 조회한다. 중복 입력된 해시태그를 감안할 필요는 없다.
특정 해시태그가 포함된 트윗 수	특정 해시태그가 포함된 데이터를 필터링한다.
특정 사용자의 트윗당 평균 해시태그 사용 수	특정 사용자의 데이터에서 반정형 데이터로 저장된 해시태그를 전부 추출해서 평균을 산출한다.

조회 조건에 맞춰서 추출하는 방법에 따라 적절한 형태가 달라요. 그러니까 필요한 조건이 정해진 다음 변환하는 쪽이 효율이 좋죠.

A 역시 필요할 때 변환해야 효율이 좋군요. 데이터 종류가 늘어날수록 쓰지 않을 수도 있는데 미리 변환해두는 게 이상하긴 하네요.

M 그렇습니다.

IT업계의 노력 덕분에 애자일 시스템 개발 방법론을 적용하거나 유연한 소프트웨어와 요구 사항을 처리할 수 있는 하드웨어 자원을 제공하여 요구 사항이 정해진 후 변환할 수 있게 됐어요.

사람의 움직임, 생각에 가까운 형태로 생성되는 데이터를 모두 정형화해서 저장할 수는 없습니다. 그래서 비정형 데이터가 증가한 거죠.

A 데이터의 종류가 증가한다는 의미를 겨우 이해했어요.

✓ 데이터 이용 목적에 따라 관리 장소가 달라진다

M 데이터의 종류가 다양해짐에 따라 데이터의 이용 용도에 맞춰서 보관 장소가 달라져야 한다고 생각하게 됐어요. 데이터를 핫(hot)/웜(warm)/콜드(cold)로 분류해서 관리하는 방법이에요.

> **핫 데이터**

순도가 높고 자주 사용하는 데이터로, 정형 리포트 데이터 소스예요. 이 데이터로는 애드혹 분석을 할 일이 없는 데이터라고 생각하시면 돼요.

태블로와 같은 제품은 BI면서 자신의 환경으로 데이터를 추출해서 가져올 수 있어요. 오래된 데이터베이스에 비해 빠른 경우도 많기에 정형 리포트 데이터는 태블로 추출 파일을 사용하고 데이터 건수가 많으면 집계가 완료된 데이터로 작성하는 방법을 써서 자주 사용하는 핫 데이터가 가능한 한 빠르게 응답하도록 합니다.

질문이 정해져 있고 어느 정도 얻을 수 있는 답변을 예측할 수 있는 정형 분석을 위한 데이터라는 의미예요. 따라서 많이 쓰이는 데이터면서도 규모는 그리 크지 않습니다. 하지만 사용하는 사람이 많고 즉시 응답해야 하며 많은 사람들의 의사 결정을 좌우하는 데이터라고 할 수 있죠.

> **웜 데이터**

질문은 정해져 있지만 대답은 데이터를 봐야 알 수 있어요. 애드혹 분석, 비정형 분석 데이터로 사용합니다. AWS 레드시프트(redshift) 등 DWH 전용 데이터베이스 등을 사용하는 경우가 많죠. 많은 사람이 떠올리는 DWH의 데이터가 이 웜 데이터라고 볼 수 있어요.

> **콜드 데이터**

가끔씩 사용하는 데이터로, 데이터 레이크가 여기에 해당합니다. 비정형 데이터를 포함하여 사용하기 어려운 데이터가 전부 저장되어 있으므로, 저렴하게 관리할 수 있는 스토리지와 환경을 사용합니다. 데이터 레이크의 대표적인 예로는 하둡(Hadoop)을 들 수 있죠. 여기에는 데이터에 대한 질문이 명확하지 않은 데이터가 저장되어 있어 데이터 사이언스나 데이터 마이닝으로 생각지도 못한 인사이트들을 얻을 수도 있어요. 다만 시간이 오래 걸립니다.

하지만 핫이나 웜 데이터처럼 정해진 질문이 있는 건 아니며, '이 데이터에서 뭔가 알아낼 수 있을지도 모른다'는 수준으로 시작하여 급하지 않기 때문에, 비용 대비 성능을 고려하여 성능은 낮지만 저렴한 환경에서 관리하는 전략이죠.

> 당연히 기업이 데이터를 활용하는 비용에는 제약이 있습니다. 모든 데이터를 자유롭게 처리하는 것이 이상적이지만, 사용하는 목적에 맞춰서 적절한 저장소를 선택하는 것도 고려해야 해요.

A 그렇군요. 진화하고 있는 것 같지만 한편으로는 모처럼 모아둔 데이터가 다시 여기저기 복사돼서 데이터 마트나 큐브를 만들 때와 같은 느낌이 들어요.

M 아주 날카로운 지적이에요. 태블로와 같이 데이터 소스를 자유자재로 넘길 수 있는 BI를 사용하여 핫 데이터를 참조하면서도 필요에 따라 필터링해서 웜 데이터로 드릴 다운하고 추가로 콜드 데이터로 드릴 다운하는 방법이 있습니다. 분석 플랫폼 측면에서는 한 개의 데이터로 볼 수 있죠.

데이터 사일로[14]화를 완전히 해소하기란 정말 어려워요. 실제 데이터는 사용 목적에 맞춰서 비용 대비 성능이 가장 좋은 방법으로 보관하면서, DAY 3에서 살펴봤듯 분석 플랫폼을 기반으로 사용자 측면에서 보면 마치 하나의 데이터인 것처럼 보이게 하는 것이 핫/웜/콜드 데이터 전략입니다.

✅ 모든 데이터를 동시에 처리하려는 시도

M 핫/웜/콜드 세 가지로 데이터를 나누는 전략이 있는가 하면, 데이터 사일로화를 해결하고 최대한 한 군데에 데이터를 넣어두고 동시에 데이터를 처리하는 솔루션도 등장하고 있어요.

---

14. data silo, 역주: 한 조직의 정보 집합이나 다른 관련 시스템이 상호 간 연동할 수 없는 배타적인 관리 체계

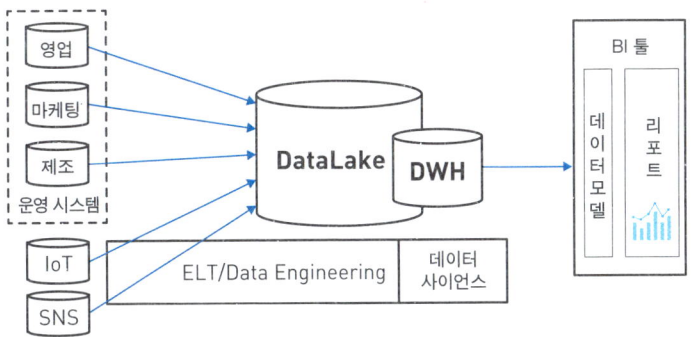

- 동시에 한꺼번에 처리하는 정보 시스템

M   예를 들어 2015년에 등장한 스노우플레이크(snowflake)는 새로운 아키텍처를 제창했어요. 온프레미스[15] 시대에 쌓아온 구조처럼 최적의 컴퓨터 자원을 배분하면서 효율적으로 수행하는 형태에서 완전히 탈피해서 언제든지 필요할 때 클라우드의 자원을 쓸 수 있는 만큼 효율적으로 사용하는 겁니다. 데이터를 하나의 스토리지에 저장하여 언제든 컴퓨터 자원을 추가해서 동일한 저장소에 있는 데이터를 갱신과 동시에 참조하거나, 다수의 동시 접속을 어렵지 않게 처리하는 멀티클러스터 기능도 갖추고 있어요. 스노우플레이크는 처음에는 클라우드 DWH로 탄생했습니다. 그 후 반정형 데이터를 받아들이고 변환하지 않고도 구조화한 듯이 참조할 수 있는 구조로 만들어서 데이터 레이크로 범위를 넓히며 ETL/ELT(데이터 엔지니어링)나 데이터 사이언스를 위한 컴퓨터 자원을 제공하여 DWH뿐만 아니라 데이터 드리븐 클라우드로 활용할 수 있어요.

'콜드 데이터가 느려도 괜찮다'는 시대 또한 종말을 맞을 수도 있겠죠. 데이터를 사용한 요구사항은 집계값으로만 보던 과거로 그치지 않고, 데이터로 계산하여 미래 예측 분석으로 이행되고 있어요.

---

15. on-premise, 역주: 소프트웨어 등 솔루션을 클라우드와 같은 환경이 아닌 자체적으로 보유한 서버에 직접 설치해서 운영하는 방식

데이터 사이언스가 예측 모델을 작성하는 데 시행 착오를 겪는 와중에 오랫동안 처리되길 기다리면 사고의 플로우가 중단됩니다. 거대한 데이터를 계산하는 데 과부하가 걸려도 신속하게 결과를 반환해야 해요.

이미 일부 기업은 데이터 사이언스로 얻은 예측값으로 의사 결정을 합니다. 라이벌 기업이 이런 데이터를 활용하면 어떨까요? 과거의 집계치만 본다면 뒤처지게 될 거예요.

✅ 최적의 데이터 분석 시스템을 선택하다

M 데이터 관련 업계는 체계적으로 변하고 있어요. 많은 제품이 나오고 기존 제품들의 진화도 격화되어 기존 영역의 성능 향상과 더불어 사용할 수 있는 영역을 넓히는 움직임도 빠릅니다. 직접 여러 제품의 장점, 로드맵을 포함한 미래의 비전을 알아보고 어떤 걸 써야 효율이 좋은지 판단하세요.

최근 제품은 진화도 빨라서 3개월 만에 그동안 못했던 혁명적인 신기능을 출시하는 일도 빈번하게 일어납니다. 일반 기업의 시스템 개발보다 빠른 속도로 새로운 기능을 추가하는 제품이면 지금 당장은 할 수 없더라도 문제가 안 돼요. 필요한 기능이 1년 후의 로드맵에 포함돼 있다면 제품과 함께 진화해 나갈 수 있으니까요.

최첨단을 이끄는 기업은 때로 여러분이 현재 하는 고민을 해결해줄 뿐만 아니라, 진 세계에 흩어져 있는 고민을 흡수해서 정사진 같은 방안을 공유하고 피드백을 주기도 해요.

우리끼리는 생각하지도 못한 고민을 앞질러서 해결해주는 컨설팅 같죠. 이런 비전을 가진 제품을 선택하면 보다 빠르게 데이터 드리븐의 세계로 향하는 가능성이 내포되는 셈이에요.

기업에 여러 제약이 있는 점을 이해하고 감안합시다.

A씨가 가까이 할 도구로는 감각을 연마하기에 좋고 기능이 충분하게 제공

되는 걸 고르세요. 아무리 검술을 연마해도 검이 어설프면 베기 힘들죠. 훌륭한 검을 갖고 있으면서도 검술이 숙달되지 않은 경우도 있지만 A씨는 정제된 검술을 익히기 위해 계속 단련을 하고 있어요. 검술이 극치에 이르려면 아름답게 벨 때의 감각을 알아야 해요. 아무리 검술이 뛰어나도 검이 무디면 잘 베는 감각을 알 수 없죠. 숙련된 기술로 최고의 도구를 써야 진짜 좋은 결과가 어떤 건지 이해할 수 있으며 다음 단계로 나아갈 수 있어요.

그렇기 때문에 기술을 연마하는 만큼 도구 선정도 중요합니다. A씨의 역량을 최대한 발휘하는 도구를 찾고자 항상 주변을 살피고 새로운 기술을 받아들이는 유연성을 소중하게 여기며 사용할 수 있는 건 뭐든 사용하여 열린 마음으로 봐주세요. 연습을 게을리하지 말고 주위 사람들과 언제라도 정보를 얻을 수 있는 환경을 만드는 것도 중요합니다.

4-4 눈앞의 데이터에 대해 올바른 지식을 익히다

✓ 데이터의 가치를 측정하는 세 가지 지표

스승
(Master)

데이터의 가치는 '정확한가', '양이 충분한가', '최신 내용인가'로 정해집니다. 데이터의 용도에 따라 이 중 무엇이 중요한지 달라져요. 데이터의 입력과 참조, 즉 데이터를 조회하는 서비스인지 데이터를 저장 및 관리하는 서비스인지 판단해서 구성해야 합니다.

맨 처음 제가 예시로 든 금융 기록에는 극한의 '정확도'와 '최신성'이 필요해요. 시스템의 기원이 여기에서 시작된 만큼, 모든 데이터에 비슷한 정밀도를 요구하기 십상입니다. 하지만 데이터가 전부 최신이면서 정확하기를 바라는 건 그다지 의미 없는 일임을 이해해주세요.

금융 기록 이외에도 다양한 데이터가 있어요. 웹 사이트에 접속할 때의 액세스 로그, 비디오 게임이나 앱 게임의 기록, GPS 등의 이동 기록 등 여러 가지가 있습니다.

특히 GPS 이동 기록 등은 세밀하고 정밀한 데이터를 얻기 어려워요. 이런 데이터 로그를 보여드린 적이 있는데 잘 연결되다가 갑자기 끊어졌다 멀리 이어지는 경우도 자주 있습니다.

하지만 '정밀도가 낮아서 데이터를 수집하지 않는다', '도중에 끊어진 데이터는 모두 삭제한다'고 판단해선 안 돼요.

'특정 인원이 특정 시간 특정 장소에 모여 있다', '많은 사람이 이 길을 지나간다' 등의 정보는 누락된 데이터를 통해서 충분히 파악할 수 있습니다.

누락된 데이터를 볼 때 누락된 값에 대해서도 생각해야 하지만 수집한 데이터가 많으면 보유한 데이터를 통해 깨달음을 얻을 수도 있어요. 한편 정밀도가 중요한 경우도 있습니다. 예를 들어 탈주범의 이동 경로를 GPS로 추적하는데 갑자기 끊어지면 쓸모없겠죠. 이와 같이 데이터는 상황과 용도에 따라 요구되는 정확도, 데이터의 양, 최신 여부가 달라져요. 기본적으로 품질을 높이려면 비용이 많이 듭니다. 요구사항에 따라 최적의 방법을 유연하게 선택해야 해요.

✓ 분석하기 쉬운 데이터 형태

M   본인이 다루는 데이터가 적절한 형태인지 판단하는 방법도 알려드리죠.

제자 (Apprentice)   정규화되지 않은 데이터가 참조하기에도 쉽지 않을까요?

M   정규화된 데이터는 성능이 좋지 않을 가능성이 있지만 참조하기는 쉬워요. 문제는 이상한 방향으로 집계된 데이터죠.

A   이상한 방향으로 집계된 데이터요?

M   날짜별로 집계된 열로 구성된 데이터를 본 적 있나요?

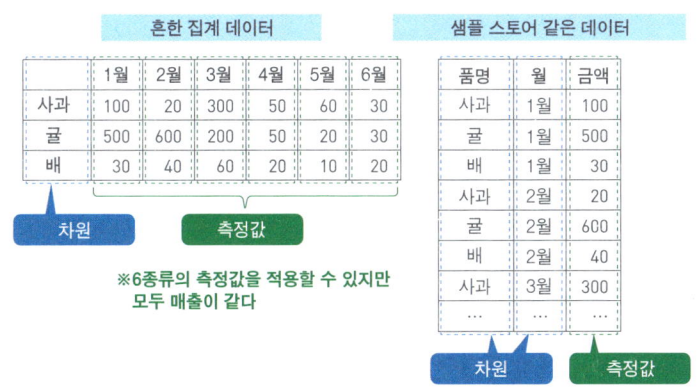

- 왼쪽: 흔한 집계 데이터, 오른쪽: 분석하기 쉬운 데이터

A   아! 흔히 보는 거네요. 그리고 이런 데이터를 분석할 때 항상 난처했어요.

M   태블로와 같은 BI툴에서는 열을 선택하여 해당 타이밍에 무엇을 기준으로 집계할지 결정합니다. 데이터의 분포를 자유롭게 정하는 거죠.

하지만 이처럼 월 단위로 집계된 데다 열까지 나뉘면 속수무책입니다. 깊이 있게 파고들지도 못하고 일 단위로 비교할 수도 없어요.

문제점은 열별로 보는 방법을 쓰면 한 열에 같은 걸 의미하는 데이터가 있어야 하는데 여러 열에 각각 같은 항목이 있다는 거예요. 설문의 복수 항목 데이터를 다루기 어려운 이유도 동일해요. 같은 의미를 지닌 데이터가 여러 줄에 걸쳐 들어가면서 집계하기 어려워집니다.

그림의 예에서 일반적인 매출 집계를 보고 싶다면 '매출' 열을 선택하면 되죠. 하지만 매출이 월별로 나눠졌기에 열의 값을 집계해야 단순 매출 합계를 알 수 있어요.

참조한다는 전제하에 보기 쉬운 형태로 만들었기 때문에 이런 데이터가 생긴 거예요. 구체적으로 말하면 스프레드시트를 통해 육안으로 보기 쉬운 형태로, 이미 데이터가 아닌 보고서 형식입니다. 마치 억지로 큐브화된 평면 데이터인 셈이죠.

원래 큐브는 특수한 형태로 보관된 데이터베이스이므로, 열별로 인식해서 BI툴에서 사용할 수 있어요. 하지만 평면 데이터인데 이런 형태로 입력되면 월 단위를 차원으로 사용할 수 없어요.

이런 데이터를 넘겨받으면 그대로 쓰려 하기보단 변환해서 사용하는 편이 무난합니다.

사용하기 쉬운 데이터의 정규화

	1월	2월	3월	4월	5월	6월
사과	100	20	300	50	60	30
귤	500	600	200	50	20	30
배	30	40	60	20	10	20

	2월
사과	20
귤	600
배	40

	3월
...	...

피벗 →

품명	월	금액
사과	1월	100
귤	1월	500
배	1월	30
사과	2월	20
귤	2월	600
배	2월	40
사과	3월	300
...	...	...

• 사용하기 쉬운 데이터의 정규화

M 보다시피 품명 '사과'나 '월' 단위가 반복 등장하여 보기 어려워요. 하지만 BI 툴로는 이런 형태를 다루기 쉽습니다.

이처럼 직접 변환할 수 있지만 원천 데이터가 데이터베이스에 있는 경우에는 집계 전 형식을 유지해야 하므로, '왼쪽과 같은 데이터의 형태'로 진행하는 편이 좋아요. 변환된 것을 다시 변환하는 공수가 아깝죠. 가능하면 데이터베이스에 직접 접속할 수 있도록 데이터 카탈로그에 등록해달라고 요청해도 좋겠어요.

입력 당시부터 데이터가 왼쪽과 같은 형식인 경우도 있어요. 이건 시스템에 등록된 것이 아니라 스프레드시트에 직접 입력해서 작성한 데이터입니다. 간단하게 작성된 임시 데이터도 있을 수 있어요. 스프레드시트에 직접 입력하는 경우 행을 계속 추가하기보다는 정규화하는 편이 입력하기 쉬운 경우도 있기 때문에 데이터를 받은 후에 변환해서 사용하는 편이 좋아요. 이러한 요구사항은 자주 있으므로 각종 ETL, 데이터베이스, BI 어디서나 대체로 자유자재로 변환할 수 있는 구조를 갖추고 있습니다.

✓ 있을 수 있는 값과 누락된 값에 대해 예측하다

M 데이터를 참조할 때 신경 써두면 좋은 내용을 알려드릴게요. 존재하지 않는 데이터에 대해 예측하는 겁니다.

A 존재하지 않는데 어떻게 예측할 수 있나요?

M 그거야말로 인간이 상상력을 구사할 수 있는 분야죠. 예를 들어 A씨가 사내에서 스터디 그룹을 만들고 강의를 해요. 50여 명이 참여했고, 강의가 끝나고 A씨는 향후의 개선을 위해 설문조사를 했습니다. 설문 평가 결과는 모두 5점 만점에 5점이었어요. 어떻게 생각하세요?

A 결과가 좋아서 만족스러울 것 같아요.

M 그런데 이 설문에 답변한 사람은 10명이었어요. 앞의 평가와 달리 느껴지나요?

A 글쎄요. 어려운 질문이에요. 설문에 답하지 않은 사람들은 답변하고 싶지 않았다… 즉, 평가가 낮은 사람들일 수도 있겠네요.

M 사람들이 설문에 답변하지 않는 이유는 설문 페이지를 열지 않았거나 스터디 후 급한 회의가 있는 등 다양하겠죠. 설문에 답변하지 않은 40명의 평가가 일률적으로 낮을 거라 가정하는 건 오히려 비관적인 판단이라고 생각해요.

하지만 '좋은 평가를 매긴 건 전체의 1/5이다'라 해석하는 건 매우 중요합니다. 이 10명은 매우 열성적이며 향후 전개에서 아주 중요한 역할을 할 팀원임은 건 분명해요. 또한 누락된 데이터는 설문에 답변하지 않은 40명을 어떻게 지원할지 판단할 소재가 돼요.

데이터를 볼 때 지금 보고 있는 데이터가 대체 어떤 부분에 있는 데이터인지 잘 파악해야 하죠. 대상 범위를 전부 포함하는지, 모수는 어떤 범위인지 알아둡니다. 데이터 분석은 항상 전체 중 몇 건인지 비율적인 측면이 있기 때문에, 전체 데이터의 의미와 원래 있어야 할 모수가 어디까지인지 이해해둬야 해요.

2020년에 발발한 신형 코로나 바이러스 감염자 정보에 대해서도 지역별 감염자 수를 매일 보여줍니다. 단순히 지역별 '감염자 수'를 비교하면 가장 인구가 많은 도쿄에 감염자 수가 가장 많은 건 놀랍지 않죠. 단순한 감염자 수가 아니라 각 광역 행정 구역 인구를 모수로 하여 '비율'로 보는 편이 광역 행정 구역별 감염 현황 비교라는 의미로는 적절해요.

물론 병상 수 등은 절대값으로 봐야 하기에 양쪽 다 중요합니다.

일반적으로 데이터는 일부임을 의식하는 게 중요해요. 데이터를 참조하기 시작한 순간부터 우리는 그 데이터에 몰입합니다. 특히 시각 효과를 구사해서 사고의 플로우에 들어서면 이 세상에 자신이 접한 데이터만 있다는 기분이 들어요. 하지만 눈앞의 데이터의 의미를 이해한 후 모수의 범위는 어디까지인지, 있어야 하는데 누락된 값은 없는지 생각하면서 분석해야 중요한 걸 간과하지 않게 돼요.

✅ 데이터의 분포를 보고 상세 레벨을 조정한다

M A씨는 데이터를 보고 의미를 이해할 수 있을 것 같긴 한데 뭔가 부족하고 앞으로 더 나아갈 수 없다고 말했죠. 그건 그 데이터가 어떻게 생성된 데이터인지 모르기 때문이에요.

데이터가 어떤 이유로 생겨났는지 알아야 그 데이터가 어떤 현상을 나타내는지 제대로 알아낼 수 있어요. 눈앞에 있는 데이터의 경향을 스토리와 시각화의 힘으로 읽는다 해도 실제로 당시의 모습을 떠올리긴 어려울 거예요.

데이터를 진정으로 이해하기 위한 첫걸음은 데이터를 읽고 해석하는 가운데 데이터가 어떻게 탄생했는지 생각하고 스토리에 깊이를 더하는 겁니다.

A 확실히 데이터가 말하는 바를 알게 됐지만 어딘가 가볍다는 느낌이 들어요. 그 데이터가 어디에서 어떻게 생성됐는지 지금까지 생각해본 적은 없었거든요.

그런데 컴퓨터에 의해 정확도가 높아진 데이터가 생성되어 정보 시스템으로 이동하면서 한층 더 참조하기 좋게 변환되었다는 건 알겠지만 여전히 구체적이지 않고 모호한 상태여서 제가 앞으로 어떤 방법으로 어떻게 나아가야 할지 감이 오지 않아요.

M 데이터를 진정으로 이해하는 방법은 A씨가 데이터를 볼 때마다 분포도를 가늠하는 역량을 갖는 거예요.

A 데이터의 분포도를 가늠한다구요?

M 네. 우리는 지금까지 역사를 되돌아보면서 다양하게 데이터가 저장되는 패턴을 살펴봤어요. 우리가 접하고 있는 데이터가 어떤 순간에 만들어졌는지 예상해야 해요. 즉, 입력 당시의 상황을 알아볼 수 있을 때 그 데이터가 어떤 건지 제대로 알 수 있습니다. 데이터 건너편의 세계가 어떤지 구체적으로 상상하지 못하면 데이터에서 스토리를 뽑아낼 수 없어요.

하지만 지금까지 살펴봤듯 입력된 데이터는 여러 가지 형태로 변환해서 이용하는 경우가 많습니다. 의미 없이 변환되는 경우는 거의 없어요. 필요하니까 하는 거죠. 왜, 어떻게 변환하는지 이해한 후에 데이터를 보면, 명세서를 읽지 않아도 지금 접하는 데이터가 왜 이런 형태인지, 원천 데이터가 어떤 형태로 입력됐는지 예상할 수 있을 거예요.

예를 들어 태블로에 입력된 샘플 슈퍼스토어 데이터를 프로파일링하면서 이 데이터가 어떤 상황에 만들어진 데이터인지, 왜 이런 형태인지 확인해봅시다.

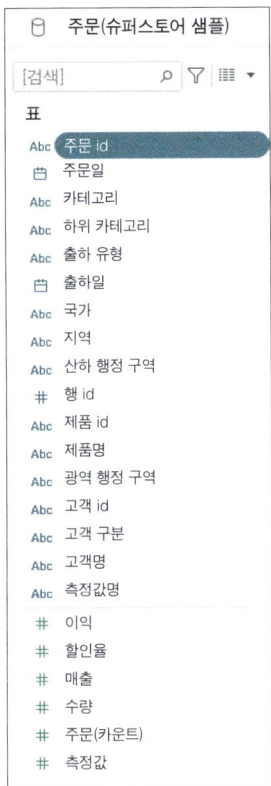

• 샘플 데이터

M 우선 항목을 보면 '주문 id'가 있어요. 이걸로 주문 단위의 데이터가 있다는 걸 알 수 있죠.

언제(주문일), 어디서(지역), 무엇을(제품), 누가(고객) 등의 차원 중 하나로 집계된 후의 데이터가 아니라 주문 단위로 데이터를 볼 수 있어요. 슈퍼스토어에서 구입(주문)한 개별 정보로 슈퍼스토어의 회계를 통한 주문을 각각 식별할 수 있으며, 입력 당시와 비교적 동일한 데이터라는 점을 예상할 수 있습니다.

이처럼 대상 데이터의 최소 단위를 우선 확실하게 파악합니다.

또한 제품에 관한 카테고리나 하위 카테고리의 데이터 및 고객에 관한 속성 데이터도 있으므로, 분석에 필요한 열을 이미 결합하고 정리한, 즉 'DWH용으로 최적화된 데이터'라는 사실을 알 수 있어요.

참고로 데이터의 프로파일을 알려면 데이터 내의 최소 단위, 즉 행(레코드) 단위를 판정하는 ID의 존재 여부를 확인하는 것이 중요합니다.

'주문 id'는 데이터의 행을 유일하게 식별할 수 있는 id일까요? 주문 id별 데이터 건수를 세면 바로 알 수 있어요.

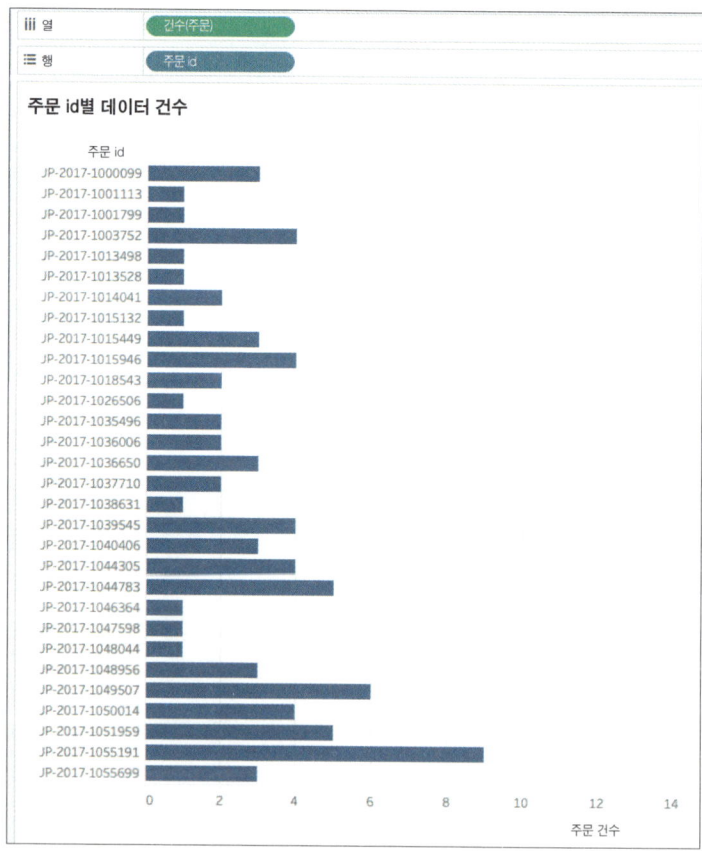

• 주문 건수

M   주문 id당 여러 개가 등록되어 있음을 알 수 있어요. 이 데이터의 경우 여러 제품을 동시에 구매하면 제품 종류 수만큼 등록되고, 이들이 한 장바구니 내의 물품임을 표시하기 위해 주문 id로 묶여 있는 겁니다.

이런 구조인 이유는 한 장바구니애 몇 개의 제품을 담아서 구입할지 모르기 때문에 미리 구매 할 제품만큼 미리 준비하면 비효율적이기 때문이에요.

이런 데이터를 등록할 때 반정형 구조를 사용하는 방법도 소개했습니다. 하지만 이건 어디까지나 구입 데이터일 뿐, 자유도가 높거나 시간이 지남에 따라 무서운 속도로 증가하지는 않기 때문에 주문 한 번당 데이터 양은 증가하겠지만 주문 id로 묶는 방식을 취한 거예요. 데이터 행을 유니크하게 식별할 수 있는 값은 '행 id'입니다. 행의 건수는 전부 1이에요.

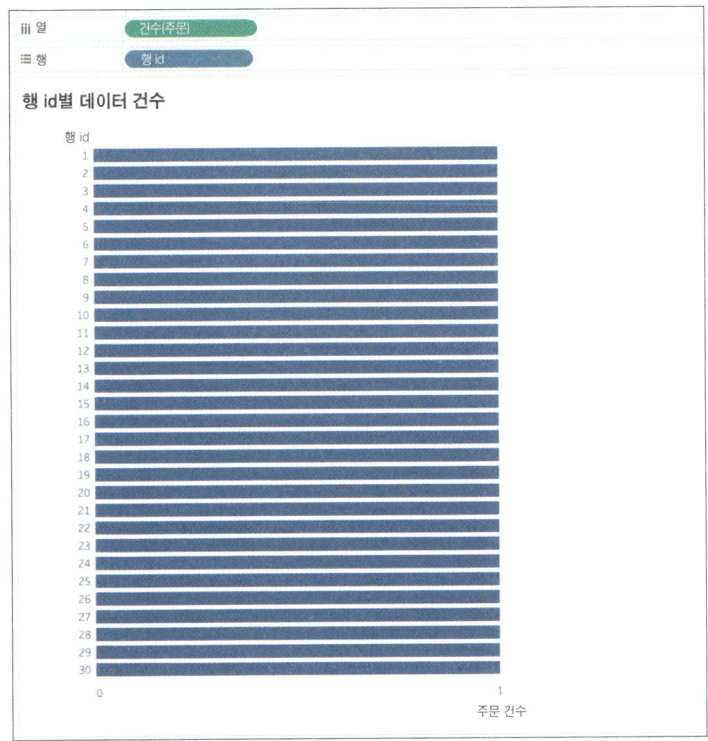

• 행 id별 데이터 건수

M 단순히 면적으로 비교했지만 본격적으로 살펴보려면 다음과 같이 2 이상의 행 수만 노출되도록 필터를 겁니다. 결과값이 없으면 데이터가 유일하다는 사실을 증명한 셈이죠.

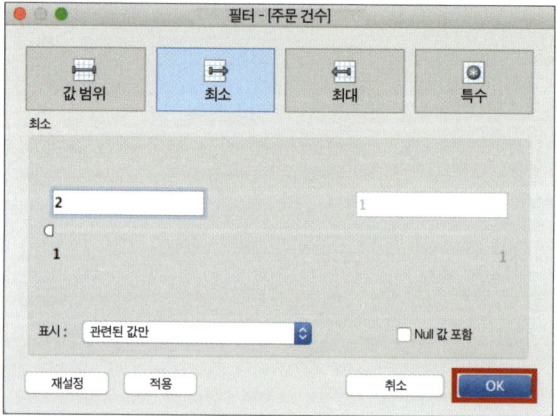

• 필터로 행수가 2 이상인 데이터 확인

M 팩트 테이블의 데이터에서 이런 id가 있는 경우는 드물 수도 있어요. 하지만 마스터 테이블이면 마스터 데이터가 확실히 유일한지 확인하기에 좋은 방법입니다.

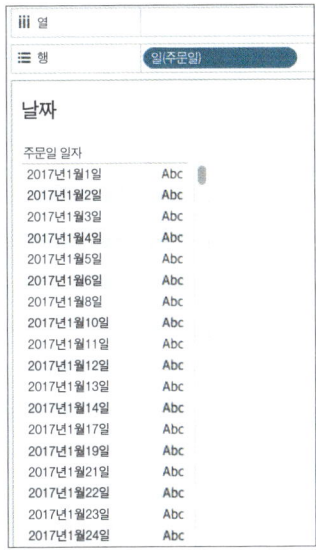

• 날짜 데이터

M 또한 타임 스탬프나 날짜 데이터도 입력 당시의 상황을 알아보는 데 매우 유효한 방법입니다.

'주문일'은 일 단위이고, 시간, 분, 초는 없네요. 따라서 일 단위로 집계된 데이터임을 알 수 있어요. 만약 하루에 두 번 쇼핑하는 사람이 있으면 '주문 id'를 기준으로 쇼핑한 시간대가 다른 사실을 알 수 있지만, 시간 차가 얼마나 나는지 등의 정보는 알 수 없습니다. '몇 시쯤에 쇼핑을 많이 하는지' 등을 알아낼 방법도 없어요.

간단한 데이터 프로파일을 통해 슈퍼스토어의 데이터는 쇼핑이 이뤄졌을 때 구입한 제품의 종류 개수만큼 행이 입력되며 제품이나 고객 정보가 이미 어느 정도 정리 및 결합되어 있고, 성능 저하를 막기 위해 일 단위로 집계한 DWH의 데이터임을 알 수 있습니다.

이와 같이 우선 데이터가 언제 생성됐는지 판별하고 어떤 경로를 통해 눈앞에 있는지를 어느 정도 상상해보는 것이 중요해요. 이러한 정보의 유무에 따라 데이터에 대한 이해도가 크게 달라집니다. 해당 데이터로 최대한 분석한 후 시간대별로 분석하고자 할 때 요청할 수도 있죠. 왜냐하면 입력 시간 데이터가 있을 테니까요. 지금 접하고 있는 데이터의 원천이 무엇인지 상상하고, 데이터의 단위가 어디까지 존재하는지 알면, '지금은 없더라도 향후 얻을 수 있는 데이터'로 구분할 수 있죠.

지금 접하고 있는 데이터의 최소 단위를 이해하고 입력 당시의 상황까지 상상하는 것이 첫 번째 단계입니다.

그리고 이어서 '지금의 데이터를 어떤 단위로 보는지' 정확하게 이해해야 해요. 현재 집계 중인 데이터의 단위가 무엇인지 의식하고 잘 다룰 수 있으면 한 단계 위로 도달할 수 있습니다. 눈앞에 있는 데이터를 다양한 차원으로 집계하면서 적용한 단위가 무엇인지 이해하고, 더 살펴볼 수 있는 최종 단위까지 의식하면서 배경에 내포된 활동을 생각해야 해요. 데이터는 단위를 바꾸는 순간 보이는 세계도 바뀝니다.

우리는 도구를 사용함으로써 언제든 데이터의 단위를 바꾸면서 다양한 각도로 바라볼 수 있게 됐어요. 정보 시스템의 역사를 알고 나니, 보고 싶은 단위를 선택하거나 필터를 걸고 데이터를 골라서 애드혹하게 본다는 건 과거에는 없었던 특이한 환경임을 이해하셨을 거예요.

도구는 A씨를 자유롭게 합니다. 하지만 자유에는 항상 책임이 따르지요. 데이터를 집계하는 동시에 시각화하는 기술을 얻음으로써 본인의 의지로 수많은 선택지 중에서 선택해야 해요.

입력된 그대로 최소 단위인 주문 id 기준의 데이터를 볼 수 있다면 주문이 몇 회 발생했는지, 주문한 사람이 몇 명인지, 제품별, 연도별, 월별 시점 등과 같이 집계할 차원을 전환할 때마다 이들의 행동을 개별적으로 정리된 데이터로 다시 표시할 수 있어요.

데이터의 변화 흐름은 너무 빠르기 때문에 냉정한 마음으로 깊게 보지 않으면 데이터의 표층만 이해하게 돼요. 지금 보고 있는 데이터는 어떤 '단위

= 상세 레벨(Level of detail)'인지 관심을 기울이세요. 데이터의 상세 레벨을 변경할 때마다 결과가 다양하게 나타나며 여러 각도의 인사이트를 보여줍니다. 데이터의 집계 단위에 따라 의미를 찾아내면서 자신이 조작할 수 있는 최대 범위를 이해하고 마주보도록 해요. 이런 사고를 자유자재로 할 수 있으면 순식간에 즉각적인 데이터 이해력이 향상될 겁니다.

데이터가 어디서 어떻게 오는지 이해하고 데이터의 상세 레벨을 자유롭게 조정할 수 있으면 데이터 활용의 심연을 볼 수 있을 거예요.

A 상세 레벨을 제어하면서 데이터를 제어한다는 의미군요. 해봐야 실감이 날 것 같고, 아직은 모호하지만 약간이나마 빛이 보이는 기분이에요. 내일부터 당장 데이터가 언제 만들어졌는지 생각하면서 보겠습니다.

M 이제 해보기만 하면 되겠군요. 이런 관점을 가지면 데이터를 분석하는 데 깊이가 더해지고 설득력이 부여됩니다.

숙제

1. 내가 평소에 사용하는 데이터를 프로파일링한다.
2. 프로파일링하면서 원천 데이터가 어떤 형태로 입력됐는지 나름대로 생각한다(생각한 뒤 가능하면 진짜 입력 데이터를 찾아본다).
3. 첫날 작성한 조직의 분석 과제를 완성하고, 어떤 행동으로 이어질 수 있을지 살펴본다.

MEMO

DAY 5

데이터 드리븐 문화를 더욱 넓히기 위해

계속 진화하는 기술과 데이터를 꾸준하게 배우다

제자 (Apprentice) 스승님, 안녕하세요?

스승 (Master) 안녕하세요? 드디어 오늘로 이 프로그램도 마지막이네요. 한 달 전의 A씨와는 상상도 못할 정도로 예리해지셨어요. 처음 제게 찾아오셨을 때의 비장함은 여유로움으로 바뀌었네요.

A 이제 오늘로 끝나는 건가요? 스승님께 배우는 동안 제가 아무것도 모른다는 걸 깨달았어요. 많은 내용을 배웠고 지식이 넓어졌습니다. 하지만 한편으로 아직 제가 모르는 게 많이 있다는 생각이 들어요. 오늘은 마지막으로 무엇을 가르쳐주실 건가요?

M A씨가 아무것도 모른다는 걸 깨달은 게 이 프로그램의 가장 큰 성과라고 생각합니다. 아무것도 모른다는 걸 아는 사람이야말로 세상이 넓다는 걸 알 수 있어요.

저도 태블로라는 도구를 계속 사용하고 태블로를 사용하는 동료와 만나면서 많은 걸 배울 수 있었어요. 그리고 지금까지 관련 지식을 전하는 활동을 했습니다.

한편 데이터와 관련된 지식이나 역사는 깊고 넓으며, 여전히 모르는 게 많다는 걸 깨달았어요.

A 스승님도 모르는 게 많다는 말씀이세요? 왠지 두렵네요.

M 모른다는 걸 두려워할 필요는 없어요.

오히려 어떤 분야에 대해 잘 모른다는 사실을 깨달을 때, 다른 측면으로 이해할 수 있다는 사실을 깨닫고 자립할 수 있는 터전을 만드는 것이 이 프로그램의 목적입니다.

방향성이 확립되어 있기 때문에 자신이 아무것도 모른다는 걸 알았다 해도 두려워하지 않고 받아들일 수 있죠.

A씨는 그렇지 않은가요? 아무것도 없는 사람은 자신이 모른다는 걸 인지할 수조차 없어요.

왜냐하면 어떤 걸 알고 깨달은 자만이 심연에 대해 알며, 자신이 아는 것 이상으로 깊이가 있다는 걸 예상할 수 있기 때문이에요.

이 프로그램은 받아들인 사람에게 토대를 굳건하게 만들어주기 위한 겁니다. 다시 말하면 누군가의 도움 없이도 자립할 수 있도록 하는 거죠.

A씨 말대로 A씨는 아직 모르는 게 많아요. 하지만 아는 것도 있죠. 그 지식은 모르는 일을 겪더라도 어디로 가야 할지 지침이 될 거예요. 이번에는 A씨가 이정표를 따라 스스로의 힘으로 새로운 세계를 알고(인풋) 직접 행동해서 세계에 영향을 주며(아웃풋) 나아가세요.

우리는 원래 컴퓨터와 같이 대량의 데이터를 단번에 처리하고 이해하는 데 서투릅니다. 스토리와 시각화의 힘을 이용해서 어떻게든 이해할 수 있는 형태로 만들고자 다양한 지식과 기술을 배웠어요. 하지만 데이터 관련 기술도 초고속으로 진화하고 있습니다. 데이터를 저장할 수 있는 스토리지의 가격 파괴로 인해 지금까지 버리던 데이터도 저장하고, 사용하고자 하면 전부 쓸 수 있는 환경으로 만들고 있어요.

데이터 공유 기술에도 혁신이 일어나서 소유하고 있는 데이터 이외의 외부 조직 데이터도 순식간에 공유하고 사용할 수 있는 세계가 도래하고 있습니다.

데이터는 우리가 배우는 속도 이상으로 늘어나고 있어요. 이후 평소에 모르는 업무의 데이터나 취급한 적 없는 형식의 데이터, 방대한 양의 데이터와 맞서야 해요.

조금이라도 빈틈을 보이고 방심하면 거센 파도에 휩쓸릴 겁니다.

A 이미 지금까지 봐온 것 이상의 대량 데이터를 다뤄야 해요. 데이터의 바다

에 빠지게 되는 건 아닐지 걱정이에요.

M   여기까지 온 이상 A씨가 데이터의 홍수에 빠질 리 없어요. A씨가 지금까지 배운 내용이 전부는 아니지만, 스스로의 힘으로 의사 결정을 하기에는 충분한 지식이에요. 앞으로 A씨는 동료들과 함께 스스로 이겨내고 끝까지 갈 수 있을 겁니다.

하지만 진화의 속도가 빠르기 때문에 배움과 실천을 게을리하지 않고 최대한 속도를 내서 계속 나아가야 해요. 데이터와 창의력 중 어느 게 더 빠르게 넘칠지, 한순간도 늦출 수 없는 전력질주와도 같은 도전이 이미 전 세계에서 시작됐어요.

A   저는 선배들에 비하면 출발이 늦었군요.

M   데이터 드리븐 진화는 단거리 경주가 아니에요. 빨리 시작했다 해도 1등으로 들어온다고 보장할 수 없어요.

실제로 벌써 70년 전부터 많은 사람들이 시작했지만 아직 아무도 결승점에 도착하지 못했습니다.

A씨는 확실히 선배들에 비해서 늦게 달리기 시작했지만, 원래 시작 위치는 다 달라요. 어쩌면 누구보다 결승점에 가까운 곳에서부터 달리기 시작했는지도 모르죠. 혹은 누구보다 빨리 달릴 수 있는 다리를 갖고 있을 수도 있고요.

오히려 오래전부터 달리고 있는 선배들에게 감사해야 해요. 그들이 계속 달리고 있기 때문에 더 많은 사람들이 효율적인 경로를 찾을 수 있고, 지식을 물려받은 덕분에 이전보다 결승점에 더 가까워진 거예요. 데이터 관련자들이 지향하는 바는 '모든 사람이 데이터를 통해 세계를 이해하고 세상을 더 좋은 곳으로 바꿀 수 있도록 의사 결정'을 하는 겁니다.

우리도 이를 계승했다면 전력을 다할 수 있도록 목표를 세우고, 때론 주위의 사람들이 달려 나가도록 독려할 의무가 있어요. A씨와 동료들이 책무를 다하고자 서로 돕고 기술을 익힐 때, 비로소 데이터 드리븐으로 이뤄지는 세계를 모두의 힘으로 구현할 수 있을 거예요.

5-2 데이터 드리븐 동료를 만들다

제자 (Apprentice) 저도 여기까지 왔으니 계승했다는 생각이 들고 스승님이 말하는 책무를 완수하려고 합니다.

다만 실은 제가 배운 걸 '누구한테', '어디까지' 전할지 고민하고 있어요. 제 주위 사람들에게 제가 배운 내용을 나름대로 확실히 전하겠지만, 조직 내의 모든 사람들에게 동일한 교육을 해야 할지 망설여져요.

상대방이 데이터 문해력을 갖고 있으면 데이터를 통한 대화는 한 걸음 더 나아갈 수 있겠죠. 제가 스승님께 배운 지식은 데이터 드리븐을 위해 꼭 필요한 지식이라고 생각합니다. 하지만 제가 배운 전부를 조직에 소속된 사람들에게 이해시키기는 너무나도 어려울 것 같아요.

조직에 따라 필요한 지식이 다르다

스승 (Master) 어디까지를 조직의 데이터 문해력 표준으로 할지가 매우 중요해요.

이 또한 정해진 답은 없습니다. 조직에 따라 사원에게 표준으로 요구하는 데이터 문해력은 달라요. 엔지니어가 많은 회사는 SQL이 표준일 수도 있죠.

지금의 A씨와 제가 대화하듯이 똑같은 지식을 가진 동료와 대화한다면 이 프로그램을 통해서 배운 걸 구사하고 보다 깊은 통찰을 바로 얻을 수 있겠죠. 또한 대량 데이터를 대할 때는 응답 시간이 걸리는 것도 어느 정도 허용할 수 있어요.

하지만 아직 데이터에 대해 잘 모르는 사람들은 데이터 표현 방법을 모릅니다. 따라서 본 적 없는 시각 표현을 분석할 수 없고, 데이터가 어떻게 만들어지는지 모르기 때문에 데이터가 무엇을 나타내는지 이해하는 데 시간이 걸리며, 대량 데이터에 의도치 않게 접근해서 응답 속도가 느리면 표시하는 데 시간이 걸리는 이유를 모르고 초조해할 수도 있어요.

당연하지만 지식을 가진 사람이 많을수록 컨텍스트가 모이고 합의하기 쉬워집니다. 하지만 A씨와 동일한 지식을 얻으려면 나름대로의 시간, 의지, 실행력이 필요해요. 이걸 조직원 모두에게 강요할 수 있을까요?

조직에는 여러 역할을 맡은 다양한 사람들이 함께 일하고 있어요. 이들은 각자의 의지와 실행력을 갖고 있겠죠. 하지만 우리와 같이 데이터 드리븐을 추진한다는 미션을 가진 건 아닐 거예요.

오히려 데이터 드리븐은 그저 하나의 수단이며, 우리의 역할은 데이터 드리븐으로 활동하여 성과를 낼 수 있도록 지원하는 겁니다. 데이터 드리븐 문화를 지향하되, 근본적으로 데이터 드리븐이 된 후의 세계를 목표로 해야 해요.

✅ 진정한 '데이터 드리븐'이란

M 최종적으로 모든 사람들이 당연하게 데이터를 사용하여 의사 결정하고, 아무도 '데이터 드리븐'이라고 구태여 말하지 않을 때 비로소 진정한 데이터 드리븐 세계가 된다고 생각해요.

이런 세계에서는 데이터에 대해 고민하는 시간을 쓰지 않게 될 거예요.

외부에서 얻은 자극과 마찬가지로 눈앞의 데이터에서 힌트를 얻어 반사적으로 받아들이고 순발력 있게 아이디어를 확장해서 행동하는 창의적인 사람들 다수가 활약하는 세계가 되겠죠.

데이터에만 시간을 쓰거나 데이터만 생각하면 안 돼요. 조직에 속한 사람이 각자의 미션을 수행하기 위해 의미 있는 시간을 쓸 수 있도록 해야 합니다.

다양한 관점을 지니고 다양성으로 가득 찬 조직에서 가능한 한 폭넓은 컨텍스트를 이해할 수 있게 될 거예요.

✅ 많은 사람에게 기본 지식을 전해서 '학습 계기'를 만들다

M 하지만 데이터 드리븐 문화는 모든 사람이 데이터 시각화를 통해 이야기를 나눌 때 비로소 성립돼요. 조직에서 데이터 드리븐 문화를 확산시켜 나갈 때 다음과 같은 관점으로 검토합니다.

> » 누구나 사용할 수 있도록 간단하고 쉬운 노하우를 전파할 것인가, 데이터를 능숙하게 다룰 수 있는 숙련자를 키울 것인가?
> » 조직 전체가 배워야 하는 기술 및 수준과 숙련자를 어떻게 구분할까(기술 수준을 여러 단계로 나누면 좋다)
> » 설정한 기술 수준을 조직 내의 어떤 역할을 맡은 팀원에게 부여할까(비율이나 명수 등 육성 목표를 설정하면 좋다)

이건 조직마다 다르기 때문에 A씨의 조직에 맞춰서 검토해주세요.
몇 가지 사례를 통해 숙련자 몇 명을 키우기보다는 조직의 대다수가 기초 수준을 이해하는 쪽이 문화를 조성하는 효과가 높다는 사실을 알 수 있습니다.
그 이유는 다음 두 가지로 생각할 수 있어요.

> » 기초적인 수준이라 해도 공통 언어로 이야기할 수 있는 사람이 늘어나면 협업하기 쉽다.
> » 다수의 사람에게 전파함으로써 본인의 의사로 더 높은 수준을 지향하는 사람이 늘기 쉽다.

무엇인가를 깊이 배우고자 하는 사람은 자발적입니다. 배울 마음이 없는 사람에게 계속 알려줘도 깨닫기 어려워요. 먼저 싹을 틔우는 계기가 될 수 있는 기초 수준까지 알려주고, 정말 본인의 의사로 더 배우고 싶어 하는 사람이 학습할 수 있는 길을 마련해두는 게 좋아요.

A   그렇군요. 우선 계기를 만들어줘야 하는군요.

M   네. 특히 처음에는 상급자 대상 강의를 준비하기보다는 대상자를 바꿔서 기초적인 강의를 하는 편이 효과가 좋아요.

✅ 최소한의 데이터 문해력은 어디까지인가

A   '데이터 문해력'을 처음 접하는 사람에게는 어디까지 전하면 좋을까요?

M   그거야말로 '모든 사람에게 필요한 표준 데이터 문해력이란 무엇인가'라는 명제를 생각해야 해요.

'데이터 문해력'이라는 용어 자체가 신조어이며 여러 사람이 정의를 모색하고 있습니다.

문해력은 '글을 깨우친다'는 의미이므로 읽고 쓸 수 있는 상태, 즉 데이터 시각화를 통해 데이터를 이해하거나 직접 표현할 수 있는 상태가 기초적인 데이터 문해력이라 말하는 사람도 있어요.

A   스승님은 어떻게 생각하세요?

M   저는 다음을 이해하는 능력이라 생각해요.

> - 데이터에서 반드시 스토리를 읽고 이해한다.
> - 스토리를 데이터에 따른 네 개의 W로 구성한다.
> - 데이터의 단위에 맞춰서 스토리를 구성한다.
> - 데이터를 시각화의 힘을 통해 이해한다.
> - 시각화는 전주의적 속성이라는 단순한 시각 속성으로 구성한다.
> - 데이터 유형에 따른 시각 속성의 궁합을 이해한다.

A   이것뿐인가요?

M 네. 모든 사람이 지향해야 하는 데이터 문해력은 스토리와 시각화의 힘으로 데이터를 읽을 수 있는 능력이라 생각해요. 일단 최소한으로 체득해야 합니다. 데이터는 시각화해야 함을 알고 여기에서 스토리를 읽어내고자 해야 해요.

모든 사람이 데이터를 갑자기 마주하더라도 당황하지 않고 대응할 수 있는 힘을 갖추면 좋겠습니다.

A씨나 저와 같이 데이터를 시각화하는 사람은 가능한 한 상대방의 컨텍스트를 반영해야 해요. 그리고 상대방이 '데이터에는 스토리가 있다'고 생각하면서 보는 것만으로도 이해도가 크게 올라갑니다.

시각화는 사람의 기억에 직접 작용하는 힘을 강하게 갖고 있어요. 백문이 불여일견이듯 모든 사람에게 시각 효과는 대체로 똑같이 보입니다. 온 세상의 사람들이 외국어의 장벽을 넘어서 데이터의 시각화 표현으로 대화를 시작하고 있어요. 예를 들어 영어를 몰라도 영어로 만들어진 데이터 시각화 자료를 어렵지 않게 이해하는 일본인도 많습니다. 시각화 표현은 세계에서 통용되는 언어예요.

데이터 업계의 첨단을 달리는 사람들이 이후 표준 데이터 문해력에 대해 정의하겠죠.

어쨌든 인간은 당연하게 무엇인가를 사용할 수 있어야 무의식적으로 신체의 일부가 되는 경지에 이릅니다. 그 영역에 도달해야 창의적인 사고를 얻을 수 있지요. 이러한 창의적인 사람들이 모여서 다음의 새로운 문화로 옮겨가는 거예요.

✓ 사람의 마음을 흔드는 '강한 말'에서 도망치지 않는다

M 마지막으로 A씨에게 전해야 할 말이 있어요.

그건 A씨가 뭔가 전하려고 할 때 도망치지 않고, 사람의 마음을 움직여야 한다는 거예요.

저는 A씨에게 강한 언어를 통해 신념과 열정을 전했어요. A씨의 마음을 흔들고 움직여서 제가 전하고자 하는 바를 A씨가 받아들이도록 하기 위함이었죠.

지금의 문화를 바꾸려면 때론 흔들고 파괴해야 해요. 하지만 사람이 편안하게 살아가는 장소를 파괴하는 데는 매우 큰 용기가 필요합니다. 누군가 소중하게 여기는 걸 의심하거나 마음을 돌리게끔 하는 건 큰 반발을 불러일으키기 때문이에요.

하지만 이를 두려워하고 변화를 거부하면 아무것도 변하지 않아요. 뭔가를 바꾸려면 강한 언어로 명확한 이론과 함께 진지하게 신념과 열정을 갖고 전해야 합니다. 이처럼 열의가 느껴지지 않으면 믿지 않아요.

강한 언어로 전할 때에는 상대방과 부딪치는 일도 있을 거예요. 하지만 진지한 상대에게 이쪽도 진지하게 부딪치다 보면 통하게 되고, 결국 반대했던 사람들이 동료가 되어주겠죠. 성실하게 임하면 영향력이 주변으로 파문처럼 퍼질 겁니다.

문화를 만들려면 신념을 가져야 해요. A씨 스스로가 나아갈 길을 믿지 않는다면 다른 누가 A씨를 믿겠습니까? 신념이 A씨의 말을 강하게 하고, 그만큼 주위에 반향을 불러일으킬 거예요.

예전에 '태블로로 몇 종류의 차트를 만들 수 있나요'란 질문에 이렇게 대답한 사람이 있어요.

"무한합니다. 우리는 모든 사람이 '데이터를 사용한 새로운 언어'로 말할 수 있기를 바랍니다."라고요. 저는 '무한'이라는 단어를 들었을 때 강한 충격을 받았어요. 마음속 깊이 박힌 그 말처럼 저도 누군가의 마음을 움직이고 싶다고 생각했죠. 강한 말은 사람을 움직입니다.

그리고 저 또한 신념을 전하는 강한 말로 사람의 마음을 뒤흔들겠다고 결심했어요.

솔직히 말해서, 강하게 말하는 그 순간은 두렵습니다. 말이 강해질수록 반발도 커지죠. 반대하거나 부정당하는 경우도 있어요. 하지만 그럴 때마다 동료들이 저를 지지해줘요. 제가 가르친 사람들이 지금의 저를 떠받쳐주죠. 그러니까 A씨도 두려워하지 마세요. 아니, 두려워해도 되지만 전하지 않은 상태에서 도망가지 마세요. 두려워하지 않고 전할 수 있는 사람만이 뭔가를 만들 수 있어요.

그리고 A씨가 전한 누군가가 또 다른 사람의 마음을 움직일 거예요. 그리고 A씨의 마음을 전해 받은 사람들이 언젠가 도와줄 겁니다.

자, 이제는 A씨가 누군가의 마음을 움직일 차례예요.

A 알겠습니다. 저도 다른 사람에게 전하기를 게을리하지 않고, 누군가의 행동을 이끌어낼 수 있는 사람이 되겠습니다.

끝맺는 말

5년 전, 저는 데이터에 대한 책을 집필하게 되리라고는 상상하지도 못했습니다. 저는 인문계 대학을 졸업했으며 수학을 좋아하지 않아 공부도 포기했습니다. 인연이 있어 문과도 환영하는 IT 계열의 회사에 취직해서 프로그래밍이 어쩐지 재미있다고 자연스레 느끼는 엔지니어가 된 저는, 8년 정도 전에 '태블로'라는 엄청난 제품을 접했습니다.

태블로는 일반적으로 BI 툴 중 하나로 자리매김돼 있습니다. 데이터를 시각화해서 사람이 이해하기 쉬운 형태로 표현하고 데이터의 배후에 있는 통찰을 얻게 해주는 툴입니다.

하지만 저에게 태블로는 단순한 IT 툴이 아닙니다. 취미이자 자신 있던 '이야기 만들기', '그림 그리기'와 같은 능력을 통해, 저는 어느덧 태블로 숙련자가 됐습니다. 이건 저의 경력에서 큰 전환점이 됐습니다. 어디에나 있는 평범한 엔지니어였던 저를 갑자기 특별한 기술을 가진 사람으로 끌어올려줬습니다.

태블로는 저에게 기술자로서의 자신감을 준 동시에 제 삶에서 소중한 것을 가르쳐 주었고, 태블로를 통해 항상 보람을 느꼈습니다. 저는 태블로를 통해 다음과 같은 내용을 깨달았습니다.

> - 사람은 태어날 때부터 창조적이다.
> - 사람의 뇌 구조를 의식한 시각 효과를 사용하여 창조력을 크게 비약시킨다.
> - 같은 열정을 가진 사람의 모임(커뮤니티)이 얼마나 우리에게 무한한 아이디어와 앞으로 나아갈 힘, 용기를 주는가

물론 태블로는 매우 훌륭한 제품이지만, 제가 중요하게 생각하는 건 제품만은 아닙니다. 태블로를 통해서 만난 다양한 사람들이 저에게 많은 걸 가르쳐줬습니다.

이제 데이터의 중요성은 널리 알려져 있지만 의미나 가치를 명확하게 언어로 전할 수 있는 사람은 적고, 솔직히 '모두 해야 한다'고 하니까 데이터를 사용하는 사람도 많

지 않을까 생각합니다. 제가 바로 그런 케이스였습니다. 태블로를 만나기 전에는 데이터가 도대체 무엇인지, 무엇을 할 수 있는지, 왜 활용해야 하는지 전혀 몰랐습니다. 솔직히 말하자면, 태블로와 만나고 몇 년 동안 다양한 것을 배우고 나서야 비로소 제 언어로 설명할 수 있게 됐습니다.

이 책에는 원천 재료가 들어 있습니다. '데이터 드리븐 문화를 추진하는 미션을 짊어진 에이스들'에게 그 비법을 전수하기 위해 만들어진 3개월짜리 부트캠프 프로그램인 데이터 세이버 부트 캠프(DATA Saver Boot Camp)입니다. 이 책에는 데이터 드리븐 문화를 조성하고자 추진하는 사람들을 위해 만든 특별 프로그램의 앞부분을 넣었고, 추진하는 사람에 한정하지 않고 데이터와 관련된 모든 사람이 알아두면 좋은 지식을 정리했습니다.

이 책을 쓰게 된 경위인 데이터 세이버 부트 캠프를 개강했을 때가 바로 4년 전인 2017년 1월이었습니다. 태블로를 통해 위대한 선배들에게서 소중한 걸 많이 전수받아 드디어 '데이터 드리븐이란 어떤 건지' 알게 된 저는 많은 사람들로부터 받은 지식을 전달해야 한다는 사명감에 불타고 있었습니다. 왜냐하면 과거 어떤 사람들은 태블로라는 제품을 만들고 어떤 사람은 아무도 가치를 깨닫지 못하는 와중에도 주변에 퍼트렸지만 선배들은 어느 날 갑자기 우리에게 지식을 남기고 사라지곤 했기 때문입니다.

그들의 열정, 사랑, 신념을 들은 사람이 전하지 않으면 추억 속에 흩어지고 영원히 사라지겠죠.

저는 불씨를 받았으니 꺼뜨리지 않고 잘 보존해야 한다고 생각했습니다.

그냥 듣기만 하던 제가 직접 '전하는 사람'이 될 수 있을지 불안하지 않았다면 거짓말이겠지만, 믿고 전해준 사람들의 뜻에 보답하기 위해서라도 계승자의 책임감을 갖고 아직 보지 못한 사람들에게 알려야겠다고 생각했습니다.

2017년부터 2019년 5월까지 제가 진행한 총 여덟 번의 부트캠프에서 105명의 수강생분들이 졸업했습니다. 현재 저는 부트캠프를 운영하지 않지만, '데이터 세이버(DATA Saber) 인증 제도(https://datasaber.world/)'라는 형태로 졸업생들이 다시 제자에게 계승하는 프로그램으로 승화해서 2021년 6월 현재 440명이 넘는 졸업생들이 각지에서 활약하고 있습니다.

직접 부트캠프를 운영하길 그만둔 이유는 일본에 데이터 드리븐 문화를 퍼뜨리는 데 단순히 계산해도 2년에 100명으로는 따라갈 수 없다는 점과, 모두에게 차세대에 계승하는 데에서 오는 뿌듯함을 알려주고 싶었기 때문입니다. 당연히 문화를 조성하려면 많은 사람에게 전파해야 하지만, 직접 '데이터 드리븐 문화란 무엇인가'를 깊이 이해하기 위한 마지막 조각은 바로 누군가에게 널리 계승하는 절차 안에서 태어납니다. 그걸 알리고 싶었습니다. 모든 분이 흔쾌히 뜻을 이어가는 걸 받아들여 주셔서 감사합니다. 열심히 데이터 드리븐 문화를 추진하는 데이터 세이버들을 만나려면 트위터에서 '#DATASaber'로 검색해주세요. 매일 활동하는 많은 분들을 만날 수 있습니다.

저의 계승 미션은 이렇게 끝난 줄 알았지만 더 많은 사람들에게 전할 기회를 주신 이 책의 출판 기획자 니시하라 씨에게 감사해 마지않습니다. 이 책의 저자명인 '마스터 KT(Master KT)'는 니시하라 씨의 아이디어로, 애초에 스스로 스승이라고 칭하기 꺼리는 저에게 그냥 'KT'보다 좋다고 제안해 주셨습니다. 마치 데자뷰처럼 일찍이 수제자들이 저를 '마스터 KT'라고 부를 때 존경하는 스승님께 미치지 못하는 제가 마스터라고 불려도 될지 망설였던 기억이 났어요. 하지만 제가 처음 만난 스승님은 언제나 당당하고 멋져서 저도 언젠가 그렇게 되고 싶다고 마음먹었답니다. 저를 믿고 따라준 모두를 위해 저도 평생 멋진 '마스터 KT'가 되겠다고 다짐하며 이 이름과 함께 출판하기로 결정했습니다.

지금까지 만난 많은 사람들의 열정이 저를 움직였고 저도 체험을 통해 주위 사람들을 움직이곤 했습니다. 바라건대 이 책을 읽는 분들의 마음이 열리고 '여러분'의 말로 주위 사람들의 마음을 흔들 수 있는 계기가 된다면 더할 나위 없이 기쁠 것입니다.

MEMO

찾아보기

숫자
4W	97

A
Act	122

B
BI	58
BI 툴	58

C
CDO	20
Chief Data Officer	20
Cold Data	293

D
data	255
data lake	289
datum	256
DM	122
DWH	270

E
ELT	288
ETL	270
Extract Transform Load	270

G
GUI	278

H, I
HDD	284
Internet of Things	29
IoT	289

L, M
Level of Detail	311
MDM	95

R, S
RDB	264
SaaS	277
SQL	278

ㄱ
감각 기억	129
개인화	30
경험과 직감	32
계층	88
공간 그룹	180
관계형 데이터베이스	264
관리자	39
그림자(Shadow) IT	225
기승전결	101
길이	139

ㄷ
다이스	85
다차원 데이터베이스	282
단기 기억	129
대시보드	148

ㄷ

데이터	154
데이터 기초 프로파일 (data basic profile)	42
데이터 드리븐 문화	22
데이터 레이크	289
데이터 마트	282
데이터 문명 시대	251
데이터 문해력	25
데이터 분석가	39
데이터 사이언스	271
데이터 사일로	294
데이터 세이버 (DATA Saber)	44
데이터 소스	212
데이터 스토리텔링 (data storytelling)	42
데이터 시각화	42
데이터 엔지니어	22
데이터 원시시대	251
데이터 웨어하우스	226
데이터 카탈로그	218
데이터 클린징 (data cleansing)	277
데이터 활용	33
데이터베이스	215
데이터베이스 관리자	39
데이터의 크기	281
도구	46
드릴 다운	89
드릴 스루	89

ㄹ

리포트 공장	225

ㅁ

마스터 데이터	95
마스터 데이터 관리	95
마스터 테이블	266
메모리	284
메타 데이터	228
명칭 변경	277
문해력	37

ㅂ

반정형 데이터	289
방향	89
배경색	184
분석 플랫폼	214
분석가	222
뷰어(viewer)	245
비정형 데이터	290
비즈니스 인텔리전스 (Business Intelligence)	58

ㅅ

사고의 플로우	53
사람(Who)	87
사물(What)	87
상세 레벨	303
색	140
색상	139

329

찾아보기

ㅅ

색을 식별하는 감각의 다양성	190
설명형	197
속성	87
스키마	216
스토리지	269
스프레드시트	58
슬라이스	85
시각 속성	113
시각화 분석의 사이클	121
시간(When)	87

ㅇ

앤스콤의 예	120
엔터프라이즈 리포팅 플랫폼	224
열 지향	284
운영 시스템	289
웹 데이터	293
위치	145
익스플로러(explorer)	245
인메모리 데이터베이스	284
인포그래픽	200

ㅈ

장부	28
장소(Where)	87
전주의적 속성 (Preattentive Attribute)	135
정규화	266

ㅈ

정보	266
정보 시스템	270
정형 데이터	290
제2 정규화	267
제3 정규화	267

ㅊ

차원	85
참가자	56
채도	139
청사진	234
최고 데이터 책임자	20
추천	221
추출 파일	279
측정값	84

ㅋ

카디널리티(cardinalty)	229
카탈로그화	219
컨텍스트	50
큐브	85
크기	143
크리에이터(creator)	244

ㅌ

탐색형	197
태블로 프렙 (Tableau Prep)	279
태스크(Task)	117
테두리	170
테이블	266

ㅍ

파워 유저	245
파일럿 영역	230
팩트 테이블	268
폭	33

ㅎ

하둡(Hadoop)	293
하이퍼(Hyper)	279
핫 데이터	293
핫/웜/콜드 데이터 전략	294
행 지향	285
형상	140

데이터 드리븐 분석 비법
태블로로 배우는 데이터 문해력 수업

출간일	2022년 11월 14일	1판 1쇄
지은이	Master KT
옮긴이	최가인
펴낸이	김범준
기획/책임편집	권혜수
교정교열	윤모린
편집디자인	나은경
표지디자인	고광표
발행처	비제이퍼블릭
출판신고	2009년 05월 01일 제300-2009-38호
주소	서울시 중구 청계천로 100 시그니처타워 서관 10층 1060호
주문/문의	02-739-0739 팩스 02-6442-0739
홈페이지	http://bjpublic.co.kr 이메일 bjpublic@bjpublic.co.kr
가 격	23,000원
ISBN	979-11-6592-162-0

한국어판 © 2022 비제이퍼블릭

이 책은 저작권법에 따라 보호받는 저작물이므로 무단 전재와 무단 복제를 금지하며,
내용의 전부 또는 일부를 이용하려면 반드시 저작권자와 비제이퍼블릭의 서면 동의를 받아야 합니다.

잘못된 책은 구입하신 서점에서 교환해드립니다.